零售学教学案例精选

杨水根 主 编

刘导波 徐宇琼 王 展 副主编

电子工业出版社
Publishing House of Electronics Industry
北京·BEIJING

内 容 简 介

零售业是最古老、与居民生活关系最密切的行业之一，是国家和地区经济运行状况的晴雨表。发展零售新技术、新业态、新模式，为构建以国内大循环为主体、国内国际双循环相互促进的新发展格局提供了有力支撑。本书围绕"探究零售成长、解密零售运营、洞察零售变革"这一主线，聚焦零售导论、零售业态、零售环境、零售战略、商圈分析与选址决策、零售定位与特色经营、零售组织、零售采购与配送、商店布局与商品陈列、商品规划、零售定价、零售促销、零售服务、现代零售技术等内容，精选有代表性的案例，并结合零售学理论知识进行了分析与讨论，内容丰富、形式新颖、特色鲜明。

本书可满足多样化教学需要，既可作为高等院校贸易经济、经济学、国际经济与贸易、电子商务、国际商务、市场营销、工商管理、物流管理等本科专业零售学、零售管理、零售营销学、数智零售等课程的参考教材，也可作为国际商务、工商管理、产业经济学等硕士研究生专题讨论课、课外研究性学习的参考教材，还可供贸易与商务类相关从业人员及热爱零售的相关人士阅读。

未经许可，不得以任何方式复制或抄袭本书之部分或全部内容。
版权所有，侵权必究。

图书在版编目（CIP）数据

零售学教学案例精选 / 杨水根主编. -- 北京 ：电子工业出版社，2025. 3. -- ISBN 978-7-121-49572-4

Ⅰ. F713.32

中国国家版本馆 CIP 数据核字第 2025CA7944 号

责任编辑：石会敏　　　　特约编辑：申　玲
印　　刷：三河市鑫金马印装有限公司
装　　订：三河市鑫金马印装有限公司
出版发行：电子工业出版社
　　　　　北京市海淀区万寿路 173 信箱　　邮编：100036
开　　本：787×1092　1/16　印张：14.75　字数：377.6 千字
版　　次：2025 年 3 月第 1 版
印　　次：2025 年 3 月第 1 次印刷
定　　价：49.00 元

凡所购买电子工业出版社图书有缺损问题，请向购买书店调换。若书店售缺，请与本社发行部联系，联系及邮购电话：(010) 88254888，88258888。

质量投诉请发邮件至 zlts@phei.com.cn，盗版侵权举报请发邮件至 dbqq@phei.com.cn。
本书咨询联系方式：738848961@qq.com。

PREFACE 前言

零售业是最古老的、与居民生活关系最密切的行业之一，是国家和地区经济运行状况的晴雨表。作为生产和消费的中介环节，零售业是全部社会产品最终实现价值的有效渠道，是现代流通不可缺少的重要组成部分，在提升居民收入、促进就业、稳定经济增长等方面具有基础性作用。构建新发展格局，必须把建设现代零售业作为一项重要战略任务来抓，发展零售新技术、新业态、新模式，完善零售领域的制度规范和标准，为构建以国内大循环为主体、国内国际双循环相互促进的新发展格局提供有力支撑。

零售学课程是经济与贸易类专业的核心课程之一，也是经管类相关专业的专业任选课之一，主要以零售活动过程、经济关系及其规律为研究对象。本书围绕"探究零售成长、解密零售运营、洞察零售变革"这一主线，紧密结合零售热点、难点问题，聚焦零售导论、零售业态、零售环境、零售战略、商圈分析与选址决策、零售定位与特色经营、零售组织、零售采购与配送、商店布局与商品陈列、商品规划、零售定价、零售促销、零售服务、现代零售技术等内容，精选有代表性的案例进行分析与讨论，同时结合零售学理论知识的讲解，比较系统地分析了零售发展的内在机理、基本模式和发展展望等问题，尤其是在一般性案例的基础上，选取了反映大数据、互联网等零售前沿发展的典型案例，深入总结和提炼零售发展的基本经验。

本书符合国家新文科建设要求，坚持以学生为中心的教学理念，着力体现人才培养的新方向、新任务与新方法，主要有五个基本特点。一是课程思政特色明显。本书立足中国实际，突出中国特色，兼具国际比较，努力讲好中国零售故事，着力培养学生遵纪守法、爱岗敬业、诚实守信、开拓创新的职业品格和行为习惯。二是内容丰富。书中案例覆盖零售学各主要知识点，通过对零售业最新进展的系统梳理和讨论，力求将零售学的最新前沿问题及时反映到课堂上，不仅帮助学生掌握零售的基本理论与知识、运行与分析基本方法，更着力提升学生零售战略管理、商品管理、商店管理、运营管理能力，以及新零售环境下的数字化分析、沟通与领导能力。三是形式新颖。在体例上，本书分章编写和编目，每个案例都设有材料分析、案例使用说明、思考题、理论解读、简要分析等，实现从零售实践、现象到理论认识的提升，有助于对案例进行比较详细、深入的分析，更好地培养学生掌握零售运行的基本方法，以及运用零售理论观察、分析、解决零售问题的能力，也方便混合式和探究式教学与学习。四是案例富有时代性。书中选取呈现业界发展的前沿案例进行分析，反映最新研究与发展动态，有助于开阔学生的视野。五是可读性强。本书文字表达贴近生活，能够增强案例感知度，启发学生思考与研讨，促进其学习正向迁移。

本书是国家一流本科专业建设点（贸易经济、经济学），以及湖南省一流本科专业建设点（国际经济与贸易、电子商务)的建设成果之一，也是湖南省精品在线开放课程、湖南省线上线下混合式一流课程、湖南省课程思政示范课"零售学"的重要成果和参考教材之一。本书可满足多样化教学需要，既可以作为高等院校贸易经济、经济学、国际经济与贸易、电子商务、国际商务、市场营销、工商管理、物流管理等本科专业零售学、零售管理、零售营销学、数智零售等课程的参考教材，也可以作为国际商务、工商管理、产业经济学等硕士研究生专题讨论课、课外研究性学习的参考教材，还可以作为贸易与商务类相关从业人员及热爱零售的相关人士的阅读资料。

本书获湖南工商大学教材建设基金项目和数智贸易课程群虚拟教研室支持。在本书的编写过程中，编者参阅了大量的相关文献，除了在参考文献中列出的部分，还有部分相关分析报告、报刊文章与网络资料等未列出，这些资料为本书的出版提供了很好的借鉴、参考和帮助，在此表示衷心感谢。十分感谢电子工业出版社的大力支持与帮助，尤其是石会敏老师的耐心、专业和认真。向所有帮助本书最终顺利出版的各位领导、同行和朋友致以最真诚的感谢。

本书的整体框架设计、定稿由杨水根教授负责，刘导波、徐宇琼、王展参与了书稿的修改与部分案例的撰写工作，马悠弼、李倩莹协助完成了案例校对工作，并提出了很好的完善建议，谢寅辉、姚佳鑫、旷志缘、李清华、董晓雪、石思琪、牛利萍、刘莹、王宝栋等同学参与了部分案例的资料收集与整理工作，在此一并表示感谢。

由于零售业的发展与变革迅猛，新技术、新产业、新业态、新模式不断出现，虽然努力想对现有业界发展进行更深入的研究和更好的呈现，但囿于时间和编者水平有限，书中浅薄疏漏之处在所难免，敬请各位专家、学者、读者谅解指正。

教学研究与建设永无止境，我们坚信通过不懈的努力和探索，一定可以讲好中国零售故事，培养更多高素质的零售人才。

编　者

2024年6月于长沙梅溪湖畔

CONTENTS 目 录

第1章 零售导论 ··· 1
  1.1 零售业的"变与不变" ·· 1
  1.2 中国零售业变革与渠道发展 ·· 9
  1.3 数字时代零售业发生蝶变 ·· 16

第2章 零售业态 ··· 23
  2.1 "鸡毛换糖"闯世界 ·· 23
  2.2 7-Eleven：便利店的先行者 ·· 28
  2.3 折扣化"席卷"中国零售业 ·· 32

第3章 零售环境 ··· 39
  3.1 "一带一路"引领零售业多元发展 ··· 39
  3.2 免税零售：从"海外购"到"海南购" ······································ 44
  3.3 新时代零售新格局与新趋势 ··· 49

第4章 零售战略 ··· 55
  4.1 阿里巴巴：新发展阶段的战略"秘诀" ··································· 55
  4.2 外资零售业中国开店的"加速跑" ··· 61
  4.3 高桥大市场"华灯初上" ·· 67

第5章 商圈分析与选址决策 ··· 72
  5.1 美宜佳的选址之"钥" ··· 72
  5.2 沃尔玛的选址策略 ··· 77
  5.3 从万象城看购物中心的区域选址策略 ·································· 83

第6章 零售定位与特色经营 ··· 89
  6.1 以"新"应变的名创优品 ·· 89
  6.2 银泰百货：打造新零售的"小怪兽" ······································ 95
  6.3 联华超市的"胜负手" ··· 103

第7章　零售组织 ... 111

- 7.1　小型超市的组织结构诊断 ... 111
- 7.2　京东组织变革：逐浪前行展新姿 ... 114

第8章　零售采购与配送 ... 121

- 8.1　麦德龙"独树一帜"的采购模式 ... 121
- 8.2　中百物流：配送效率提升的物流标准化探索 ... 126
- 8.3　良品铺子：仓储系统和智慧物流协同之路 ... 130

第9章　商店布局与商品陈列 ... 136

- 9.1　线下门店里的"秘密" ... 136
- 9.2　宜家卖场的动线设计 ... 142
- 9.3　商品关联陈列的魅力 ... 146

第10章　商品规划 ... 152

- 10.1　商品组合：不一样的精彩 ... 152
- 10.2　屈臣氏：驾驭品类"逐鹿"市场 ... 156
- 10.3　新零售时代超市自有品牌发展 ... 161

第11章　零售定价 ... 166

- 11.1　苏宁易购：更便宜的"6·18" ... 166
- 11.2　永辉超市：超市生鲜的定价玄机 ... 172
- 11.3　钱大妈：定价心理密码 ... 176

第12章　零售促销 ... 181

- 12.1　唯品会的促销多样化之"道" ... 181
- 12.2　鸿星尔克的"爱心风暴" ... 185
- 12.3　零食很忙："狂飙式"营销 ... 189

第13章　零售服务 ... 194

- 13.1　胖东来：打造极致零售服务体验 ... 194
- 13.2　Costco 客户关系管理 ... 198
- 13.3　红星美凯龙：服务与售后的进阶之旅 ... 204
- 13.4　零售店铺服务八步分解动作 ... 208

第14章　现代零售技术 ... 214

- 14.1　现代零售的数字化转型之旅 ... 214
- 14.2　盒马鲜生：搭乘现代零售技术快车 ... 220

参考资料 ... 228

第1章 零售导论

1.1 零售业的"变与不变"

材料

材料（一）

我国零售行业的腾飞要上溯至20世纪70年代末。1978年改革开放后，"马路市场""店铺街""百货公司""超级市场""购物中心"和互联网零售商业更迭出现，这是中国经济飞速发展的时代，是中国城市化飞跃的时代，也是中国零售业升级突破的时代。溯源过往，产业瞬变"匪夷所思"；展望未来，智慧零售"粉墨登场"。

活力温度计

作为全球最重要的行业之一，零售业已走过150多年的发展历程。在电商深耕之前，它经历了百货商店、超级市场和连锁商店三次重大变革，每一次变革都伴随着相关产业和社会经济的巨大进步，同时也引领着生活方式的新潮流、新风尚。

在中国，零售业同样在国民经济中占有重要地位。2020年新冠疫情影响下，零售业活力的提升，更成为拉动消费、刺激地区经济发展的重要抓手。中央出台一系列政策促消费稳投资，内需潜力不断释放，2020年前三季度，内需对中国经济增长的贡献率高达80.3%。

国家统计局数据显示，2019年中国常住人口城镇化率破60%。伴随着城镇化率的提高，消费需求、消费渠道、消费方式发生质的转变。零售业的繁荣兴衰成为判断城市活跃度的重要指标。

2019年第一太平戴维斯发布的年度《中国零售20城》报告显示：中国已是全球第二大零售市场，且预计不久将超越美国成为最大市场。20城中，上海、北京零售商指数分别为98、87，排名第一第二，高于第三名深圳一倍左右。同时，中国零售市场越来越呈现出新兴市场与成熟市场两者并存的特征：一方面，头部市场上海及北京依然是国际品牌必争之地；另一方面，其余城市与上海和北京的品牌差距进一步缩小。

2014年，50个国际品牌在18座城市的平均店铺数是北京和上海平均数的20%。在2019年，这一比重上升至26%。相关品牌在成都和南京的覆盖度已经与北京和上海相差无几，但在厦门、郑州、宁波的覆盖程度则仅有60%。

随着零售业对城市发展影响力的提升，智慧零售的变革已然展开。在2020年的"双十一"活动中，苏宁借助1万多家门店资源，实现了从城市到县镇、从商圈到社区的下沉布局。对此，苏宁易购集团副总裁龚震宇告诉《瞭望东方周刊》："未来十年，我们叫场景零售十年，我们仍会专注于从用户视角向消费者提供无处不在的服务体验，从供应商的视角向供应商提供最有效率、最有价值的商业零售渠道。"

迭代之旅

1978年改革开放后，中国开始逐步由计划经济体制转向市场经济体制，生产力得到了一定程度的解放。改革开放之前，中国的零售业以杂货店、小型专业店（粮店、布店、鞋店等）为主，直到80年代中期，在中国的一些城市中心，百货店兴建起来，并逐步扩展到城市外围，中国开始了真正意义上的第一次零售业革命。90年代初期，百货店开始向大型化、综合化发展。

1990年年底，中国第一家连锁超市在东莞出现，1991年上海联华超市挂牌，新旧零售业态正式展开竞争。1990年12月26日，一位张姓商人在南京市江苏路和宁海路交汇处租下一间200平方米的门面房，从两条街的名字中各取一字，专营空调的"苏宁"就此诞生。也就是在这段岁月，中国零售业进入了第二个发展阶段。随着城市化进程加速，连锁、合资、整合、信息化、升级等零售行业新热点不断涌现。

1993年5—6月，南京市商界为占领空调市场展开了白热化竞争。"93空调大战"以苏宁完胜终结，当年苏宁实现销售3亿元，同比增长182%，成功摘取了全国最大空调经销商桂冠。"苏宁小舢板打败八大舰队"也成为中国零售业中的典型案例，见证了零售业多元化发展的开局。

2001年12月，中国加入WTO，以国有力量和外资主导的零售业进入全面发展时期。彼时，中国的城市化进程进入加速期，同时经济改革也进入深化阶段。购物中心开始在中国的重点城市兴起。2003年，全国省会以上城市的购物中心数量达到236家，其中上海有35家，数量最多。此后几年，中国互联网的普及率上升很快。在国内，以互联网和移动互联网为基石的零售革命，快速走过萌芽期和发展期，成为令全世界瞩目的力量。

2008年全球经济危机后，零售业出现增幅回落，进入转型变革的新阶段。本土零售力量不断崛起，有超越外资之势；移动电商则进入纵深发展阶段。2009年中国网络购物市场交易规模达2483.5亿元，同比增长93.7%，占社会消费品零售总额1.98%。在2009年的连锁零售百强中，有31家已开展了网络零售业务。

2012年后，零售业每一两年都有主题，迭代速度越来越快：电商、商业模式创新；O2O、跨境电商；全渠道、到家；零售、数字化；等等。这些关键词成为新零售的"主角"。也是在此时，"智慧零售"开始成为零售业发展的焦点。它是指运用互联网、物联网、大数据和人工智能等技术，构建商品、用户、支付等零售要素的数字化，而采购、销售、服务等零售运营的智能化，使零售业以更高的效率、更好的体验为用户提供商品和服务。

2017年，在当年两会上，张近东第一次系统阐述了苏宁践行智慧零售战略的思考和路径。同年底，苏宁开启智慧零售大开发战略。

用户画像

21世纪初，互联网热潮席卷全球。短短几年后，交互设计之父阿兰·库珀（Alan Cooper）提出了用户画像的概念。它是指真实用户的虚拟代表，是建立在一系列属性数据之上的目标用户模型。

线上商业与线下商业的竞争加剧，迫使传统零售业态主动应对市场变化，以互联网观念为导向，更加注重满足消费者的体验和便利需求。这使得用户画像的内涵和边界不断扩大延伸。构建用户画像的核心工作，主要是利用存储在服务器上的海量日志和数据库里的大量数据进行分析和挖掘,给用户贴"标签"。

按照以人为核心的城市规划价值理念,零售业在城市中的布局是以"有温度的人的活动"来分布的。中国城市规划设计研究院上海分院城市规划师褚筠认为,面向未来城市零售商业空间的理想模式,应由区域层面更加生态的产销供应链、城市层面更有体验的购物商圈和社区层面更加便利的社区商业组成。

当今时代,一方面,互联网的迅猛发展促使传统商业运用"互联网+"的新技术转型升级以适应信息革命的到来;另一方面,实践也已证明,线上消费不能替代线下消费,网络零售并不能完全取代实体店铺。只有实现线上和线下的融合,才能抓住消费者的心理需求特点。

谁是"新零售之都"

2016年以来,国内诸多城市发力新零售,纷纷加入"新零售之都"建设热潮,希望以新零售业为机会和起点,重塑城市经济发展格局,提升城市的核心竞争力。

自2018年4月起,上海、北京、福州等数十个城市实施大力推动新零售发展战略,在以阿里巴巴、苏宁为代表的新零售企业的帮助下快速发展城市新零售产业。

对于城市来说,新零售这一综合产业将带动零售业、物流业、数字经济产业等多行业整体升级改革,对于拉动内需、推动产业升级有十分重要的价值,也成为提升城市核心竞争力的重要抓手。对于企业而言,电子商务的迅猛发展对商品、消费者以及交易发生的载体环境产生巨大冲击,线下零售业的运营效率发生同等的改革升级,以适应存量市场的激烈角逐。同时,随着线上流量成本的不断升高,越来越多的电商企业开始进军线下零售市场,传统零售行业受到的冲击增强。

以2016年新零售概念提出为契机,腾讯、京东等互联网巨头与苏宁、三江、银泰百货等多家企业先后通过兼并或投资,与有多年线下零售经验的实体店开展"新零售战役"。

2019年2月12日,苏宁旗下的苏宁易购正式收购万达百货有限公司下属全部37家百货门店,完善了苏宁在百货板块的布局;同年9月27日,苏宁易购完成收购家乐福中国的股权交割手续,由此完善了苏宁在大快消板块的布局。至此,苏宁线上以苏宁易购为入口,将商品服务、内容服务、社交服务、售后服务打通,线下通过苏宁易购广场、家乐福、苏宁小店等平台进行场景布局,将不同维度的场景聚合产生化学反应,形成了由苏宁不同业态布局构成的"1小时场景生活圈"。

目前,新零售的城市发展主要从核心城市辐射周边地区,以区域协同发力、核心高速增长的势头前进。其中,北京是国内拥有新零售项目最多、业态发展最为繁荣的城市;上海提出的"上海购物"品牌八大工程,其中第一项就是以新零售促进消费;永辉超市的诞生地福州率先将"新零售之都"写入工作报告;深圳则发布了《深圳市深入推进"互联网+流通"行动计划实施方案》(2017年)和《深圳市新型智慧城市建设总体方案》(2018年)两大方案,顺利加入"新零售之都"建设热潮。在"新零售之都"建设过程中,各城市通过调整优化现有产业结构,用科技手段有效降低产业成本,并运用大数据技术建立消费者数据库等方式,不断提高城市"新零售之都"的竞争力。

2020年10月26日,中国共产党第十九届中央委员会第五次全体会议在北京举行,会议提出,形成强大国内市场,构建新发展格局。在打通国内大循环的背景下,如何因势利导扩大居民消费，尤其是更大力度地激活线上购物等新型消费方式，应该成为"全面促进消费""构建完整的内需体系"的有力抓手，也将是各城市决战"新零售之都"和构建国际消费中心城市的思考逻辑。

资料来源：新华网.

材料（二）

以实体商超为代表的零售业不仅过去是、现在是，未来也仍旧是维护城市运转、保障居民生活的重要基础设施。

2022年新一轮疫情发生后，"菜篮子""米袋子"供应是否充足、家庭是否需要囤货成为普通人最关心的问题，同时也是政府相关部门，以及担负保供责任的零售企业最为关注的问题。在新冠疫情这一"黑天鹅"事件的影响下，如何盘活城市现有资源，合理调配，灵活布局，让城市的流通体系更能应对当下的需求？

在这场"保供战役"中，政府相关部门是最核心的指挥官，零售企业则是可以调动的重要兵马。今天，当市场在讨论以商超为代表的零售企业价值几何时，我们看到，在国家、社会面临危机和困难时，以商超为代表的广大零售企业没有"贪利避祸"，而是积极奋斗在抗疫保供第一线，在保障居民基本生活、稳定市场价格、应急保供等方面发挥了重要作用。零售企业的这些行为不仅彰显了中国零售人的"义利观"，更凸显了零售业作为社会民生基础设施的价值，它们的正常运转，对于保障供应、稳定民心有着重要意义。下面我们就来看看这场"保供战役"中，零售业到底发挥了哪些作用。

一个城市的流通供应体系，其实是由多个市场主体共同组成的，包括大型批发市场、商超企业、便利店企业、生鲜电商企业，以及大型电商平台。它们在不同的区域、客群、时效上发挥着不同的作用。这些企业都打造了自己的网络，而这些网络的叠加，就构成了一个庞大的城市供给网络。可以说，一座城市的物资流通体系，不仅是城市活力的生命线，更是千万城市居民日常生活所需的基础保障。在新冠疫情带给现代化城市的考验中，流通体系经得起考验是关键。

货源是首要问题。北京市商务局消息显示，在批发端，商务部门通过组织北京市新发地等主要农产品批发市场协调运销企业（大户）加大货源组织力度，积极调货进京，保证肉蛋菜等生活必需品源头供给充足；而零售企业要做的则是灵活部署资源，根据市场需求把自己的"阀门"开到最大。在零售端，商务部门要求物美、京客隆、超市发等重点连锁超市和京东、美团等生鲜电商企业提高蔬菜自采量，增加货源供给，以保障末端供应稳定。

针对市场需求旺盛的现状，各零售企业加强了"点对点"监测补货机制，采取每日多次配送、适时延长营业时间至自然闭店等措施，全力满足市民消费需求。例如，超市发总部人员全部下沉到门店和配送中心，组织员工24小时"连轴转"，提升配货效率。

充足的货源，让市场得以稳定。接下来，则是如何让这些生活必需品及时、安全地送达用户手中。疫情发生前，人和货物是双向流动的。居民可以线上下单等货上门，也可以去超市自行选购。这种双向流动的好处在于，避免人流和物流的挤压，靠市场的力量自发调节个体与整体的需求。但是，疫情期间，由于管控限制，原来处于补充地位的履约方式——上门服务成为主流，保供企业面临着来自运力和货量的双重压力。

北京市商务局表示，针对部分电商平台短时间内因订单量激增而出现的配送延时、无法下单等情况，要求美团买菜、叮咚买菜、每日优鲜等重点生鲜电商平台，加大货源组织力度，增加前置仓货物储备，增加线下配送人员，确保及时配送。同时，要求各区指导封控管控社区采取"线下集单，集采集配"等方式，组织线下超市、社区菜市场等保供企业积极与社区对接，采取多种方式，精准满足居民需求。

为应对当时的销售高峰，做好保供工作，疫情期间，部分商超企业也创新性地发展出许多新举措。例如，物美联手顺丰速运开展短期阶段合作，保障供应。由顺丰临时组建10辆配送车，将物美的大仓物资装车发往物美各个门店，极大地缓解了物美的配送压力。除了规模化的零售连锁企业，其实市场上还有许多基于社区的个体化社区店。在疫情之下，通过社区"牵线搭桥"，大连锁和小门店也屡屡"牵手"。

从上述内容我们可以看到，在这场城市"保供战役"中，以商超为代表的零售业成为不可或缺的力量：一是保供物资的核心是民生商品中涉及大批量生鲜食品，这些商品的仓储、流转运输、售卖是专业技术活；二是零售业企业基于城市生活社区分布，提前布局了大量物流基础设施和门店网点，在整个流通体系中，这些物流网点和零售网点的投建、运转非一日之功。此次北京疫情保供战役，再次证明了零售业的基本价值，特别是基于城市发展合理规划布局商业和社区网点的重要性，而这也是成熟供应链流通体系的基础保障。

资料来源：节选自中国连锁经营协会官微.

案例使用说明

一、教学目的

本案例主要介绍改革开放以来城乡零售业之变，以及疫情期间零售业发挥民生基础设施的重要作用，希望达到以下教学目的：

(1) 掌握零售与零售业基本知识；
(2) 了解零售业的最新发展变化；
(3) 了解零售业的重要地位和价值。

二、涉及知识点

本案例主要涉及零售、零售商及其活动、零售业等知识点。

三、课程思政

本案例通过对我国零售业近年来的发展基本情况与功能发挥的简要介绍，从一个侧面说明我国零售业发展所取得的成绩，并以新冠疫情期间零售业行动为切入点，思考零售业发挥了什么作用、如何看待零售业表现、如何更好地发挥零售业功能等问题，让学生认识到在危难时刻，以商超为代表的零售企业没有"贪利避祸"，而是在联结供需、保障生活、稳定物价等方面发挥了重要作用，不仅彰显了中国零售人的"义利观"，更凸显了零售业的民生基础价值。同时，通过对新零售发展的基本介绍，引导学生调研与讨论，让学生思考更好地发挥零售业功能的途径与方式,以及零售业发展的新动向,增强学生勇于探索的创新精神,培养学生思考与创新能力,树立中国特色社会主义道路自信。

思考题

1. 如何理解零售业的特殊地位?
2. 如何理解我国零售业变革的动因?

理论解读

一、零售

一般来说,零售是把商品和服务出售给最终消费者以供其最终消费的一种商业活动。零售的概念主要包括以下几点内容:

(1) 零售是将商品和服务提供给消费者作为最终生活消费的活动,而非商业用途;
(2) 零售不仅向最终消费者出售实物商品,同时也提供相关服务或劳务;
(3) 零售活动一般但不一定在固定的零售店铺中进行;
(4) 零售的服务对象是最终消费者,不仅包括个人、家庭,也包括集团消费者。

二、零售商

一般来说,零售商是以零售活动为基本职能,将商品和服务出售给消费者供其个人使用的一种商业企业,是介于制造商、批发商和消费者之间,以盈利为目的的从事零售活动的经济组织。其基本特征如下。

一是零售商的基本职能是从事零售活动,它是包含销售服务的商业企业。零售商主要从事零售业务,但也可以从事批发。

二是零售商可以多种状态存在,如店铺销售、网络销售、电商直播、电话订购等,还可以到消费者家里或办公室直接推销。总之,从线下店铺到互联网及自动售货机等皆属于零售业务范畴。

三是并非只有零售商提供零售活动,制造商、进口商、非营利性机构和批发商在把商品或服务销售给最终消费者时,也是开展零售活动。

商品经过零售环节,卖给最终消费者,就从流通领域进入了消费领域。在现代社会,产品从生产领域向消费领域转移的过程中具有不同的路径。

三、零售商活动

(一) 零售商活动内容

1. 提供商品及其组合

提供一定的商品及组合,使消费者在同一市场中购买商品时,能在品牌、设计、规格、色彩和价格等方面有充分的选择余地。零售商在提供各种商品组合的同时,也就其所提供的商品组合实行专业化经营。例如,超级市场提供生鲜、食品、保健品、美容产品以及家庭用品的商品组合,而专业店可能只提供唯一的一种商品组合。

2. 分装(分拣)货物

为降低运输成本，实现效率最大化，制造商总是把整箱或整盒的商品运送给零售商。然后零售商为满足最终消费者以及家庭的消费习惯模式，再向消费者和家庭提供较小量的商品。这种将大批装运的货物拆装成适合消费者需求的较小量的商品的行为，就称之为分装货物，它体现了零售商在分拣过程中的作用。

3. 保有存货

零售商保有存货，不仅使消费者在需要时能买到适用的商品同时为消费者提供了好处，即降低了消费者储存商品的成本，避免了储存商品会占用消费者的现金和居住在小公寓的家庭储存空间的问题。

4. 提供服务

零售商提供服务就是为消费者购买和使用产品创造便利条件。例如，为消费者提供信贷，使消费者能够先拿到自己想要购买的商品，然后再付账；陈列展示商品，为了让消费者能在购买之前查看和试用商品；雇佣销售人员，让他们负责回答消费者提出的问题，并向消费者提供有关商品的其他信息；配送服务，将商品通过物流系统配送至消费者手中。

5. 与最终消费者、制造商和批发商等合作者沟通信息

通过广告、推销员和商店展示，消费者可以了解商品和服务的可获得性及其特性、营业时间、销售状况等信息；制造商、批发商及其他服务机构则可了解销售前景、向零售商送货情况、消费者抱怨、有缺陷的商品、存货周转情况(按款式、颜色和规格分析)及其他信息。如果信息反馈及时，那么供应商可以及时调整许多商品和服务。

总之，零售商通过提供产品组合、分装货物、保有存货、物流配送和为消费者提供各种服务等方式，增加了产品和服务的价值，消费者可从他们所购买的产品和服务中得到价值，这些活动所形成的价值占消费者从零售商手中所购买商品总价值的较大比例，体现了零售商活动的重要性和特殊性。

(二)零售商活动特点

(1)交易规模小，交易频率高。

(2)即兴购买多，且受情感影响较大。

(3)去商店购物仍是消费者的主要购物方式。

四、零售业

零售业，即通过买卖方式，将工农业生产者所生产的产品直接销售给居民以供其生活消费，或者销售给社会集团以供公共消费的一种商品销售行业。

目前比较主流的零售业定义主要有两种。其一，从营销学角度来看，零售业是指任何从事由生产者到消费者的产品营销活动的个人或公司，他们从批发商、中间商或者制造商处购入商品，再直接销售给消费者。在近三十年的营销学文献中，这种定义较为普遍。其二，依据美国商务部的定义，零售贸易业涵盖所有将较少数量商品售予普通公众的实体，这些实体不改变商品形式，所产生的服务也仅限于商品销售。零售贸易板块不仅包括店铺零售商，还包括无店铺零售商。

简要分析

问题一：如何理解零售业的特殊地位？

分析：

零售业在商品实现消费、保障民生、连接供需等方面发挥着十分重要的作用，是国民经济的重要行业，具体体现在以下几点。

1. 零售业是全部社会商品最终实现消费的有效渠道

作为商品流通的中间环节，零售业是商品由生产端到消费端的最终实现环节。换句话说，零售业是发达商品经济条件下，社会全部商品最终实现消费的有效渠道。如果零售业繁荣兴旺，批发贸易就会通畅兴旺，流通就会充满活力，社会对消费资料的需求就会不断扩大，进而促进生产规模的扩大和发展，助推社会经济资源的有效配置。反之，如果零售业经营状况不佳，商品销售不畅，甚至积压，就会引起批发贸易和社会生产发展的停滞。

2. 零售业是反映国家经济发展状况的"晴雨表"

市场状况既是一个国家经济发展状况带来的结果，也是一个国家经济发展的条件。零售业因其特殊地位，处于市场的前沿，更是市场反应最敏锐、最直观、最迅速的部分。可以说，社会经济发展状况首先在零售市场集中反映，零售市场状况是一个国家经济发展状况的最直接反映。事实上，经济危机通常都是首先通过零售业的销售危机逐步表现出来的。从某种意义上说，零售业的发展繁荣是国家经济发展持续繁荣的必要条件。

3. 零售业是国民经济中最重要的行业之一

总体来看，零售业的企业数量多，服务面广。零售业税收是国家税收的重要来源。零售业的发展与人们的生活水平息息相关，连接千万家。可以说，零售业是与人们生活关系最密切、为居民生活服务的人员和机构最多的行业，零售业的历次变革和进步，都给人们带来生活品质和幸福感的不断提高，甚至引领了新的生活方式和消费时尚。总之，零售业为社会安定与繁荣发展起到重要的基础作用。

4. 零售业是国家（地区）居民就业的主要渠道之一

充分就业是一个国家和地区宏观经济的重要目标。实践证明，零售业的一个重要特性在于对劳动力的强吸附性，因此，零售业成为一个对充分就业有特别贡献的产业。从各国的实际情况看，零售业确实承担了相当一部分就业的任务。中国连锁经营协会联合国家信息中心发布的《零售业对我国经济社会的影响评估》报告显示，"十三五"时期，在国民经济44个行业中，零售业是除农业和批发业之外吸纳就业第三多的行业。

5. 零售业是反映国家物质与精神文明的窗口

零售业通过零售活动向外部展示了一个国家（地区）的经济、文化及政治状况，从一个侧面体现了社会经济发展的成就与水平。零售业的业态形式、商圈发展、零售组织、商品规划、商品陈列、采购配送、零售促销、零售服务等发展水平，以及人们在交易过程中体现的礼仪、语言、道德、市场秩序等状态，展现了一个国家（地区）经济发展水平、居民文化素质及市场管理水平等状况。

6. 零售业是反映现代技术发展水平的产业之一

随着大数据、云计算、人工智能、物联网等的快速发展，新一代信息技术在零售业的应用领域和程度不断拓深。比如，AI 技术带来大量的应用场景创新，大数据和云计算等新技术助力传统商店实现商业模式创新，更好地满足消费者需要。大数据挖掘和分析有助于分析消费者的行为和偏好，有效分析用户画像，精准推送商品和服务信息，提升企业经营决策效益。

问题二：如何理解我国零售业变革的动因？

分析：

近年来，我国零售业变革发展有多方面的原因和动力，主要包括以下几点。

(1) 技术进步力量的推动。近代以来，西方零售业的发展经历了多次重大变革，其中技术的推动是重要原因之一。近代零售业的多次变革，每一次都能找到技术力量推动的影子，它是伴随着同期技术革命所引发的产业革命而诞生的"孪生兄弟"。尤其是在信息时代，网络技术在社会、经济各个领域的广泛运用，电子商务的兴起，迫使传统零售企业从管理观念、管理模式、组织结构和作业流程等方面发生相应变革。与西方发达国家不同的是，中国零售业是多项变革同时进行的，而不是阶段性进行的，技术力量推动其变革迭代性发展。

(2) 外部市场环境变化导致零售业内部做出相应调整。根据"零售组织进化论"的"适者生存"观点：零售企业必须同经济社会发展环境的变化相适应，才能继续存在和发展，否则就将不可避免地被淘汰。经过多年的经济体制改革，中国市场环境已经发生了根本性变化，在从卖方市场向买方市场转化的过程中，消费者逐渐成为控制市场的主导力量。信息技术的发展使消费者的个性化和多样化需求得到充分满足，如果零售商不能相应调整经营方式，则制造商极有可能越过中间商直接向消费者提供商品和服务；同时，跨国零售集团进入中国后，以更先进的管理方式提供优质的服务，使中国零售业的竞争在更高平台上展开，这些都促使中国零售商为赢得生存空间而不断进行全方位的变革与创新。

(3) 经济发展进程中零售业自身发展规律所引发的内部结构调整。从近代西方发达国家零售业发展路径来看，零售业有着自身的发展规律，如西方学者总结的"零售轮转学说""零售综合化和专业化循环学说""零售辨证学说"和"零售组织生命周期学说"等，都从不同角度阐释了零售业发展的演变规律，说明商品流通系统通过自身的变革发展，能够在大量生产与多样化消费之间，通过创造新的组织形式，充分发挥协调生产与消费的功能。在中国经济高速发展时期，零售组织的自我更新引起零售业的不断嬗变，西方新型组织形式和经营方式的引入则促使零售业内部进行着质的变化。

1.2 中国零售业变革与渠道发展

材料

材料（一）

中国零售业最早可以追溯到公元前17世纪的商朝。纵观我国零售业长达3600年的发展史，历经工业革命、城市化进程、互联网崛起、全球化趋势、疫情冲击和复苏等时代背景，先后出现了百货、邮购、连锁、自选超市、大卖场、折扣店、购物中心及电商等多种业态。用短短30年的时间(20世纪90年代至今)，浓缩了西方国家160年的零售业变革发展历程。

有关中国零售业的变革，历来都是业界热议的焦点。沿着时间线和里程碑事件，结合业界学者在不同阶段对于中国零售业发展的代表性观点，我们将中国零售业发展轨迹细分为五个发展阶段：从20世纪80年代集贸式零售到90年代连锁店式零售，再到21世纪初的电子商务式零售，2016年开启新零售模式的探索和演进，以及疫后复苏时代的新增长引擎——即时零售。

1. 集贸式零售

在这一零售模式下，零售业态主要为以杂货铺、百货店为主的单一业态，特点是分散式、小面积、柜台售卖式的经营。1900年，第一家百货公司——秋林公司，在哈尔滨开设且至今仍在营业中。除此之外，我国近代百货公司的典型代表有：上海南京路上的"西施公司""永安百货""新新百货""大新公司"等。

2. 连锁店式零售

自1992年起，外资零售企业开始在华投资，中国零售业形成了百货、超市、便利店、专卖店等多种业态并存的格局。1996年后，又出现了生鲜超市、社区超市等业态，进一步丰富了零售市场的多样性。

3. 电子商务式零售

2001年，中国加入WTO。从此之后，我国零售市场迎来了前所未有的机遇。与此同时，互联网技术也呈现出"井喷式"发展，交通和网络设施均得到改善。特别是在2005年左右，一系列的变革推动中国零售业步入新纪元，众多依托于互联网技术的电商平台，如淘宝、京东等迅速崛起。随后，在2008年前后，中国消费市场再次迎来了一个新高潮，消费者的需求日益旺盛、品位不断提高，形成了全方位、多层级的消费升级。

4. 新零售

在2016年10月13日举办的阿里云栖大会上，马云指出"纯电商时代很快会结束，未来只有新零售这一说"。自此，"新零售"的商业模式应运而生，并得到各行各业的广泛响应和积极探索。比如，盒马鲜生以海鲜为切入点，集超市、餐饮与体验中心于一体；小米之家以高效简洁风格，以人流量为出发点，创造高销售率；蔚来汽车通过构建场景体验区，建立与顾客之间的情感纽带；1919酒类直供通过快速布局线下门店，推出19分钟极速送达服务，为顾客提供极速收货体验。可见，"新零售"模式的多样性与活力。

5. 即时零售

受疫情影响，消费者的到家需求急剧增长。即时零售，作为一种融合了线上线下、高度满足消费者即时性、便利化需求的新型零售业态模式，正迅速成为现代生活的"新宠"。业内人士普遍认为，未来几年，即时零售的复合增长率将会保持高位。中国连锁经营协会在其发布的《2022年中国即时零售发展报告》中预测，到2026年，即时零售相关市场规模将超过1万亿元。即时零售演变为囊括线上交易平台、线下实体零售商、品牌商和第三方（或零售商自有）配送物流的完整零售体系，它的快速发展将给整个零售行业带来积极影响。

资料来源：2023中国新零售白皮书.

材料（二）

狭义零售电商指通过网络渠道进行商品交易活动，包括实物商品交易及虚拟商品交易。广义上来说，零售电商是一种业态，包含平台、商家、品牌、用户、服务商等。按模式分，有C2C、B2C、C2M、B2B2C等；按品类分，有综合电商、垂直电商；按交易市场分，有进口跨境电商、出口跨境电商；新电商有会员制电商、直播电商、精品电商、小程序电商等。

零售电商之间的竞争非常激烈，按照市值划分，阿里巴巴凭借万亿元市值独占第一梯队，京东、拼多多和苏宁易购市值在千亿元级别，占领第二梯队，其余各零售电商市值都在百亿元及以下，有20余家零售电商企业市值不足百亿元；按照营业收入划分，阿里巴巴、京东、苏宁易购、唯品会营业收入都在千亿元级别，在第一梯队，拼多多、国美零售和乐信营业收入百亿元级别，占领第二梯队，其余各零售电商营业收入都在百亿元及以下，有20余家零售电商企业的营业收入不足百亿元。

根据分析，按商品交易总额计算，中国的零售市场规模从2016年的33.2万亿元增长至2020年的39.2万亿元，年复合增长率达4.2%，预计到2025年，市场规模将达52.1万亿元。其中，生活用品零售市场为中国零售市场最大的细分市场，2020年约占中国零售市场规模的9.2%，其市场规模从2016年的2.83万亿元增长至2020年的3.6万亿元，年复合增长率为6.2%，预计到2025年，市场规模将达到5.8万亿元。

根据国家统计局数据，2023年全年社会消费品零售总额为471 495亿元，同比增长7.2%；网上零售额为154 264亿元，同比增长11.0%。其中，实物商品网上零售额为130 174亿元，同比增长8.4%，占社会消费品零售总额的比重为27.7%；在实物商品中，吃类、穿类、用类商品网上零售额分别增长11.2%、10.8%、7.1%。

随着人、货、场等零售要素的不断演变，我国零售业正从传统零售发展至全渠道零售时代，线上线下全渠道融合的零售时代已然到来。有研究表明，线下零售在整个零售业的占比高达74.2%，它依然是我国零售行业的主战场。未来，随着零售业全面进入全渠道零售时代，人、货、场也将全面融合。

不过，零售业要实现这一目标，数字化转型将是必由之路，尤其是在数字经济蓬勃发展的今天。零售业借助大数据、人工智能等新技术的应用，可以打通零售企业生产经营的各个环节，加强业务与技术的融合，提升数字化运营水平，实现管理升级和模式创新，从而达到"提质、降本、增效"的目的。

资料来源：中研网、前瞻产业研究院等.

案例使用说明

一、教学目的

本案例通过回顾中国零售业的变革历程，以及展示中国零售业的发展成就，揭示了中国零售业的发展现状，阐明了消费习惯与相关政策的变化，希望达到以下教学目的：

(1) 掌握零售商、新零售的概念；
(2) 了解零售商的经营管理活动；
(3) 正确理解我国现阶段零售业发展变革的基本情况及零售业的发展趋势。

二、涉及知识点

本案例主要涉及零售渠道、零售业变革、即时零售等知识点。

三、课程思政

本案例通过对零售业发展现状的介绍，说明我国零售业正从传统零售转向全渠道零售时代。结合零售业发展相关理论，引导学生掌握零售业发展规律，提高对新零售发展机遇和挑战的认识；增强学生发现问题、解决问题的实践能力；鼓励学生提升综合素质，努力成为复合型零售创新人才，积极应对时代发展的变化。

思考题

(1) 零售电商的含义是什么？如何进行分类？
(2) 零售新模式的特点有哪些？
(3) 谈谈对零售渠道演化发展的理解。

理论解读

一、零售渠道

渠道是指某种商品从生产者向消费者或用户转移过程中，所经过的一切取得所有权的商业组织和个人，即商品所有权转移过程中，由生产者到用户的流通过程中所经历的各个环节连接起来形成的通道。商品销售渠道的起点是生产者，终点是用户，中间环节包括各种批发商、零售商、商业服务机构（如经纪人、交易市场等）。

零售渠道是指商品或服务从某一零售市场主体向最终消费者（个人或组织）转移所经过的路径。一般来说，完成一次交易的完整路径被视为一条零售渠道，如电器通过百货商场卖给顾客，咖啡通过便利店卖给顾客，服装通过网站卖给顾客等，均是一条完整的零售渠道。

零售渠道具有三个基本特征。

一是处于流通领域的终极环节。零售渠道处于商品从生产者向消费者转移的最终环节，一旦商品出售给消费者，该商品就退出了流通领域。

二是服务对象是最终消费者。零售渠道的主要服务对象是以最终消费为购买目的的个体或组织，这些商品或服务主要用于最终消费。

三是零售渠道一般从事个量销售。零售商店销售的商品一般品种多，单次交易量小，但销售频率较高。

二、零售业变革

自19世纪中期以来，西方国家掀起了零售业的"四次革命"。百货商店的兴起、连锁商店的出现、超级市场的诞生、无店铺销售的产生，在零售业的发展历史上被称为零售业的"四次革命"，如图1-1所示。

1. 第一次革命：以百货商店的出现为标志

19世纪初，传统的零售经营方式以肩挑小贩、摊贩、集市、自制自售、乡村杂货店等形式为特征。产业革命使机器代替了手工劳动，生产的集中化导致农村人口向城市集中，促使市场交易频繁。随着经济的发展，落后的零售经营方式已经不能适应新形势的需要，百货商店作为零售业最早的商品流通新形式，随着资本主义经济的发展和建设新城市的需要应运而生。1852年，在法国出现了世界上第一家百货商店——"邦·马尔谢"商店。

"邦·马尔谢"商店的创始人阿里斯蒂德·布西科以崭新的经营方式对传统的经营方式进

行了重大改革,使商店摆脱了小店的经营方式,消除了零售店的许多恶习,适应了当时经济发展的需要。在"邦·马尔谢"商店:①顾客可以毫无顾虑地、自由自在地进出商店;②商品的销售实行明码标价;③陈列大量的商品,方便顾客挑选;④商品采取"薄利多销"的销售策略。由于"邦·马尔谢"商店的经营方式与传统的经营方式相比有很多优势,这使得其迅速在欧美经济发达国家产生了较大影响。在与其他零售商的竞争中,百货商店凭借新的经营方式和手段,快速取得了经营优势,赢得了市场地位,得到了迅速发展。因此,西方经济学界把百货商店的出现称之为"零售业经营方式的第一次革命",表现为:生产端由"前店后厂"发展至大批量生产,降低了商品价格;消费端满足消费者多元化商品需求,提升其购物体验。

| 技术支持 | ⇒ | 规模生产 | 信息系统:存货管理、ERP | 人工智能、物联网、深度学习… |

第一次革命:百货商店
- B端:大批量生产降低商品价格
- C端:满足多元化消费体验

第二次革命:连锁商店
- B端:统一化管理和规模化运作
- C端:满足购物便利

第三次革命:超级市场
- B端:利用技术提升产品周转率
- C端:自我服务意识觉醒

第四次革命:无店铺销售

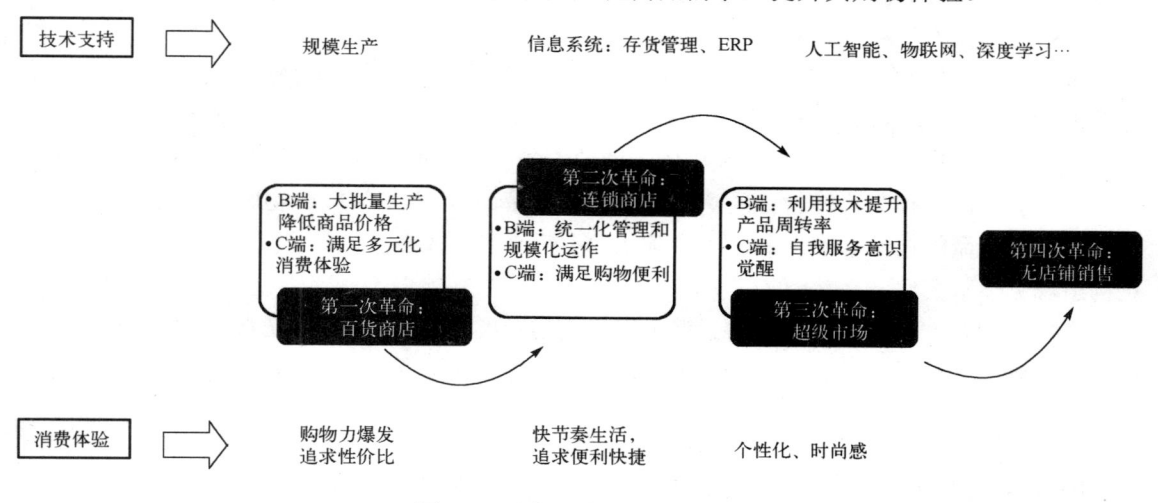

| 消费体验 | ⇒ | 购物力爆发追求性价比 | 快节奏生活,追求便利快捷 | 个性化、时尚感 |

图 1-1 零售业的"四次革命"

资料来源:国泰君安证券研究.

2. 第二次革命:以连锁商店的发展为标志

当今,连锁经营是世界零售业的发展主流,雄踞世界零售业前列的大企业,无不实行连锁经营。连锁商店的显著优势是"最普通的商品,最优惠的价格,最方便的购买,最优质的服务"。1859 年创建的美国大西洋和太平洋茶叶公司是世界上最早的直营连锁经营组织,但美国人认为,连锁商店最早于中国产生,早在公元前 200 年前,中国商人就创立了拥有许多分店的店铺,事实上这就是连锁商店的萌芽。

连锁商店的出现之所以被称为"零售业经营方式的第二次革命",主要原因在于改变了商业组织的形式,即由单体店向组合店方向发展。也有学者从时间序列角度来考虑这个问题,认为连锁商店的统一化管理和规模化运作能够降低成本、提高运营效率,同时商店广泛分布使购物更加便利。

3. 第三次革命:以超级市场的诞生为标志

1919 年,超级市场的鼻祖桑德斯在美国孟菲斯市开设了一家名为"地滚小猪"的自助商店,这就是超级市场的雏形。1930 年 8 月,世界上第一家超级市场诞生,即美国人卡伦开设的金·库仑商品商场。第二次世界大战后,美国的超级市场遍布于各大、中、小城市,甚至是乡镇农村。

超级市场作为美国人的一大发明,不仅改变了零售商业传统的柜台销售方式,也改变了消费者的购物方式和生活方式。因此,超级市场的诞生,被西方誉为"零售业经营方式的第三次革命"。同时,在超级市场的发展过程中,为了满足不同的消费需求,以及在竞争激烈的市场经营中寻求增加利润的新途径，又出现了便利商店、折扣商店等多种零售业态，同时还出现了购物中心、商业步行街等新颖的购物场所。此时，供应端已经初步有如存货管理系统等先进的技术渗透，这进一步提高了产品周转效率，消费者自我服务意识不断觉醒。

4. 第四次革命：以无店铺销售为标志

真正以"人"为中心的"第四次革命"已拉开序幕。无人售货方式作为新型的零售业形式，是一种比超级市场更新的经营形式。它具有四大特征：①以自动服务方式为营业方法；②经营种类丰富，诸如饮品零售类、生鲜食品类、粮油食品类、其他类等；③采取机器自动售货的销售方式，将自动售货机设在车站、旅馆、电影院、饭店等人流较多的地方，便于销售；④采用商店只雇佣少数人员补货和取款的管理方法。

由于机器不受时间限制（可24小时售货），所属商店既可增加销售额，又可节约经费，因此，这无疑是一种其他售货方式无法取代的先进售货方式。从20世纪70年代末到80年代初，这种无人售货方式飞速发展，在很大程度上威胁着独立零售商特别是食品零售商的发展，因此，无人售货被美国人称为"零售业经营方式的第四次革命"。人工智能、物联网、深度学习是零售业第四次革命的技术基础，未来随着新技术不断出现和成熟，零售将围绕"人、货、场"的重构出现更多新变化。

零售业的四次革命极大地推动了整个零售业的发展，在很大程度上方便消费者的同时，也促进了产业升级发展，零售业表现出与以往大相径庭的新面目。

三、即时零售

即时零售是指消费者在线上交易平台下单，线下实体零售商通过第三方（或零售商自有）物流提供配送上门的服务，提供包括食品饮料、蔬果生鲜、数码3C、美妆个护等商品，配送时间通常在30~60分钟。

简要分析

问题一：零售电商的含义是什么？如何进行分类？

分析：

结合材料可知，零售电商的含义有狭义和广义之分。从狭义上来说，零售电商指通过网络渠道进行商品交易活动，包括实物商品交易及虚拟商品交易。从广义上来说，零售电商是一种业态，包含平台、商家、用户、服务商等。按模式分，有 C2C、B2C、C2M、B2B2C 等；按品类分，有综合电商、垂直电商；按交易市场分，有进口跨境电商、出口跨境电商；新电商有会员制电商、直播电商、精品电商、小程序电商等。

问题二：零售新模式的特点有哪些？

分析：

结合材料与实际，归纳总结零售新模式的特点，有如下几点。

（1）线上线下融合、店仓一体化。在线上线下一体化过程中，线上与线下的会员体系逐渐打通，在此基础上，零售企业正在围绕实体店的覆盖范围进行优化，尝试找出区域消费者的喜好，提供最佳的本地化服务，同时依据相关数据，调整实体店的主力商品与目标会员。

(2)全渠道&精准营销活动和全域会员的生命周期管理。针对来自各种不同渠道的VIP、付费会员等，零售企业通过AI工具及大数据分析平台描绘出用户画像，不断给予各种活动通知与优惠。如今，零售货品与供应链的数据分析维度多样化，正在让零售的运营变得越来越精细。

(3)"直播+社群"打造超级体验店的新零售模式。近年来，"直播+社群"逐渐成为线上零售的主流模式之一；同时，线下零售也在通过超级体验店的打造，为消费者提供购买前的沉浸式体验，以增强消费者对于零售品牌的忠诚度。通过这种方式，零售品牌商正在围绕特定消费族群建立起有针对性的销售渠道。

(4)门店自动化、智能化运营。受疫情等多重因素影响，线下门店的运维成本持续增加，零售企业急需通过业务的自动化，如自助结账、自动盘点、远程巡店、清洁打扫机器人、AI人工客服、各种自动环境控制设备等，甚至打造无人实体店，来减少门店人力及运营成本。

问题三：谈谈对零售渠道演化发展的理解。

结合实际与材料分析，零售渠道的演化发展大致经历了以下几个阶段。

(1)单渠道零售阶段。单渠道零售是指只通过一条渠道(如门店、自动售货机、电视、网站等)，将产品和服务从某一销售者手中转移到消费者手中的行为。单渠道策略即窄渠道策略，不管这条渠道是实体店，还是邮购或网店的形式，均具有低成本、方便快捷地进行部署，易于检测，让有竞争优势的品牌垄断市场及利润最大化等优势，但是单渠道策略也限制了潜在消费者的规模和多样性。除非是少数非常特别的品牌(其市场比较小众)，否则单渠道零售一般不是一个理想的策略。

(2)多渠道零售阶段。多渠道零售是指企业通过不同类型的可触达消费者的渠道或平台，在每个单一平台上和消费者进行互动。一般来说，企业会采用两条及以上完整的零售渠道进行销售活动，但消费者一般在一条渠道完成全部的购买过程或活动。例如，计算机厂商对团购的企业用户采取直销渠道，对零散消费者采取门店渠道，每条渠道都能完成销售的完整过程、所有功能，其间不进行交叉。多渠道是指多个单渠道的组合，每条渠道完成渠道的全部而非部分功能，相互之间并没有统一的操作标准和规范。同时，每条渠道通常面对不同类型的消费者。可以说，多渠道是单渠道质的提升，它帮助品牌开放市场，使其在零售活动中能够触达到更广泛、更多样化的消费者，并可以在不同渠道利用不同的零售策略抓取潜在的消费者需求。

(3)跨渠道零售阶段。跨渠道零售是指企业采用多条非完整的零售渠道进行销售活动的行为，每条渠道仅完成零售的部分环节或功能。在实体店铺与虚拟店铺交织的发展环境下，更多零售商采取多种渠道协同开展销售活动的策略。例如，服饰零售商在小红书、抖音等短视频平台进行商品推介，通过百货商场、购物中心等实体店完成交易，通过员工企业微信或微信群进行售后服务与消费者互动等。与多渠道零售不同，跨渠道零售表现为多个渠道的整合使用，这意味着每条渠道完成渠道的部分功能而非全部功能。从单渠道到多渠道、再到跨渠道，总体而言，这是企业经营导向的渠道演化过程，即基于有限的渠道资源，企业对一个或多个渠道进行简单的组合或整合，从而满足利润最大化或者成本最小化的经营目标。

(4)全渠道零售阶段。"全渠道零售"一词最早出现在美国IDG数据咨询公司2009年的零售研究报告中。2011年，美国贝恩咨询公司的研究员Rigby在《哈佛商业评论》上发表文章

The Future of Shopping，他指出全球零售业将在未来的5年进入"全渠道的零售时代"。参考清华大学李飞教授的定义，全渠道零售是指企业采取尽可能多的零售渠道类型进行组合和整合（跨渠道）销售的行为，以满足消费者购物、娱乐和社交的综合体验需求，这些渠道类型包括有形店铺（实体店铺、服务网点）和无形店铺（上门直销、直邮和目录、电话购物、电视商场、网店、手机商店），以及信息媒体（网站、短视频、直播、呼叫中心、社交媒体、E-mail、微博、微信）、物联网媒体（可穿戴设备、智能家居）等。随着新媒体类型不断涌现，人工智能、大数据、物联网、AR、VR等新一代信息技术突飞猛进地发展，跨渠道零售进入了全渠道零售时代。当然，这并不意味着零售企业需要选择所有渠道进行销售，而是指面临着更多渠道类型的选择、组合与整合。

一般而言，全渠道具有三大基本特征，即全程、全面、全线。全程，一个消费者从接触一个品牌到最后购买的过程中，全程会有五个关键环节：搜寻、比较、下单、体验、分享，企业必须在这些关键节点与消费者保持全程、零距离接触；全面，企业可以跟踪和积累消费者的购物全过程的数据，在这个过程中与消费者及时互动，掌握消费者在购买过程中的决策变化，给消费者提供个性化建议，提升其购物体验；全线，渠道的发展经历了单一渠道时代即单渠道、分散渠道时代即多渠道、两条及以上渠道整合协同的跨渠道发展阶段，到达了渠道全线覆盖即线上线下全渠道阶段。这个全渠道覆盖就包括了实体渠道、电子商务渠道、移动商务渠道、物联网渠道的线上与线下的融合。在企业面临加速的传播媒介和渠道碎片化趋势下，全渠道零售已成为一种新常态。

不同于前三个阶段，全渠道零售阶段是消费者体验导向的渠道零售阶段。全渠道购买者是多渠道购买者动态发展而来的，他们在一次购物行为中同时关注并选择多种渠道，而不像多渠道购买者那样，在平行的多种渠道中只选择其中的一种渠道。在全渠道零售场景中，消费者在购前、购中和购后的全过程中整合了线上和线下的不同渠道，获得了更好的购物体验。因此，全渠道零售商应根据不同消费者偏好，以及同一消费者在不同阶段的不同渠道偏好，进行有效的营销整合与渠道整合。

1.3 数字时代零售业发生蝶变

材料

材料（一）

2023年5月份，社会消费品零售总额达37 803亿元，同比增长12.7%。其中，除汽车以外的消费品零售额为33 875亿元，增长11.5%。2023年1—5月份，社会消费品零售总额187 636亿元，同比增长9.3%。其中，除汽车以外的消费品零售额为169 743亿元，同比增长9.4%。

按经营单位所在地分，2023年5月份，城镇消费品零售额为32 906亿元，同比增长12.7%；乡村消费品零售额为4897亿元，同比增长12.8%。2023年1—5月份，城镇消费品零售额为162 968亿元，同比增长9.3%；乡村消费品零售额为24 668亿元，同比增长9.4%。

按消费类型分，2023年5月份，商品零售额为33 733亿元，同比增长10.5%；餐饮收入为4 070亿元，增长35.1%。2023年1—5月份，商品零售额为167 678亿元，同比增长7.9%；

餐饮收入为 19 958 亿元,同比增长 22.6%。

按零售业态分,2023 年 1—5 月份,限额以上零售业单位中便利店、专业店、品牌专卖店、百货店零售额同比分别增长 8.0%、6.8%、6.0%、11.4%,超市零售额同比下降 0.3%。

除此之外,2023 年 1—5 月份,全国网上零售额为 56 906 亿元,同比增长 13.8%。其中,实物商品网上零售额为 48 055 亿元,同比增长 11.8%,占社会消费品零售总额的比重为 25.6%;在实物商品网上零售额中,吃类、穿类、用类商品分别增长 8.4%、14.6%、11.5%。

资料来源:国家统计局.

材料(二)

一般认为,"新零售"概念于 2016 年提出,表示零售业借助数字化转型进入发展的全新阶段。从 PC 电商到 App、小程序商城、直播……国内实体零售业历经多年的多渠道、全渠道建设,已实现数字化会员规模的增加、线上销售占比的提高以及运营决策数字化的加强。

回溯国内零售业变革,可见相较其他城市,杭州的零售业变革发展较快,在"新零售"的落子布局上具备"先发优势",既有盒马鲜生、无人超市的"横空出世",也有传统零售的积极靠拢,由点到面,全面推开。2021 年,在数字化浪潮的推动下,杭州零售业稳步前行。

首先,在 2021 年,杭州本土商业巨头 MAG 解百集团在稳固实体商业根基的同时,加速驶入数字运营的快车道。不仅上线杭州大厦线上商城小程序,还推出了一系列特色直播,如"达人探店""12 金牌主播"等,加强与会员之间的有效互动,从而在一年内新增 15 万会员。其中,Z 世代消费群体(95 后和 00 后)逐渐成长为消费的中坚力量,主力品牌的消费占比已经达到 40% 以上。展望未来,杭州大厦将更新会员系统"欣计划",升级消费者体验。

与此同时,银泰百货"喵街"App 数字化会员正式突破 2500 万人。数字化带来的全新功能让美妆板块逆势增长,2022 年年初,银泰百货诞生了包括兰蔻、茵芙莎、海蓝之谜、赫莲娜、TOMFORD 等 13 个全球第一柜和 18 个全国第一柜。此外,银泰百货全面铺开"消除边界"的王牌产品——云店,兼具线上和线下两种消费场景的最大特点,顾客、货、场全部经过数字化,让龙游、衢州、淮北等 8 座"非银"城市的"小镇青年"也能通过"云屏"的交互方式,在 40～80 平方米的有限门店内享受"银泰式购物"。

联华华商同样不甘落后,依托自有平台"鲸选"App,将货品送到千家万户。2021 年全年线上销售额同比增长近 20%,占比终端销售总额同比增长 2%,线上客流同比增长 25.49%。在数字化技术的支持下,联华华商不仅在日常运营中展现出了强大的竞争力,更在台风、疫情等特殊时期,凭借线上到家服务有力地承担了保供重任。同时,各门店也在积极构建智慧化门店管理系统,以便更精准地捕捉消费者需求,实现与市场的快速适配。

"一枝独秀不是春,百花齐放春满园"。在杭州,这样的商业数字化案例不胜枚举,越来越多的数字消费体验被消费者感知和认可。事实上,数字化的技术升级和优化属于基本功,由此产生的诸多商业可能性也同样值得被期待。

资料来源:杭州日报.

材料(三)

2021 年 12 月 2—4 日,由新华社民族品牌工程办公室、新华网、新华社新闻信息中心、中国经济信息社、中国财富传媒集团、新华社新媒体中心、新华每日电讯和《半月谈》杂志社主办，茅台集团总协办的"2021中国企业家博鳌论坛"在海南博鳌举行。

谈到未来零售业的发展方向，国美零售控股公司副总裁赵丽明表示，疫情不仅是对零售业的一次严峻考验，更是推动其技术革新与模式升级的催化剂。面对挑战，各平台纷纷拥抱社交电商与直播电商的新风口，国美亦不例外。通过社群营销与数字化转型，国美实现了"一店一业"的精准运营，并在直播领域取得了显著成效。赵丽明女士强调，直播带货、社交电商将成为各平台发展的主要趋势，这也是后疫情时代零售业不断升级和调整的必然步骤。未来的零售必然是线上线下相融合的，即实现用户"线下沉浸式体验、线上平台间自由穿行"的需求。

从国美自身的实践来看，自2019年起，两年内国美成功完成了全国四千余家门店的数字化转型。2021年恰逢国美"家·生活"战略第二阶段的升级元年，这一年国美真快乐平台进行了改版，分为"乐"和"购"两个板块，"乐"以赛事、榜单为特色，构建娱乐化内容社交平台；"购"包括"真"（真选商品、严选商品）"快"（准时达、闪电送）"乐"（娱乐卖、娱乐买、分享乐）三个特点，在具备其他平台通用能力的同时，乐与购两个板块互动、互助、互补，实现了1+1>2，打出了真快乐平台独立有特色的亮点。

中国企业家博鳌论坛已经连续成功举办六届，成为中国企业家共享共有的高端交流平台。本届论坛以"共谋数字时代 共赢绿色发展"为主题，深度思考、前瞻判断，剖析中国经济的内生动力，把脉中国经济数字化、绿色发展的高质量发展之路。

资料来源：新华网.

材料（四）

数字时代，数字化成为中国经济的引擎，重构了消费场景。《数字中国发展报告（2023年）》数据显示，我国连续11年成为全球第一大网络零售市场，其中2023年网上零售额为15.42万亿元，同比增长11%。且截至2023年12月，我国网民规模达到10.92亿人，互联网普及率达到77.5%。其中，网络购物用户规模达9.15亿人，占整体网民的83.8%（中国互联网络信息中心第53次《中国互联网络发展状况统计报告》），数字化已全面渗透至生产生活的方方面面，全方位改变了我们的生活与消费方式。

未来，零售业可能受到5种科技的影响：一是智能客服将与生成式人工智能技术更为紧密结合，能够更快速地判断消费者意图、当前情绪及潜在消费需求，从而在更多消费场景里为消费者提供服务；二是零售商超可借助元宇宙的元素技术，利用VR、AR等技术打破时空限制，用虚实结合的沉浸式体验激发消费者潜在消费需求；三是云计算平台使得"货随心动"，零售商可以针对不同消费者进行"千人千面"的精准营销；四是基于6G技术赋能，实现物联网更强大的智能性和自主性，以便实时精准地感知环境、做出智能化决策并提供个性化服务；五是大数据、云计算、人工智能技术的综合发展使得柔性供应链对于消费者的需求变化能更快更精准地反应，实现消费需求指导生产。在未来零售场景的畅想中，零售科技的发展为消费者提供了更为便捷的消费服务、更具"品价比"的商品和更丰富的消费场景。

放眼未来，零售业数字化、全渠道的大趋势不可逆转。作为经济发展的晴雨表，零售业深刻影响着消费市场的发展趋势，要坚持以消费者为中心，拥抱最新的数字化、智能化技术，实现接地气的创新，以便更好地为人民服务，加速零售业向新而行。

资料来源：2023中国新零售白皮书、人民网.

案例使用说明

一、教学目的

本案例主要介绍了现代零售业的数字化发展及未来零售业的发展方向,通过展示"新零售"概念提出以来,国内零售业的变革以及未来零售业的发展方向,希望达到以下教学目的:

(1) 掌握业态与业种、新零售、零售数字化的基本概念及发展;
(2) 理解业态与业种的主要区别;
(3) 理解新零售与传统零售的主要区别;
(4) 理解数字时代零售业变革的主要特点及时代背景。

二、涉及知识点

本案例主要涉及业态与业种、新零售、零售数字化、零售自然选择理论等知识点。

三、课程思政

本案例通过介绍现代零售业的数字化发展、未来零售业的发展方向,充分说明中国零售业发展迅速,取得了举世瞩目的成果,增强了学生民族自信心,同时引导学生了解西方零售业变革到新零售崛起的相关知识,提升学生的自主思考能力,增强学生勇于探索的创新精神,培养学生树立中国特色社会主义道路自信,指引其正确看待东西方零售业的发展。

思考题

1. 新零售的定义是什么?其核心是什么?
2. 新零售与传统零售的区别有哪些?
3. 新零售的未来发展方向是怎样的?

理论解读

一、业态与业种

业态一词来源于日本,大约出现在 20 世纪 60 年代,意指商业运营的具体形态与状态。日本安士敏先生认为:"业态被定义为营业的形态,它是形态和效能的统一,形态即形状,它是达成效能的手段。"在我国,业态是指零售店向确定的顾客群提供确定的商品和服务的具体形态,是零售活动的具体形式。通俗理解,业态就是指零售店卖给谁、卖什么和如何卖的具体经营形式。业种指的是零售商业的行业种类,通常按经营商品的大类将零售业划分为若干个业种,业种强调的是"卖什么"。

两者的主要差异在于以下几点。

一是目的不同。业种店的目的主要是销售自己所经营的商品,业态店的目的主要是满足顾客的各种需求。

二是中心不同。业种店主要以商品为中心,业态店主要以顾客为中心。

三是标志不同。业种店是按照经营商品的品种来分类的,其标志是商品,即卖什么;业态店是依据商店经营形态来分类的，其标志是经营形态，即怎么卖。

四是产生时间不同。业种店产生于工业革命前的时代，与不发达的商品经济相适应；业态店产生于工业革命时代，与发达的商品经济相适应，标志是百货商店的诞生。

判定一种零售店是否成为一种零售业态，至少应有三个标准。

一是组合独特性。业种店仅是强调商品组合的不同，因此只要变换店铺的商品结构，就会创造出不同的业种店，而业态店强调目标顾客的目标需求的独特性，为了满足顾客的独特需求而进行一系列的要素整合，以形成独特的店铺形式。

二是广泛影响性。这种影响性是指对传统的零售业态产生巨大的冲击，对零售业的发展做出了贡献，同时地区分布较为广泛。

三是模仿流行性。这种流行性是指零售企业能根据业态的主要特征，通过分析借鉴予以效仿，并在实践中积极开展模式创新。

二、新零售

2016年11月2日，国务院办公厅正式发布了《关于推动实体零售创新转型的意见》（国办发〔2016〕78号)(以下简称《意见》），为推动中国实体零售创新转型提供了指导思想和基本原则。文件不仅全面布局了商业结构调整、发展方式创新、跨界融合促进、发展环境优化及政策支持强化等关键领域，还特别强调了线上线下融合的重要性，旨在构建零售业的新业态。《意见》明确指出，要建立适应融合发展的标准规范、竞争规则，引导实体零售企业逐步提高信息化水平，将线下物流、服务、体验等优势与线上商流、资金流、信息流融合，拓展智能化、网络化的全渠道布局。

基于此，"新零售"概念应运而生，代表了一种全新的零售业态与生态圈。新零售是指企业以互联网为依托，借助大数据、人工智能等先进的数字技术，对商品从生产到流通，再到销售的每一个环节进行深度改造与优化，进而重塑业态结构与生态圈，并对线上服务、线下体验以及现代物流进行深度融合的零售新模式。它具有数字化、个性化、融合性、智能化、社交化、绿色化、供应链优化等特征。

三、零售数字化

零售数字化是指在新一代数字科技的支撑和引领下，以数据为关键要素，以价值释放为核心，以数据赋能为主线，对产业链上下游的全要素进行数字化升级、转型和再造。它的基本特征包括：一是以数字科技变革经营活动工具；二是以数据资源为关键生产要素；三是以数字内容重构产品结构；四是以信息网络为市场配置纽带；五是以服务平台为零售业发展生态载体。

零售数字化发展具有如下三个方面的意义：

(1) 从微观视角看，快速迭代及进阶的数字科技为传统零售企业转型升级带来新希望，提供新的增长机会与发展模式，成为数字科技应用创新的重要场景，有助于传统零售企业蝶变，提升企业流通效率，培育新的优势；

(2) 从中观视角看，数字化有助于提升零售过程的自动化和智能化水平，降低流通成本，实现精准化营销、个性化服务，重塑产业流程和决策机制，促进零售业提质增效，重塑产业分

工协作新格局;

(3)从宏观视角看,数字科技的广泛应用和消费需求变革催生出即时零售等新业态、新模式,促进形成新的消费场景和消费渠道,加速新旧动能转换新引擎,提升零售业数字化发展。

四、零售自然选择理论

零售业的演变轨迹,在美国零售专家吉斯特的洞察下,与达尔文的自然选择理论不谋而合,形成了独特的"零售自然选择理论"。这一理论深刻揭示了零售企业生存与发展的内在逻辑,即必须与经济社会环境的变迁,包括生产力水平、技术进步、消费升级、社会发展等保持同步,方能持续繁荣;反之,则难逃被淘汰或衰退的命运。该理论的核心在于"适者生存"的原则。对于某种零售企业来说,它们总是产生在一个与其环境相适应的时代,但环境不是僵化不变的。当环境变化时,就极有可能与零售企业之间产生不协调。因此,任何一种零售企业都难以永远辉煌,要生存和发展,就必须不断进行自我调整,适应变化的环境。当然,调整也不是无限的,当调整冲破了原有零售企业的局限,就表明这一类型企业将走向消亡。

简要分析

问题一:新零售的定义是什么?其核心是什么?

分析:

新零售即企业以互联网为依托,借助大数据、人工智能等先进的数字技术,对商品从生产到流通,再到销售的每一个环节进行深度改造与优化,进而重塑业态结构与生态圈,并对线上服务、线下体验,以及现代物流进行深度融合的零售新模式。

"新零售"的核心在于数字化,通过数据驱动业务决策和运营,提高服务效率和服务质量,推动线上与线下的一体化进程;关键在于使线上的互联网力量和线下实体店终端形成真正意义上的合力,从而完成电商平台和实体零售店的优化升级。同时,促使价格消费时代向价值消费时代全面转型。由此可知,新零售是以"消费者为中心的会员、支付、库存、服务等方面数据的全面打通",可总结为"线上+线下+物流"。

问题二:新零售与传统零售的区别有哪些?

分析:

将新零售与传统零售进行比较,可发现两者之间存在如下差异。

(1)融合性。新零售强调线上线下的融合,打破传统渠道界限,实现全渠道销售和营销。

(2)数据化。新零售的本质是对"人、货、场"三者关系的重构。人对应用户画像、数据,货对应供应链组织关系和品牌关系,场对应商场表现形式。场是新零售前端表象,人、货是后端的实质变化,在新零售业态中,"人、货、场"三者之间的关系率先发生了改变。对传统零售商家来说,很难搜集到用户的行为和相关信息,但是在新零售环境中,可以通过对用户的消费行为及其他信息,构建用户画像,打造数据化运营的基础。

(3)个性化。在物质不断丰富的今天,消费者需求日益复杂,新零售必须更加重视消费者的个性化需求,更加及时地调整营销战略,为消费者提供个性化产品和服务。个性化的表现,除了通过产品定制化的方式，满足不同消费者的需求，对消费场景也提出了新的要求。

（4）社交化。社交媒体是新零售的重要渠道之一，借助其与消费者建立紧密联系，实现企业的精准营销和口碑传播。

（5）去中心化。除了数据化是传统零售企业不可比肩的，新零售相较于传统零售的明显改变在于它的去中心化，即将获利方式从信息不对等的差价回归到产品与效能的增值中。

（6）全场景化。在新零售模式之下，消费场景无处不在，线上与线下紧密结合在一起，偏重其中一方都可能导致战略上的失衡。线上搭建平台，线下提供沉浸式消费场景，都是新零售区别于传统零售的地方。

问题三：新零售的未来发展方向是怎样的？

分析：

结合案例可知，未来零售业将受到5种科技的影响，数字化、全渠道将是其发展的大趋势，表现为：实体门店的升级、供应链的重构、服务商的涌现等。

（1）实体门店的升级。人工智能、物联网等技术在零售业的广泛应用，帮助实体门店提供更个性化、更便捷的购物体验，如智能导购、自助结账等服务；通过实体门店与线上平台相互融合，实现商品信息、库存数据等实时同步，为消费者提供无缝衔接的购物体验；同时，在实体门店增设试衣间、VR/AR体验区等，增加消费者的参与感和黏性。

（2）供应链的重构。数字化时代，数字技术成为主要手段，借助大数据、云计算等技术，能实现供应链的透明化、可视化管理，提高供应链的响应速度和准确性；并为柔性供应链的构建提供技术支持，以应对市场需求的快速变化，实现快速响应、快速生产、快速配送，助力"最后一公里"更加便捷。

（3）服务商的涌现。数字经济的蓬勃发展催生了新业态、新模式、新发展。服务商为零售商提供包括数据分析、营销策略、店铺运营等在内的专业服务，帮助其更好地应对市场挑战；同时，根据零售商的具体需求，提供定制化的服务方案，满足零售商的个性化需求；与零售商进行跨界合作，共同开发新产品、新市场，实现资源共享、互利共赢。

育人元素

本章通过介绍零售的相关基础理论，追溯西方零售业变革到新零售崛起的演进史，以及我国零售业发展的巨大成就，让学生较为全面系统地了解国内外零售业发展动态，引导学生了解世情国情，关注国家发展动态，增强学生民族自信心和自豪感，坚定"四个自信"，增长知识见识，提升学生综合素质。同时，将新零售与传统零售进行对比，启发学生正确认识零售新模式"新"在何处、零售创新有何路径，激发学生勇于创新的意识，培养学生创新思维。分析外资企业发展现状及其应对策略，引导学生思考在企业的发展与扩张过程中要重点关注的问题，培养学生养成问题意识，塑造认真的学习态度、努力学习的精神和坚韧不拔的优良品质。

第2章 零售业态

2.1 "鸡毛换糖"闯世界

材料

20世纪70年代,许多义乌农民开始沿街摆摊。位于义乌小镇的小商品市场悄然兴起。但当时小商品交易被有关部门视为投机行为,仍不被允许。直到1978年,党的十一届三中全会召开揭开了改革开放的序幕,以及"菜篮子女孩"找县委书记事件的发生,使小商品市场由"地下"走向"开放"。义务县委书记谢高华认为要将市场开放与中央精神结合在一起,顺应民意将市场搞活。此后,义乌小商品市场开放并出台了"四个许可证",即允许农民经商、允许农民进城、允许长途贩卖和允许多渠道竞争。义乌小商品市场,作为零售业发展的杰出代表,通过六代更迭、集群形成、持续创新等举措,走出了一条独特的成功之路。

小商品,大市场——六代市场进化史

1982年9月,义乌第一代小商品市场——稠城镇湖清门小百货市场开业后仅3个月,市场摊位数量增加近一倍。许多商户自带门板,搭起塑料棚架,自行向新马路两端延伸。

到1982年年底,小商品市场上便有了30多个大类的2000多种小商品,其发展之迅猛,导致市场无法承载现有的发展力,亟须拓展新的空间。1984年10月,义乌县委、县政府千方百计地筹集到50余万元,两个月后成功新建固定摊位近2000个的新马路市场,摊位从露天搬进了小棚子,义乌第二代小商品市场就此形成。

顺应时代潮流的新事物往往具有强大的生命力。义乌第二代小商品市场发展不到两年,要求市场进一步扩大的呼声就越来越高。1986年9月26日,占地4.4万平方米、有4100个摊位的城中路小商品市场开业。到1990年年底,该市场面积扩至7.7万平方米,摊位增加至约10 500个,成为当时中国最大的小商品批发市场,即义乌第三代小商品市场。

然而,随着市场的空前繁荣,管理难题也如影随形,市场秩序不规范、假冒伪劣产品横行等问题日益凸显,对市场声誉造成重创。因此,时任义乌小商品市场工商管理处处长的何章星提出了"划行规市"的长远构想。1992年1月21日,义乌市委、市政府(1988年,义乌撤县建市)全力支持"划行归市",将市场细分为8个交易区,初步将商品分为16个大类,顾客得以快速地在市场中寻找到心仪产品,并将不同商家的产品进行对比,促进其相互竞争,从而将假冒伪劣产品挤出市场。1995年初春,篁园市场一期工程圆满竣工并投入使用,标志着义乌第四代商品市场的璀璨登场。

随后,篁园市场二期和宾王市场工程相继落成,截至1995年11月,义乌市小商品市场已占地面积46万平方米、拥有摊位3.2万个,成为当时中国最大的室内商品批发市场。2002年10月,义乌国贸城一区市场正式投入使用,随后逐步扩大到5个区。它与篁园服装市场、国际生产资料市场共同组成了义乌中国小商品城,第五代小商品市场正式出现。

2019年,作为建设义乌"第六代"市场的试验田——义乌中国进口商品城孵化区开业,该孵化区经营面积12万平方米,共有经营主体190户,入驻了诸多跨境电商平台和34个国家馆,汇集了150多个国家和地区的约15万种源头日用消费品。同时,随着数字贸易时代的全面到来,义乌再次站在市场迭代升级的起跑线上。2022年11月,在充分调研和广泛征求多方建议的基础上,根据义乌市委市政府决策部署,商城集团启动建设第六代市场核心标志项目——全球数贸中心,该项目以Chinagoods平台为主载体,创新"展示交易+关汇税、运仓融"一站式数贸服务模式,让贸易变得更简单。截至2024年2月,Chinagoods平台已开通6个国家站,入驻市场经营总户数达5.8万家,累计交易金额超960亿元。借助数字贸易,义乌正在构建起一个联通全球的贸易和产业协作网络,努力带动更多中小微企业接轨国际市场,参与全球分工,加速实现内外贸一体化发展。

可以说,义乌是一座建在市场上的城市,从第一代"马路市场",到当今享誉全球的"世界超市",义乌市场历经六次易址、十次扩建、五代跃迁。迭代更新,已成为义乌市场保持持续繁荣的活力之源。

小县城,大集群——贸易生态圈成长记

随着义乌小商品市场的不断壮大,集聚效应越来越强,"买全国,卖全国"的格局逐渐形成。20世纪90年代初,当地市政府发现了这一变化,便因势利导地号召广大经营者"引商转工",实施"以商促工、工贸联动"战略,依托市场发展小商品加工业,形成了"贸工联动"、前店后厂的模式,为义乌的小商品市场奠定了坚实的基础。2001年,随着中国加入WTO,义乌拥有了新的发展机会。入世第二年,外贸出口额便占到义乌小商品市场营业额的40%。随后,义乌先后建成了国际物流中心义乌港、铁路口岸、航空口岸等基础设施,成为国内唯一具备五大港口平台功能的县级市。"一站式供应链服务"成为义乌的一大优势。同时,义乌市聚集了各种资源要素,形成了一个生机盎然的"贸易生态圈"。

敢创新,善创新——发展节奏永不停歇

在发展的过程中,义乌作为我国首个由国务院批准的县级市综合改革试点,赶上了一系列优惠政策的出台,极大地提升了商品出口的通关效率。2018年上半年,义乌市以市场采购贸易方式实现了出口额突破千亿元大关,达到1015.4亿元,同比增长1.4%,占义乌市外贸总额的81.9%。同时,市场采购贸易方式已经复制推广到全国7个专业市场。到2021年,该贸易方式已在全国31个城市复制推广。此外,义乌以产品创新打响"义乌制造"新品牌,以模式创新开拓市场新通道,以制度创新塑造经济发展新优势,使"网红+零售""AI数字人主播"等新模式不断涌现。2023年,义乌电商主体突破60万户,网络零售额位居浙江全省第一。依托线上线下联动,义乌还带动了20多个产业集群转型发展。

大胸怀、大格局——"新义乌人"融合与"义新欧"启动

义乌拥有很多外商投资企业,其开放性和包容性令人惊叹。截至2024年9月,有2.1万多名外商常驻义乌成为"新义乌人",流动外商的数量也近3万名。此外,在"一带一路"倡议下,义乌也抓住了新的发展机会。2014年11月,首趟"义新欧"中欧班列顺利开通,成为"丝绸之路经济带"上的"钢铁驼队"。2023年,"一带一路"倡议已提出十年,"义新欧"中欧班列持续稳定运行,已开通19条运营线路,辐射共建"一带一路"国家50多个、城市160多个,成为市场化程度最高、重载率最高、开行里程最长的中欧班列线路。截至2023年10月底,义乌平台已累计开行"义新欧"中欧班列超6100列。

资料来源：作者集浙江在线、经济日报、新华社、中国义乌网、光明日报、潮新网等相关资源综合而来.

案例使用说明

一、教学目的

本案例主要介绍义乌小商品市场的改革发展进化史，希望达到以下教学目的：
(1) 掌握零售业态的发展特征；
(2) 了解零售业态变化的基本原理；
(3) 能运用零售业态原理分析我国零售业发展现状和未来发展趋势。

二、涉及知识点

本案例主要涉及零售业态、零售手风琴理论等相关知识点。

三、课程思政

本案例通过介绍义乌小商品市场的演进历程，引出零售市场发展的相关理论，帮助学生掌握零售业态发展特征等基本知识，引导学生树立道路自信和制度自信，培养学生敢于突破困境、开拓新机遇的创新精神，激励学生在面对学业和未来职业中遇到困难时保持积极的态度，使其在知识、思维、价值观等多方面得到成长和提升。

思考题

1. 结合材料，试分析义乌小商品市场经营模式的基本特点。
2. 简要分析义乌能够成为全国乃至世界上最大的"小商品市场"以及如今享誉全球的"世界超市"的主要原因。

理论解读

一、零售业态

一般认为，"业态"一词源于日本，是典型的日语汉字词汇，大约出现在20世纪60年代。此后，有人将"业态"一词的英语翻译为"Type of operation"，这使人感到"业态"一词不过是"经营方式"的另一种说法。实际上，日本零售业态的具体定义也是借鉴了美国的惯例。

"零售业态"何时引入中国，说法不一。有人认为，中国从20世纪80年代为介绍日本商业，开始引入"业态"一词，20世纪80年代后期，以超级市场为代表的新业态发展起来，"业态"一词开始用于分析商业。但实际上，直到20世纪90年代中期，"零售业态"一词才被人们接受并得到广泛使用。1998年6月5日，原国家国内贸易局颁布了《零售业态分类规范意见(试行)》，表明"业态"一词正式得到了官方的认可。

一般认为，零售业态是指为满足某一特定目标市场需求而形成的不同经营形态。目前它主要用来说明各种店铺形态，一般不用来说明无店铺形态。原国家国内贸易局颁布的《零售业态分类规范意见(试行)》认为："零售业态是指零售企业为满足不同消费需求而形成的不同的经营形态。零售业态的分类主要依据零售业的选址、规模、目标顾客、商品结构、店堂设施、经营方式、服务功能等确定。"

2021年3月9日，新版国家标准《零售业态分类》（GB/T 18106—2021）正式发布，并于10月1日起实施，该标准指出：零售业态是零售企业为满足不同的消费需求进行相应的要素组合而形成的不同经营形态。根据有无固定营业场所，零售业态可分为有店铺零售和无店铺零售两大类。其中，有店铺零售包括便利店、超市、折扣店、仓储会员店、百货店、购物中心、专业店、品牌专卖店、集合店、无人值守商店等10种零售业态；无店铺零售包括网络零售、电视/广播零售、邮寄零售、无人售货设备零售、直销、电话零售、流动货摊零售等7种零售业态。

此外，将这一版标准与《零售业态分类》（GB/T 18106—2004）进行对比，主要差异有：取消"食杂店"业态；取消有店铺零售分类中"大超市""家居建材商店""厂家直销中心"三个独立业态，将"大超市"并入超市业态；将"家居建材商店"并入专业店业态；将"厂家直销中心"并入购物中心业态，更名为"奥特莱斯型购物中心"；细化便利店业态分类；按营业面积大小和生鲜食品营业面积细化超市业态分类；细化购物中心业态；增加了集合店业态；增加了无人值守商店业态；在无店铺零售中，增加流动货摊零售业态；将原"网上商店"变更为"网络零售"；将原"电视购物"变更为"电视/广播零售"；将原"自动售货亭"变更为"无人售货设备零售"。

可以说，《零售业态分类》（GB/T 18106—2021）反映和概括了零售业态发展的现状，对于我国的宏观调控和企业规范化管理具有重要意义，不仅能促进国家标准更好地与国际接轨，还能有效地引导商业投资，为推动城市商业网点规划建设工作提供管理依据。

二、零售手风琴理论

零售手风琴理论是由布朗德初步构想，并于1966年由霍兰德深化并命名的经典理论。它用演奏手风琴时风囊的宽窄变化，精妙地比喻零售企业产品线特征的动态演变。这一理论生动地描绘了一幅零售业态从综合到专业，再由专业回归综合，周而复始、不断前行的壮丽画卷，其本质是一种关于零售商发展历程的周期性哲学。在"手风琴"的悠扬旋律中，零售业变革被赋予了新的视角：商品种类的深度与宽度成为衡量其变迁的标尺。零售商的库存策略仿佛随着手风琴的每一次张合而调整，从大深度/小宽度的专业聚焦，逐步过渡到小深度/大宽度的综合覆盖，最终再次回归大深度/小宽度的专业深耕，形成一个闭环，如此循环往复。这一过程不仅是商品种类的简单增减，更是零售组织对市场趋势、消费者需求深刻洞察后的战略调整。

拉尔夫·豪尔说："在整个零售业发展历史中（事实上，很多行业都如此），似乎具有主导地位的经营方法存在着交替现象，一方面是向单个商号经营商品的专业化发展，另一方面是从这一专业化向单个商号经营商品的多元化发展。"其中所蕴含的要义在零售手风琴理论中得到了印证，即零售企业经营范围循环往复的演变规律，但这种循环绝非简单的重复。每一次从综合到专业，再从专业回归综合的跨越，都是对前一次循环的超越与升华，都蕴含着新的理念、新的技术和新的市场定位。因此，我们看到的是零售组织在不断适应市场变化中持续进化，创造出更加符合时代需求的商业模式。

简要分析

问题一：结合材料，试分析义乌小商品市场经营模式的基本特点。

分析：

结合材料，义乌小商品市场经营模式具有以下基本特点：

(1) 前店后厂模式，驱动家族企业蜕变。这一模式不仅是义乌小商品市场扩张的催化剂，更为众多小规模家族企业铺设了原始资本积累的快车道。随着市场的不断壮大，这些家族企业逐步转型为规模宏大的工厂，实现了从"小作坊"到"大工厂"的华丽转身。这些工厂进行自主经营，既保证了商品供应，又降低了中间成本，拥有了自主定价权。

(2) 产品丰富，分类精细。义乌小商品交易市场产品种类齐全，地方采用分产品、分类别的方式，在同一市场竞争中不断提高产品的质量和附加值。完善的市场网络构建，在同行业的竞争中促进发展，使经营者容易形成专业思维，促进整个行业的发展。

(3) 快消品为主，价格亲民。义乌市场上的商品多以快消品为主，这些商品消费门槛低，受众广泛，需求弹性显著，能够快速响应市场变化。得益于厂家直销和代理的模式，中间成本被大幅压缩，使得商品价格更加亲民，进一步激发了消费者的购买欲望。

(4) 市场导向，需求驱动。义乌小商品市场始终紧贴市场需求，以敏锐的市场洞察力，准确把握消费者喜好，发掘潜在市场机会，不断推陈出新，将创意迅速转化为实际产品，并根据市场变化灵活调整经营策略，从最初的沿街摆摊到逐步形成规模化的市场集群，不断满足国内外消费者的多元化需求。

除此之外，义乌小商品市场因其具有资金周转快、资金直接回流、组织再生产能力强等优势，形成了以"质优价廉"闻名于世的品牌效应，再结合国内外媒体的宣传，使得义乌小商品概念深入人心，成为义乌市品牌建设成功的标志之一。

问题二：简要分析义乌能够成为全国乃至世界上最大的"小商品市场"以及如今享誉全球的"世界超市"的主要原因。

分析：

义乌能够成为全国乃至世界上最大"小商品市场"的主要原因包括但不限于以下几点，只要结合实际，言之有理即可。

一是政府的大力支持和领导。在经济发展过程中，义乌市政府巧妙地把党和国家的方针政策与当地经济优势相结合，把"看得见的手"和"看不见的手"紧紧抓住，最大限度地发挥国家政策优势，不断推动义乌经济发展。

二是良好的发展机遇。改革开放促进了义乌小商品市场的出现，国家随后出台了一系列便利经营、便利贸易的措施，有利于义乌小商品市场的发展。加入WTO、"一带一路"倡议都在将义乌小商品市场发展空间进一步拓宽，使其与国际市场逐渐接轨。

三是形成规模效应和有效的市场宣传。在义乌小商品市场，专业化企业聚集在一起形成规模化生产，不仅有效提高了资源配置的合理利用率，而且将同类商品放在同一区域供顾客选择，这大大增加了企业之间的竞争，有利于企业创新升级。同时，义乌小商品市场自成立以来，投入了大量的广告，极大地宣传了小商品的形象和发展理念，推动了其进一步发展。

四是对外开放程度高。义乌小商品市场具有高度的开放性和国际化程度。通过"义新欧"中欧班列等国际合作项目,义乌实现了与全球市场的深度对接,吸引了大量国内外商户和投资者的参与。同时,义乌还积极参与国际展会和贸易活动,提升了品牌影响力和市场知名度。

除上述之外,义乌小商品市场的成功更离不开义乌商人敢于颠覆传统、重视创新的精神。他们不畏艰难,积极创办工厂与企业,致力于打造自主品牌,同时紧跟着数字化时代步伐,改革创新培育发展新动能,这种敢于颠覆现状、持续探索的精神,也为义乌小商品市场的蓬勃发展注入了不竭动力。最终实现从传统制造到智能制造,从第一代"马路市场"到享誉全球的"世界超市"的跨越式发展。

2.2　7-Eleven:便利店的先行者

材料

材料(一)

7-Eleven——美国便利店的萌芽

7-Eleven,正式创立于1973年11月,在全球开设了便利店、超级市场、百货公司、专卖店等,是世界上最大的连锁便利店集团。7-Eleven之所以能在激烈的市场竞争中屹立不倒,其秘诀之一便在于其敏锐的市场洞察力与精准的战略判断,这一点深得加盟商们的认可与赞誉,许多日本加盟商更是将加盟7-Eleven视为人生中的明智抉择,并以此为荣。

追溯历史,7-Eleven品牌原属于美国南方公司。1927年7-Eleven连锁便利店的前身美国南方制冰公司(Southland Ice Company,1945年改名为南方公司)在美国得克萨斯州创立,主要业务是零售冰品、牛奶、鸡蛋,最初由于店铺旁边的图腾柱是便利店的标志,便将店铺称为"图腾店"。20世纪40年代第二次世界大战结束后,便捷快速购物的需求开始增长。1946年,为了显示从早上7点至晚上11点的营业时间,美国南方公司正式将其旗下便利店店铺改名为7-Eleven。

1964年,7-Eleven迈出了特许加盟经营的重要一步,这一创新模式迅速为其赢得了市场的广泛认可与快速扩张的契机。1973年,日本零售巨头伊藤洋华堂与美国南方公司携手,签署了地区性特许加盟协议,标志着7-Eleven正式进军日本市场,开启了在亚洲乃至全球的辉煌篇章。

然而,历史的发展并非总是一帆风顺的。1987年,美国南方公司未能实现多元化扩张,三年后更是面临破产困境。1991年,伊藤洋华堂挺身而出,收购了这家公司73%的股份,成为最大股东。1999年4月28日,美国南方公司正式更名为7-ELEVEN INC,标志着7-Eleven进入了一个全新的发展阶段,继续引领全球便利店行业的潮流与变革。

资料来源:中研网

材料(二)

7-Eleven取得的成就

2019年,7-Eleven在艾媒金榜(iiMedia Ranking)发布的《2019中国便利店加盟品牌排行榜》中位列第一。

2020年1月,《2020年全球最具价值500大品牌榜》发布,7-Eleven排名第215位。

中国连锁经营协会开展的"2023年中国便利店行业基本情况调查"数据显示,7-Eleven名列《2023年中国便利店Top100》第7位。

2023年,《中国智慧零售 TOP100 排行榜》中,7-Eleven 排名第 25 位。

截至 2023 年 9 月 30 日,7-Eleven 在全球 20 个国家和地区拥有约 8 万家店铺,是全球规模最大的便利店连锁。

如今 7-Eleven 凭借先进的物流运作,已成为物流管理专业教材所推崇的示范案例。

资料来源:搜狗百科、foodtalks.

材料(三)

7-Eleven 的优势

7-Eleven 凭借其遍布全球的广泛展销网络,展现出了强大的国际合作与资源共享能力。这一优势使得各门店能够跨越国界,通过国际联合采购策略或相互引荐优质厂商,有效降低了产品采购成本,并成功引入了众多特色商品,丰富了消费者的选择。具体而言,7-Eleven 通过跨国合作,实现了购物袋等日常用品的大宗采购,成本显著降低。同时,这种跨国合作也促进了商品的流通,如中国台湾统一超市便成功通过 7-Eleven 渠道从菲律宾引进了芒果干等特色产品,随后这一模式在中国香港等地也得到了积极推广。

在支付方式上,7-Eleven 同样走在行业前列,它率先采用了多样化的非现金付款模式,以满足全球不同地区消费者的支付习惯。这一创新不仅提升了消费者购物体验,也促进了交易效率的提升。在台湾,消费者可以使用统一超商的 ICASH 以及台北捷运的悠游卡轻松完成支付;在香港,八达通卡成为消费者在 7-Eleven 消费的便捷工具;而在广州和澳门,羊城通卡和澳门通卡则分别成为当地消费者偏爱的支付方式。这种因地制宜、灵活多样的支付方式,进一步巩固了 7-Eleven 在全球零售市场的领先地位。

资料来源:百度百科.

案例使用说明

一、教学目的

本案例主要介绍 7-Eleven 的发展历程、所取得的成就与具备的优势,希望达到以下教学目的:
(1)掌握便利店的概念、经营特点及发展潜质;
(2)了解零售业态的发展趋势;
(3)了解便利店的发展及价值。

二、涉及知识点

本案例主要涉及便利店、零售轮转理论等知识点。

三、课程思政

本案例通过对 7-Eleven 萌芽与发展历程的介绍,引出便利店发展相关概念和理论,引导学生在接触和了解西方思想的同时保持理性、辩证的思考方式,正确看待外来零售业发展,增强对其内在发展规律的掌握,学习其先进的经验;同时,培养学生在面对不断变化的市场环境时勇于创新、敢于突破传统的精神,为更好地服务国家经济社会发展奠定基础。

思考题

1. 根据材料,谈谈 7-Eleven 名字的由来,并分析 7-Eleven 采取这种做法的主要原因。

2．从 7-Eleven 的发展历程来看，预测未来便利店行业的发展趋势。

理论解读

一、便利店

便利店是紧紧围绕生活圈布局，位于居民区附近的实体店或提供网上购物的虚拟店。它是指以满足便利性需求为前提，提供即时性商品和快速服务的、采取自选式购物方式的小型零售店或网上商店。其核心特征在于距离便利性、购物便利性、时间便利性及服务便利性等。在我国，便利店行业呈现出多元化的发展格局。依据经营模式进行划分，便利店可分为连锁便利店和非连锁便利店；依据区域进行划分，可分为社区便利店、商业区便利店、风景区便利店和车站便利店。

便利店的兴起缘于超市的大型化与郊外化。随着超市规模的扩大与地理位置的迁移，消费者面临着距离增加、购物时间延长、商品选择困难，以及结账排队等诸多不便。具体表现为：如远离购物者的居住区，需驾车前往；卖场面积巨大，品种繁多的商品消耗了购物者大量的时间和精力；结账时还要忍受"大排长龙"的等候之苦。正是这些痛点，催生了便利店这一新型零售模式。便利店以其小巧灵活的身姿，精准捕捉并满足了消费者对于即时、便捷购物的迫切需求，成为连接消费者与日常所需商品及服务的桥梁，填补了市场空白，丰富了零售业态的多样性。

20 世纪 90 年代，便利店业态被引入国内市场。尽管其起步相较于国际市场稍晚，但凭借着强大的市场适应能力和不断创新的经营策略，便利店业态在我国实现了跨越式发展。毕马威与中国连锁经营协会联合发布的《2024 年中国便利店发展报告》显示，截至 2023 年年底，我国便利店门店规模突破 32.1 万家，同比增长率为 7.0%；全年销售额达到 4248 亿元，同比增长率达 10.8%，且近 9 年间便利店销售规模复合年均增长率高达 17.4%。此外，国家统计局数据显示，2024 年 1 月—6 月，限额以上零售业单位中便利店零售额同比增长率为 5.8%，是零售业态中增速最高的。可见，便利店业态在我国拥有十分广阔的成长空间，并取得了高速发展，同时，它也将很快进入新的发展阶段。

二、零售轮转理论

（一）理论介绍

新兴的零售组织在成立之初，均采取"三低"的经营策略，即低成本、低毛利、低价格，一旦获得成功，就必然会被其他品牌所效仿。因此，激烈的竞争迫使其采用除价格之外的其他竞争战略，比如提高服务质量、改善店面环境等，这就不可避免地增加了成本，使其转化为一个高费用、高价格、高毛利的"三高"零售企业。同时，一些具有低成本、低利润率和低价格特点的新零售企业也将应运而生，这样，车轮就会再次旋转起来。超级市场、折扣商店、仓储式商店等都遵循这一发展规律。

根据零售轮转理论，成本主导策略是新零售企业追赶的强有力武器，其实施过程涉及到"采购、存储、销售"等各个环节的成本和费用支出，通过降低"采购成本""物流成本"以及"运营成本"等手段，来达到"成本主导"的目的。其中，沃尔玛无疑是零售企业中"低成本"策略最全面的执行者，是最成功的经营典范，这种"低成本"的优越性表现在成本控制上。

基于这一理论，一种零售组织或零售业态从诞生到衰落，一般要经过三个阶段：

进入：低成本、低利润、低价格和简陋的形象。

费用上升：为提供更高质量的服务不得不加大经营费用。

衰落：新的零售组织兴起。

(二) 理论假说

零售轮转理论假说认为，零售业业态变革有一个周期性的像车轮一样的发展规律，故又称为"车轮理论"。

零售轮转理论认为，创新型零售商开始总是以低成本、低价格和低毛利的特点进入市场，随后在与现有行业中的零售商的竞争中深入发展，逐渐提供更高品质的商品，去更高租金的地方开设店铺，不断添加新服务（包括承诺退货退款、提供信用和送货上门等），同时不断购进新的昂贵设备，使得经营成本不断增加，因此逐步转化为高成本、高价格和高毛利的传统零售商，直至最终沦为衰退型零售商。这样，它们又会为新的零售业态提供生存和发展的空间，零售业态的"车轮"不断转动，使零售业态不断发展，由此形成轮式循环。

(三) 战略定位

零售轮转理论揭示的三种基本的战略定位：

低端：低价、有限设施和服务，针对价格敏感型消费者；

中端：中等价位、改善的设施，针对价值意识和服务意识较强的消费者；

高端：高价、一流的设施与服务，针对高端消费者。

(四) 战略实践

外商进入中国市场的过程与零售轮转学说相一致，这也是外商寻求一种长期扩大中国市场的策略方式。一方面，低价销售的前提是低进货价，而低进价的基础是大批量进货，从而获得价格上的优惠，这一点便是规模效应的派生优势。另一方面，低价销售也意味降低利润。外商非常重视中国市场，为了获得长久稳定的发展，往往采取以利润换市场的策略，初期盈利很少甚至没有盈利，以求不断扩大自己的销售规模和市场份额。当销售达到一定水平后，通过对固定费用的分摊而降低成本，同时也能使公司在低价运作的情况下获得更高的利润。

零售轮转理论的最大优势在于帮助我们理解零售商在追求低档、中档和高档目标时采取不同策略的可能，然而过于教条地应用零售转轮理论也存在诸多缺陷，主要表现为：一是很多零售商并不是按照这种模式进行经营的；二是试图沿转轮发展可能让企业面临失去忠诚客户的风险。

简要分析

问题一： 根据材料，谈谈 7-Eleven 名字的由来，并分析 7-Eleven 采取这种做法的主要原因。

分析：

一般认为，7-Eleven 的前身是 1927 年于美国得克萨斯州达拉斯成立的美国南方制冰公司。由于店铺的营业时间是从早上 7 时至晚上 11 时，于是在 1946 年，美国南方公司正式将其旗下便利店改名为 7-Eleven，从而正式揭开了便利店时代的序幕。

7-Eleven 采取上述做法的原因有以下几点。

第一,随着生产力的发展,人们的消费需求逐渐增加。1944年7月,布雷顿森林体系被提出并建立。从1946年至1949年,由于布雷顿森林体系的建立,7-Eleven增加了近50%的外国投资。随着美国经济的繁荣,夜间消费水平进一步提高,为便利店延迟营业时间提供了有利条件;

第二,降低平均成本。西方经济学认为,在一定条件下,增加产出有利于固定成本的分配,使平均成本降低。

第三,树立一个有关"便利"的良好形象。便利店的本质是便捷,从上午7时到晚上11时的营业时间有利于彰显独特的价值主张。

问题二:从 7-Eleven 的发展历程来看,预测未来便利店行业的发展趋势。

分析:

此题为开放题,结合实际与材料言之有理即可,以下分析仅供参考。

从 7-Eleven 的发展历程来看,未来便利店行业可能呈现下述几种发展趋势。

(1)深度数字化与智能化转型。随着 7-Eleven 在支付方式的持续革新,未来便利店可能将加速向全面数字化与智能化迈进。这包括但不限于引入智能库存管理系统,实现库存的动态优化与自动补货;运用无人收银技术,提升交易效率与顾客体验;借助大数据分析,精准预测消费趋势,确保商品供需平衡,减少缺货与过剩现象,进一步提升运营效率。

(2)服务功能的多元化拓展。便利店的角色将不再局限于商品销售,而是逐步转变为社区生活的综合服务平台。这要求便利店提供更多元化的服务,从快递代收、文件打印复印、票务预订乃至基础金融服务等,以满足消费者多样化的需求,增强顾客的黏性。

(3)线上线下无缝融合。面对消费者日益增长的便捷购物需求,便利店将更加注重线上线下的深度融合。通过开发完善的手机应用程序,顾客可随时随地完成线上购物,并灵活选择到店自提或送货上门服务。这种融合模式不仅拓宽了销售渠道,也极大地提升了顾客购物的灵活性与便利性。

(4)强化社区化与本地化特色。未来的便利店将更加深入地融入社区,根据各社区的独特性与居民需求,提供定制化的商品与服务。例如,在特定社区引入符合当地人口味的特色食品,或与当地供应商合作推出本地特产,以增强顾客的归属感与满意度。

(5)跨界合作与创新驱动。便利店行业将积极寻求与其他行业的跨界合作,通过资源整合与优势互补,推出创新的产品与服务。这包括与知名餐饮品牌合作推出联名美食,或是与科技公司携手打造智能购物场景等,以新颖的形式吸引消费者,推动行业的持续发展与升级。

2.3 折扣化"席卷"中国零售业

材料

2023年起,"折扣业态"在国内零售业以轰轰烈烈的加速度大规模蔓延开来。尤其是零售折扣店,群雄逐鹿,烽烟四起,占领县城,新玩家不断涌入。甚至商超业也开始转型,"低价"成了零售商们的口头禅,然而,折扣并不意味"低价低端",而是"好货便宜卖"。

折扣业态,对于国内很多人来说并不陌生。比如,进入中国20多年的大牌商品奥特莱斯店，销售过季的大牌尾货，深受中产消费者喜爱。同时，国内一些城市，街边 10 元店、瓷器或日用纺织品尾货店也很常见，可以将它们看作一种打着清空库存旗号的折扣店。折扣业态起始于 2019 年，是由仓储式会员店的一大波新老玩家搅动的，到疫情前后，嗨特购等临期食品和社区折扣店开始在市场上崭露头角，进一步推动中国零售业进入"折扣化时代"。

当下，最先爆发、赛道最拥挤的折扣零售，切入垂直品类——零食，极大地压缩了零食的流通链条，用"低毛利+高周转"跑通商业模式，借加盟和资本的杠杆能触达更大规模的消费者，零食很忙、赵一鸣零食、好想来、零食有鸣都是代表玩家。2023 年 10 月，零食很忙宣布，全国门店数突破 4000 家，随后的 4 个月内又新增 1000 家门店。可见，零食折扣店疯狂扩张，密布县城大街小巷。除此之外，在商超领域，传统大佬永辉超市也启动渐进式变革，在门店增设"正品折扣店"；创业 8 年开出 350 多家门店的盒马鲜生勇猛"向自己砍一刀"，全面变革采销体系，掀起一场深度"折扣化"的变革，门店超过 5000 种+商品常态化 8 折销售。那么，在各路"零售势力"都不断在折扣上发力的现状下，零食折扣、硬折扣超市以及商超转型应该如何拔得头筹？

零食折扣赛道：瞄准下沉市场快速扩张，现已进入行业整合期。

零食折扣作为发展最迅猛的折扣零售赛道，这些年在跨界玩家的涌入以及资本、加盟的杠杆加持下，市场渗透率快速提升，地方品牌垄断了区域市场用户的心智，现已进入下半场的整合阶段，合并与收购事件频发，门店盈利能力有待提升。

一方面，零食折扣发展速度之快，得益于供应端和消费端的共振。疫情三年，很多零食折扣头部品牌非但没有减缓步伐，反而加速扩张，2022 年零食折扣店在零食零售市场渗透率已达到 4.5%。在供应端，其效率提升空间大，是零食折扣行业快速发展的关键驱动力。在两湖、川渝、江浙等零食集散地，众多零食折扣品牌找到一级经销商，甚至个别品牌本身就是由经销商转型而来（如糖巢），在商品挑选、采购及物流上展现出了显著优势。凭借总仓整车配送门店、门店割箱陈列等策略，不仅降低了运营成本，还大幅提升了供应链的整体效率。在消费端，下沉市场的需求十分旺盛，作用不容忽视。零食折扣店精准定位年轻人、中老年及价格敏感型消费者，深入区域市场，将门店布局至三四线城市乃至县城乡镇，凭借更低的价格、更高的周转、更丰富的 SKU(Stock Keeping Unit，最小存货单位)对传统夫妻店实现了降维打击。数据显示，头部零食折扣品牌的 SKU 数量一般在 1500~2000 个，部分品牌如糖巢、老婆大人更是超 3000 个，远超传统夫妻店的品类总和。同时，折扣零食店的货架流转速度也明显快于传统店铺，如好想来每月上新 200 种左右的商品，零食有鸣则每月更新 100 种左右的商品，这种高频次的商品迭代进一步增强了消费者的购物体验和黏性。

另一方面，零食折扣领域呈现的繁荣景象也伴随着激烈的竞争与挑战。随着众多新玩家涌入折扣零食赛道，许多品牌通过加盟模式加速扩张，利用社会资本撬动开店速度，导致开店点位过于饱和，甚至一条街上密集分布着多家零食折扣店。这种过度竞争导致了市场整合期的提前到来，部分品牌因无法承受压力黯然离场，如主打临期食品折扣的"本宫零食创研社"陷入失信困境，重庆本土品牌"嘴上零食"不得不关闭 30%的门店。为应对日益激烈的市场竞争，品牌间的并购成为常态，旨在通过整合资源、增强实力来抵御市场的寒流。零食折扣行业的集中度显著提升，诸如零食很忙与赵一鸣零食的战略合并，以及万辰集团对老婆大人的收购，都是这一趋势的鲜明例证。目前，行业已初步形成清晰的竞争梯队，头部品牌如零食很忙与赵一鸣零食合并后的门店规模已突破 6500 家，背靠万辰生物的好想来与老婆大人联合体则拥有超过 4000 家门店，紧随其后的是零食有鸣的 2500 家和糖巢的 1500 家门店。然而，值得注意的是，零食本质上是可选消费，消费者黏性有限。随着市场演化，经营更多必需品类的硬折扣超市登上折扣零售主舞台是必然趋势。

硬折扣超市：满足目标客群的生活刚需，选址形成社区、商圈分野。

在硬折扣超市的兴起浪潮中，一个显著的趋势是它们正逐步拓宽经营品类，聚焦于满足多元化消费者的刚性需求，从而在社区与商圈间形成差异化的布局策略。

贴近社区流量的硬折扣超市，宛如升级版不收陈列费的便利店，以灵活性与接近便利店的 SKU 数量著称。然而，在商品选择上，它们更侧重于对性价比的极致追求，通过精简 SKU 来构建出全渠道下效率最优的商品组合。与便利店强调快速响应消费者需求变化不同，硬折扣超市在品类宽度与毛利水平上略显保守，这促使它们在零食之外，还需精心策划日用品类的补充，力求在生鲜、冻品等供应链管理难题上找到与便利店的差异化路径。

以深耕上海市场、现开出 50 家门店的奥乐齐为例，它定位中产阶层的"社区食堂"，满足消费者"一日三餐"的需求，其门店面积一般在 500~800 平方米，主要覆盖品类包括酒饮、烘焙、生鲜、乳品、即食/即烹/包装食品、个护家清、宠物用品等。其中奥乐齐自营品牌商品占比高达 90%，日常经营中会根据消费者需求变化而灵活调整产品结构，如有 500 个左右的 SKU 是时令、节日限定品类。

同样贴近社区流量，但瞄准中老年客群开店的，还有盒马、叮咚这类早已在生鲜、预制菜、烘焙等品类积累了充足供应链资源的选手。盒马、叮咚推出的社区奥莱店，门店面积均在 300~500 平方米左右，其中盒马奥莱以临期、尾货、有运输损耗以及自有品牌"盒马 NB"的商品为主，而叮咚奥莱采用与叮咚买菜相同的供应链体系，利用直采、增大包装规格等手段实现更低价。

可以看出，不同的社区折扣超市的定位差异在于不同目标客群有没有时间买菜做饭，对包装食品、预制菜、生鲜等品类的不同接受度，乃至由此衍生的一系列生活方式。

随着中国消费市场的日益细分，围绕特定客群的刚需品类与生活轨迹开设折扣店，已成为行业共识。无论是深耕社区的奥乐齐，还是商圈中的好特卖、奥特乐，它们都在用自己的方式诠释着硬折扣超市的无限可能。关键在于深入理解本地客群的消费习惯，不断优化店型与供应链，以实现对周边市场的有效辐射与扩张。

商超转型：探索新的折扣业态可能，低成本试错与重构零供关系走向分歧。

面对零食折扣、硬折扣超市赛道燃起的熊熊烈火，永辉、盒马、物美、家家悦、谊品生鲜这一类具有供应链、门店资源的玩家也开启了折扣化改革。除了创立子品牌切入零食折扣赛道、开出社区奥莱店这些与同行相仿的举措，他们也对新的折扣业态可能性展开了探索。

一类折扣业态是开设店中店或店内折扣区，精选特定品类以极低价格出售，比如永辉正品折扣店、胖东来推出的"批发市集"都是这一模式的典型代表。这种做法的好处在于，店中店会形成一种引流的消费景观，而且从存量门店切入，试错成本低，复制快，局限性在于，与上游供应商的博弈关系并无实质性改变。例如，永辉在店内设置的打折区，覆盖品类极广，包括零食饮料、米面粮油、美妆护肤、日杂百货等，通过数据化系统分析商品绩效，灵活调整折扣商品池及优惠力度，有效加速了商品的周转，提升整体经营效率；而胖东来，凭借其在生鲜自采、预制菜及熟食自制领域的领先优势，大力推出"批发市集"，更加聚焦于应季、具有自采优势的商品，如榴梿、荔枝等热门水果，以近乎透明的进货价标示，并以极低的加价倍率（接近批发价)销售这些商品,虽然利润空间有限,但此举极大地吸引了顾客流量,提升了品牌形象与顾客好感度,打造出其独特的引流利器。

更深刻的一类转型应以盒马为首,它掀起对主力业态盒马鲜生存量门店的全面折扣化改造热潮。先是推出"移山价",继而宣布对5000多款商品实施高达20%的降价,同时还创新性地推出了"移山打牛"活动,并毅然关闭付费会员申请入口等。为了实现真正的"价格竞争优势",缩小与国际传统零售巨头的距离,盒马对自身的主力业态进行了大刀阔斧的调整和创新,包括重构零供关系的努力。尽管降价和SKU精简的策略初期引发了部分供应商的不满,但从市场反馈来看,这一策略无疑赢得了消费者的广泛认可。盒马披露的数据显示,"移山价"下的爆款产品,如千层榴梿蛋糕,在上海销量增长26倍,而在整个"移山战"期间,盒马App的周活跃用户增长了13.3%。为了将降价策略覆盖更多品类,仍然要回到盒马鲜生创始人侯毅强调的"差异化商品竞争、垂直供应链、极致运营成本",这三大战略支柱意味着零供关系的重构势在必行。

折扣零售的未来,是一场漫长的马拉松。零售业态的更迭背后,无不是对"多、快、好、省"极致要义的追求。随着中国进入买方时代,供给过剩,折扣零售在满足消费者"快、好、省"的路上一路进化:"宽品类、窄品牌"的原则下精选SKU数量,把门店开得离目标客群更近,通过压缩供应链和门店成本将毛利压到极致……可见,一场史无前例的折扣化浪潮正席卷中国零售业。

资料来源:新浪财经、澎湃新闻.

案例使用说明

一、教学目的

本案例主要介绍折扣化"席卷"中国零售业的基本情况,希望达到以下教学目的:
(1) 掌握折扣店的内涵及基本特征;
(2) 了解零售业态变化的基本原理;
(3) 了解折扣业态在中国的发展情况。

二、涉及知识点

本案例主要涉及折扣店、零售生命周期理论等知识点。

三、课程思政

本案例通过阐述折扣业态逐渐"席卷"中国零售业的发展现状,引导学生了解我国零售业态的发展,帮助学生掌握折扣店的内涵、特征与发展,树立正确的消费观念,避免盲目消费和浪费,激发学生思考新时代青年应有的责任使命,深刻理解作为新时代大学生的责任担当精神。

思考题

1. 结合材料,试分析在折扣化"席卷"中国零售业的背景下,零食折扣赛道和商超折扣转型两者在满足消费者需求方面存在哪些异同点。
2. 在零售业态多元化的背景下,折扣业态如何与其他业态实现协同发展?

理论解读

一、折扣店

折扣是指卖方主动对原价进行一定比例的下调，以此给予买方价格上的优惠。在国际贸易中，折扣的形式更是丰富多样。除了普遍适用的一般折扣，还有为扩大销售而使用的数量折扣，为实现某种特殊目的而给予的特别折扣以及年终回扣等。

折扣店，作为零售业态的一种创新形式，其核心在于"物超所值"，有品牌和非品牌之分。它是指以销售高周转率、实用性强的商品，包括自有品牌及精选的知名品牌的产品为主，限定销售品种，并以精简的店铺装修、有限的服务等降低经营成本的手段，确保能为消费者提供性价比极高的独特的零售业态。折扣店往往从大型综合超市中精心挑选出更大众化、更实用的商品，形成商品组合，打造集中经营的大型自选店。在运营模式上，借鉴了超级市场开发出来的销售技术和管理理论，同时融合了价格优势、大型综合超市的商品供应方式以及购物中心的选址智慧，实现了价格与品质的双重优化。它们以较小的经营面积（通常不超过1000平方米），高效运作，专注于非耐用消耗品的销售，通常将六折至七折的全国知名品牌商品与自有品牌商品组合在一起，为消费者带来了实实在在的实惠与便利。

二、零售生命周期理论

早在零售生命周期理论提出之前，就有人提出了产品的生命周期理论。大多数关于产品生命周期的讨论是把一种典型产品的销售过程划分为四个阶段，即导入期、成长期、成熟期和衰退期。后来，美国零售学者戴维森等人把产品生命周期理论引入至零售业，认为零售业态也存在着明显的生命周期阶段：革新、加速发展、成熟和衰退。在革新阶段，销售额增长较快，但由于初期成本过高，往往利润很低，甚至亏损，业态持续时间3～5年；在加速发展阶段，销售额和利润都快速增长，业态很快普及不同地区，持续时间5～6年；成熟阶段的特征是整个零售业态的销售增长速度放慢，同时，由于采取许多刺激顾客购买的措施，使毛利率下降；进入衰退阶段，销售增长缓慢，甚至下降，利润水平很低，许多公司会放弃对这种零售业态的经营，新的零售业态出现。这种理论还认为，零售业态的生命周期正在变得越来越短，相关内容如表2-1所示。

表2-1 零售业态的生命周期

市场特点	生命周期的各阶段			
	革新阶段	加速发展阶段	成熟阶段	衰退阶段
竞争者数	很少	适度	有许多直接的竞争者，适度的间接竞争	适度的直接竞争，并有许多的间接竞争者
销售增长	十分迅速	快速	由适度增长到较慢增长	缓慢增长，甚至下降
利润水平	较低甚至亏损	较高	适度	很低
持续时间	3～5年	5～6年	不定	不定

资料来源：汤宇卿. 城市流通空间研究[M].北京：中国教育出版社，2002.

零售生命周期理论是具体研究各种零售组织成长和衰落的一般规律，具有较强的实用性。

零售生命周期理论作为一个计划工具,刻画了业态各个阶段的主要特点和挑战,依据这一理论,企业能够制定与发展阶段相适应的主要战略;作为一个控制工具,能够将企业在业态演变的过程与过去类似业态演变做一个对比,控制本企业的发展;作为一个预测工具,由于业态存在各种不同的形式,并且零售阶段的持续时间也各不相同,因此零售生命周期理论的预测作用较小。

零售生命周期理论解释的规律在于周期性。由于各国具体情况不同,各零售组织的生命周期到底有多长,还需要进行具体的分析和研究。该理论告诉我们,零售经营者不仅在该组织发展阶段要做出有效决策,而且在它走向衰落时,也要主动放弃并寻求能适应市场变化的新型零售组织,掌握主动权。

简要分析

问题一:结合材料,试分析在折扣化"席卷"中国零售业的背景下,零食折扣赛道和商超折扣转型两者在满足消费者需求方面存在哪些异同点。

分析:

结合材料,在折扣化"席卷"中国零售业的背景下,零食折扣赛道与商超折扣转型都采取了不同的措施以适应时代发展,对于两者如何满足消费者需求的异同之处时,我们可以从以下两个维度进行深入分析。

一方面,就共同点而言。可以从三个方面进行讨论:一是价格吸引力,两者均通过采取相较于市场价更为优惠的价格策略,来吸引追求性价比的消费者,有效满足了大众节省开支的心理预期;二是商品选择丰富,无论是零食折扣店还是商超折扣转型,都致力于拓宽商品种类,满足顾客个性化需求;三是便捷性,两者在店铺选址与营业时间上都充分考虑了消费者的便利性,缩减顾客购物的时间成本,提升购物体验。

另一方面,就不同点而言。商品聚焦差异、消费场景区分、服务配套差异和消费频率变化是它们可以主要考虑的出发点,具体表现为:从商品聚焦差异来看,零食折扣赛道聚焦于零食这一细分领域,虽然品类相对集中,但在零食的深度与特色上表现突出,而商超折扣转型则采取了更为宽泛的商品策略,覆盖了生鲜、日用品、食品等多个领域,为消费者提供了一站式购物体验;从消费场景区分来看,零食折扣店往往被视作满足休闲时光、即时解馋需求的理想场所,而商超折扣转型则更侧重于满足家庭日常生活中的全方位购物需求,包括但不限于食品采购、日用品补充等;从服务配套差异来看,零食折扣店的服务相对简单直接,更多聚焦于产品的展示与销售,较少涉及额外增值服务,相比之下,商超折扣转型倾向于提供更为全面的配套服务,如生鲜加工、送货上门等,以增强顾客黏性;从消费频率变化来看,鉴于零食的非必需品属性,消费者访问零食折扣店的频率可能较为随机和低频,而商超折扣转型因覆盖生活必需品范畴,更可能吸引消费者进行高频次的日常购物。

问题二:在零售业态多元化的背景下,折扣业态如何与其他业态实现协同发展?

分析:

在零售业态多元化的今天,折扣业态已能够展现出强大的协同潜力,它可以通过以下方式与其他业态实现协同发展。

(1)深化供应链合作。通过共享供应商资源，折扣业态与高端或其他类型业态可实施联合采购策略，利用规模优势降低采购成本，提升议价能力。同时，构建供应链信息共享机制，不仅能够优化库存管理，有效减少库存积压与缺货问题，还能显著提升整个供应链的运营效率。

(2)开展联合促销活动。组织跨业态的促销活动，如满减、买赠等，激发消费者的跨店消费热情。此外，共同策划并举办各类主题活动，如节日庆典、主题购物节等，不仅能够增强消费者的参与感与体验感，还能显著提升整体营销效果与品牌曝光度。

(3)创新商品组合搭配。折扣业态可与其他业态合作，推出独特的商品组合套餐，如将折扣店的日常用品与高端家居店的精美饰品巧妙搭配，满足消费者多样化的购物需求。同时，相互推荐强关联商品，形成互补效应，提升客单价。

(4)强化服务互补优势。折扣业态可借助其他业态的服务优势，如高端业态的完善售后服务体系，为自身消费者提供增值服务，增强消费者满意度与忠诚度。同时，折扣业态也可为周边业态提供必要的补充性服务，如为高端餐厅供应低成本的饮品与食材，实现互利共赢。

(5)推动线上线下融合。共同构建统一的线上平台，实现线上线下无缝对接，让消费者能够随时随地浏览不同业态的商品信息，并享受便捷的购物体验。利用社交媒体与电商平台进行联合推广，提升营销效果与品牌知名度。

(6)促进人才交流与培训。加强不同业态间的人才交流与合作，通过互派员工学习、共同举办培训活动等方式，提升团队整体素质与专业能力。这不仅有助于打破业态壁垒，促进知识与经验的共享，还能为折扣业态的持续发展注入新的活力。

综上所述，折扣业态要与其他业态实现协同发展，关键在于打破传统界限，深化合作，充分发挥各自优势，共同为消费者打造更加便捷、优质的购物环境。除此之外，也可以从其他言之有理的角度进行分析。

育人元素

本章结合典型零售业态案例，引申出零售业态及其相关理论，帮助学生在了解零售业态内涵、基本特征与发展情况等基本理论知识的同时，科学合理地拓宽专业课程的广度、深度和温度，增强课程的知识性、人文性，提升其引领性和时代性，引导学生深刻理解并自觉实践零售行业的职业精神和职业规范，培养其开拓创新、敢于突破的品质，让学生通过学习，掌握零售业态发展规律，丰富学识，增长见识，努力提升自我。

第 3 章 零售环境

3.1 "一带一路"引领零售业多元发展

材料

材料(一)

2023年11月,党的十八届三中全会通过的《中共中央关于全面深化改革若干重大问题的决定》明确指出:"加快同周边国家和区域基础设施互联互通建设,推进丝绸之路经济带、海上丝绸之路建设,形成全方位开放新格局"。早在2013年秋,习近平总书记便提出"一带一路"重大倡议,这是新时期中国优化开放格局、提高开放水平、拓宽合作领域的重要指导思想。之后三年,国家政策与企业活力同频共振,优惠开放政策频出,企业出海浪潮汹涌,共绘全球化新篇章。

习近平总书记提出的"一带一路"倡议,一个靠陆,一个向海,沿线地区在我国周边外交战略中均占据重要位置,与"古代丝绸之路"和"海上丝绸之路"一脉相承,不仅是对其的一种延续与发展,更是提升与超越。"一带一路"不仅是地理上的联通,更是历史与未来的桥梁,它促使我国开放战略由东部沿海向中西部纵深拓展,实现从"点线"到"全面"的飞跃。在此过程中,零售业作为经济前沿阵地,正经历着深刻的变革与重塑,传统与电商零售企业纷纷转型,积极"走出去",在亚洲、欧洲、北美乃至东南亚等地布局,通过合作与并购,不断拓展海外版图,共享全球化红利。这一趋势,无疑是中国迈向全面开放、深化国际合作的重要标志,也是零售业转型升级、迈向世界的生动实践。具体表现为如下几点。

(1)阿里巴巴大动作触及海外各洲。从2014年,阿里巴巴开始迈出全球化步伐,其CEO在杭州举行的新闻发布会上宣布正式启动"双十一"全球化元年,计划用五至十年时间把"双十一"做成全球消费者的节日。在全球化布局上,"新建数据中心"和"合作海外品牌"是阿里巴巴扩张的两大标准动作。一方面,新建数据中心。2015年3月,阿里巴巴正式踏足硅谷,北美首个数据中心投入试运营,标志着云计算服务正式面向北美乃至全球用户。这是阿里云继杭州、青岛、北京、深圳以及中国香港之后,全球第六个数据中心。随后,德国数据中心的规划与落成,进一步巩固了阿里云在全球范围内的领先地位,形成了覆盖北美洲、欧洲、非洲、亚洲的庞大服务网络。另一方面,与海外品牌建立合作关系。2015年,阿里巴巴投资亚马逊对手公司Jet.com,同年,天猫国际携手来自全球九大超市集团的知名品牌,如易买得、乐天玛特、大润发等,构建起多元化的国际品牌矩阵,为消费者带来更加丰富、优质的海外商品选择。截至2017年,阿里巴巴连续两次向Lazada投资10亿美元,深耕东南亚市场。

(2)京东深化"国家馆"布局,积极打通"供应链"物流。京东于2015年加速海外布局,以构建"国家馆"为核心策略,相继推出法国、韩国、日本、澳大利亚及美国等国家馆,强化全球化品牌形象。同时,京东深化与国际知名品牌的合作,如日本乐天及家居品牌西川、虎牌、珍珠生活等,通过政府合作与品牌接洽,进一步拓宽海外商品种类与渠道。在物流领域,京东自2016年起构建跨境物流全链条服务,设立海外TC仓(转运中心)、直邮仓及境内自营保税仓，整合运输、仓储、清关与配送，提升跨境物流效率与用户体验。

(3) 小米科技以印度为起点，稳健迈向全球舞台。小米科技于2014年选定印度作为其全球化征程的首站，通过灵活的销售策略，与当地实体零售渠道合作，成功打入印度市场。同时，小米积极寻求本土投资，获得了印度塔塔集团的支持，进一步巩固了市场地位。随着印度市场的稳步发展，小米逐步将全球化版图扩展至巴西、欧洲等地，并于2017年在欧洲开设首家实体店，这是标志着其全球化战略的又一重要里程碑。在全球化进程中，小米采取"农村包围城市"的策略，先在中低端市场积累用户基础与品牌声誉，再逐步向中高端市场渗透，展现了其稳健而富有远见的全球扩张路径。如今，小米的足迹已遍布亚洲、非洲、欧洲及美洲，成为全球化进程中一股不可忽视的力量。

除此之外，"一带一路"的倡议也对食品零售行业产生了影响。2017年5月16日，在第十五届中国(漯河)食品博览会的"一带一路"专区，来自匈牙利、波兰、印度尼西亚、马来西亚等"一带一路"沿线10个国家的20多家境外企业，吸引了大量参展商前来洽谈。目前我国对全球210多个国家和地区出口食品，双汇、统一等品牌的国际影响力不断提升。

可见，自2013年习近平总书记提出"一带一路"倡议以来，从初入中国市场的新概念到如今深植人心的战略蓝图，它不仅激发了零售业的"出海"热潮，更促使电商、食品等多个行业积极寻求海外合作的新机遇。实现技术、资本、科技、人才的跨国流动，正不断满足市场多元化需求，推动企业转型升级。

展望未来，中国零售业将持续探索"出海"与"一带一路"两大战略的深度融合，通过策略联动，最大化发挥国家战略的协同效应。这不仅是中国零售业迈向全球、提升国际竞争力的必由之路，也是促进全球经济一体化、构建人类命运共同体的重要实践。

资料来源：百度文库、亿欧.

材料(二)

在连云港中哈国际物流基地的繁忙办公室里，达尔汗，一位来自哈萨克斯坦阿斯塔纳的留学生，现任连云港中哈国际物流公司国际业务部部长，正紧盯着屏幕，密切追踪着物流基地与哈萨克斯坦之间货物往来的最新动态。他见证了"一带一路"给国家和城市带来的繁荣和机遇。

这是新亚欧大陆桥的起点。中亚的小麦、棉花和矿产通过这条经济走廊不断销往世界各地。"太重要了！"达尔汗对记者表示，他对自己现在从事的职业感到自豪。中国"一带一路"建设的首个实体工程是连云港中哈国际物流基地，启用4年，累计运输货物1214万吨。从这里发出的亚欧跨境货运列车覆盖中亚五国200多个站点，成为中亚国家便捷的海港以及日本、韩国等地货物进入中亚、欧洲的中转站。连云港中哈国际物流有限公司总经理刘斌表示："我们的冷链车厢很快就会投入使用。中亚国家的牛羊肉将更受中国、日本、韩国以及东南亚消费者的欢迎。东南亚特色果蔬也将大量运往中亚国家。"2013年以来，连云港"一带一路"共建国家间的贸易额已达103.2亿美元，占全市进出口总额的26.1%。

事实上，"一带一路"共建国家与中国有着巨大的贸易合作空间。随着"一带一路"倡议的不断推进，这种经贸合作变得日益频繁且广泛。

据中国海关统计，2018年前7个月，中国货物进出口总值16.72万亿元，比2017年同期增长8.6%。我国对"一带一路"共建国家合计进出口4.57万亿元，同比增长11.3%，比全国增速高2.7个百分点，占中国外贸总值的27.3%，比重提高0.7个百分点。

中国商务学会国际市场研究所副所长白明表示,中国正在积极推进一系列鼓励进口、降低关税、促进贸易便利化的措施,上述措施将会起到极大的推进作用。更多分析人士倾向于认为,"一带一路"倡议将大大降低世界各国之间的经贸成本,使共建国家和地区共享发展成果和机遇,成为国际贸易的重要纽带。

在白俄罗斯明斯克州,"一带一路"明珠项目中白工业园吸引了来自中国、白俄罗斯、美国、德国、奥地利、立陶宛和以色列等国家的 36 家企业,其中 20 家是在白俄罗斯的中国企业。

2013—2023 年,十年来,我国已与 150 多个国家、30 多个国际组织签署了 200 多份共建"一带一路"合作文件,形成 3000 多个合作项目,拉动近万亿美元的投资规模,为共建国家发展注入强劲动力,并享受到了"一带一路"的建设成果。

中国的"一带一路"将继续扩大对全球经济开放的影响。商务部数据显示,2023 年,全国新设立外商投资企业 53 766 家,同比增长 39.7%;实际使用外资金额 11 339.1 亿元人民币,同比下降 8.0%,规模仍处历史高位。主要投资来源地对华投资势头良好。

截至 2024 年 4 月,我国已经和 29 个国家和地区签署了 22 项自由贸易协定,占中国对外贸易总额的三分之一左右。合作伙伴遍及五大洲,其中一半是"一带一路"共建国家。

事实证明,共建"一带一路"倡议秉持着共商共建共享的"黄金法则":这不是中国一家的独奏,而是各方的大合唱,各国无论大小、强弱、贫富,都是平等参与,这样的合作满足了各方的发展需求,积极回应了各国人民的现实诉求,实现了发展机遇和成果的共享。

资料来源:新华社新媒体、中国一带一路网、人民日报、中华人民共和国商务部.

案例使用说明

一、教学目的

本案例通过介绍"一带一路"倡议对零售业及共建国家和地区城市的机遇,希望达到以下教学目的:

(1) 了解"一带一路"倡议、零售国际化及贸易相关知识;
(2) 了解环境变化对零售业的影响;
(3) 掌握零售企业外部环境的分析方法。

二、涉及知识点

本案例主要涉及"一带一路"倡议、零售国际化等知识点。

三、课程思政

本案例通过对"一带一路"倡议给零售业及其共建国家和地区带来的机遇的介绍,引导学生了解行业领域法律法规和相关政策,让学生通过学习,丰富学识,增长见识,塑造品格,不断增强对中国特色社会主义制度的理论自信与制度自信,增强其对社会主义核心价值观、社会主义市场经济的认识。

思考题

1. 结合材料,试分析"一带一路"倡议对中国零售业、商贸发展及世界贸易有何影响。

2. 谈谈为什么要推动共建"一带一路"高质量发展。

理论解读

一、"一带一路"倡议

"一带一路"倡议，即"丝绸之路经济带"和"21世纪海上丝绸之路"的简称。它并非一个具体的实体或机制，而是一种倡导合作与发展的新理念，旨在依托中国与相关国家现有的双边及多边合作框架，激活并强化现有的、行之有效的区域合作平台，从而打破传统"点状"或"块状"的区域发展模式。

历史上，"陆上丝绸之路"与"海上丝绸之路"曾是中国与中亚、东南亚、南亚、西亚、东非及欧洲之间经贸往来与文化交流的重要桥梁。因此，"一带一路"倡议不仅是对古代丝绸之路精神的传承与升华，更在全球范围内赢得了广泛的认可与支持。值得注意的是，"一带一路"倡议与上海合作组织、欧亚经济联盟、"中国—东盟(10+1)"等既有的合作机制形成互补，为这些机制增添新的动力与内涵，实现更加紧密与高效的区域合作。

从国内发展来看，"一带一路"倡议深刻改变了以往以单一区域为发展焦点的模式。它在国内横贯东西，连接东部沿海与内陆腹地，同时纵向串联主要港口城市，构建起一个更加均衡、互联互通的区域发展格局。这一变化促进了省区间的经济联系、产业协作与转移，为我国经济的转型升级注入了新的活力。

放眼国际，"一带一路"倡议横跨欧亚大陆，东接亚太经济圈，西通欧洲经济圈，构建了一个宏大的国际合作网络。众多共建国家在这一框架下找到了与中国共同发展的契合点，无论是促进经济增长、改善民生福祉，还是应对全球性挑战、推动经济结构调整，都展现出强烈的合作意愿与对共同利益的渴望。

二、零售国际化

零售国际化的范畴有狭义和广义之分，其中，狭义的零售国际化与零售企业国际化同义，主要是指零售企业跨越国界，实施国际扩展战略的过程，侧重于企业自身在全球市场的布局与拓展；广义的零售国际化不仅涵盖了零售企业主动发起的国际扩张行动，还深入探讨了这一过程对东道国流通体系所产生的深远影响，以及这种影响如何反过来作用于国际化的零售企业及东道国本土零售企业。值得注意的是，尽管广义零售国际化涉及多个层面与维度，但其核心依然聚焦于零售企业的国际化进程。

零售国际化具有多元表现形式，可细化为以下五大方面。

(1) 店铺选址国际化。这一维度展现了零售企业在全球范围内的布局智慧。从投资策略上，企业可通过总部直接投资、海外关联企业投资、与当地伙伴合资及无直接资本关联的技术合作等多种模式开设店铺。店铺形态更是丰富多样，从试验性质的小型百货店，到专注于特定品牌的专卖店或店中店，再到超市、购物中心、仓储式商店及便利店等，满足不同市场与消费者的需求。

(2) 商品供应国际化。此方面聚焦于零售企业跨越国界的商品采购与销售活动。零售企业可从海外供应商直接引进新品，或通过与当地企业，尤其是外资企业合作生产自有品牌商品，再引入国内市场销售。此外，还存在一种模式，即企业在某国采购商品后，转而供应给第三国市场的店铺，促进了全球供应链的灵活性与效率的提升。

(3) 资本运作国际化。它是指零售企业通过在国际金融市场筹集资金，支持其国内外业务的发展，包括在海外设立金融(投资)子公司以获取资金，或直接在海外上市，利用资本市场力量扩大融资渠道，为国内外关联企业提供资金支持，同时探索海外投资的新机遇。

(4) 信用卡业务国际化。即零售企业通过发行可在国际广泛接受的信用卡而实现国际化。

(5) 非零售业务的国际化。即零售企业通过在海外经营非零售业务而实现国际化。

简要分析

问题一：结合材料，试分析"一带一路"倡议对中国零售业、商贸发展及世界贸易有何影响。

分析：

"一带一路"倡议作为中国与世界共享繁荣的重要桥梁，对中国零售业、商贸发展及世界贸易都产生了多方面的重要影响，包括但不限于以下几点。

(1) 释放电商发展潜力。中国作为在线零售的领航者，其电子商务行业的繁荣不仅构建了先进的新零售生态系统，更为"一带一路"共建国家展现了电商发展的巨大潜能。中国领先的零售巨头与电商平台，在产品与互联网深度融合、跨境销售策略等方面的成功经验，为共建国家提供了宝贵的借鉴与启示，共同探索电商业务的新蓝海。

(2) 推动中国零售业国际化。"一带一路"倡议为中国零售业提供了更广阔的市场空间。它不仅为中国零售企业拓宽了海外市场的边界，还激励企业加大海外投资力度，深化国际合作。在这一过程中，中国企业积极将国内成熟的商业模式和创新理念输出至共建国家，不仅促进了当地零售业的升级转型，也显著提升了中国零售品牌在国际舞台上的竞争力和影响力。例如，部分中国便利店品牌通过高效整合资源、构建线上线下无缝对接的零售网络，稳步迈向全球化发展的新阶段。

(3) 扩大贸易投资规模。2013年到2023年，中国与"一带一路"共建国家的货物贸易额从1.04万亿美元扩大到2.8万亿美元，且在2024年前三季度，我国进出口达32.33万亿元人民币，同比增长5.3%，货物进出口实现稳定增长趋势。此外，2013年到2022年，中国与"一带一路"共建国家的累计双向投资超过3800亿美元。2023年，我国对共建"一带一路"的共建国家直接投资407.1亿美元，较上年增长31.5%。

(4) 优化贸易结构。中国与共建国家的贸易结构展现出积极向好的发展趋势，贸易领域不断拓宽，产业联系日益紧密。双方贸易结构的优化与各自产业结构的调整相辅相成，为贸易合作的稳固基础注入了新活力。以中国与阿拉伯国家的合作为例，特色农产品的跨境电商交易日益频繁，而中国的新能源汽车、家用电器等高新技术产品也成功打入阿拉伯市场，实现了互利共赢的贸易新格局。

(5) 提升贸易投资自由化与便利化水平。在"一带一路"倡议的推动下，共建国家携手维护多边贸易体制和自由贸易原则，共同致力于消除贸易投资壁垒，营造更加开放、透明、便利的营商环境。通过加强工作制度对接、技术标准协调、检验结果互认以及电子证书联网等领域的合作，显著提升贸易投资便利化程度，为经济全球化的健康发展注入强大动力。此外，中国还积极与多个国家和地区签署自由贸易协定，推动贸易投资自由化进程。

问题二：谈谈为什么要推动共建"一带一路"高质量发展。

分析：

结合材料，据中国海关统计，2018年前7个月，中国货物进出口总值16.72万亿元，比2017年同期增长8.6%。我国对"一带一路"共建国家合计进出口4.57万亿元，同比增长11.3%，比全国增速高2.7个百分点，占中国外贸总值的27.3%，比重提高0.7个百分点。截至2023年，全国新设立外商投资企业53 766家，同比增长39.7%。可见，"一带一路"倡议的提出给中国带来了诸多的好处。我国倡议"一带一路"的主要原因有以下几点。

（1）"一带一路"是实现和平发展的重要途径。我国坚持"亲、诚、惠、容"的理念，积极倡导"共同、综合、合作、可持续"的亚洲安全观，指明了"共建、共享、共赢"的亚洲安全道路。"一带一路"是一条合作共赢、造福各方的道路，是中国与其他大国实现战略对接和合作的有效平台。

（2）"一带一路"是构建中国对外开放的新深化。"一带一路"建设是新理念推动下的新一轮对外开放，有利于推动国内外互动与合作、促进对外开放，实现互利合作的新拓展。此外，"一带一路"能够使相关国家在平等互利的基础上深化区域合作，最大限度实现经济发展战略的有效对接，逐步形成区域合作新格局。

（3）"一带一路"是连接中国梦和世界梦的战略纽带，是中国创造战略机遇的智慧。"一带一路"建设可以充分发挥上海合作组织、中国—东盟(10+1)、中阿合作论坛等现有机制的作用，促进经济要素有序自由流动，优化区域经济要素配置，促进共建国家经济转型发展。

综上，"一带一路"不是中国独有的利益区，而是各国共同的利益区，充分体现了中国精神和合作共赢的态度。

3.2 免税零售：从"海外购"到"海南购"

材料

海南省，地处中国华南地区，北以琼州海峡与广东划界，西临北部湾与广西、越南相对，东濒南海与台湾对望，东南和南部在南海与菲律宾、文莱、马来西亚为邻，它特殊的地理环境和产业结构，使之成为我国的经济特区和自由贸易试验区。

2011年3月24日，为加快推进海南国际旅游岛的建设发展，国务院决定在海南省开展离岛旅客免税购物政策(以下简称"免税离岛政策")试点，并于同年4月20日正式落地实施。从此，国人不出国门就能买到免税产品，实现了从"海外购"到"海南购"转变。十年间，离岛免税业务经历了飞速发展，从最初三亚市内7000平方米的旧址到海棠湾约12万平方米的全球最大的单体免税店，店铺数量也从最初的一市一店扩展至三城十店，离岛免税政策的活力与魅力得到了充分释放。

2018年4月，《中共中央 国务院关于支持海南全面深化改革开放的指导意见》出台。2020

年6月，《海南自由贸易港建设总体方案》正式发布实施。三年来，特别是总体方案发布实施以来，一系列政策文件相继落地，共计超过110份，自由贸易港政策制度框架初步建立。从贸易投资到金融支持，从税收优惠到运输服务，再到要素支撑与实施保障，每一个环节都朝着更加自由、便利、高效、精准的方向迈进。

在这一系列政策红利的推动下，海南经济发展质量显著提升。GDP与税收稳步增长，多项主要经济指标领跑全国，展现了自贸港建设的强劲动力。新设企业数量激增，外资利用规模扩大，人才引进成效显著，离岛免税购物更是实现了前所未有的繁荣景象，各项数据均实现翻番增长，为海南自贸港的发展注入了源源不断的活力与希望。

2020年7月1日，海南离岛免税购物新政开始实施，离岛旅客年度免税购物额度从每年每人3万元提升至10万元，离岛免税商品品种由38种增至45种，并显著放宽了部分商品的单次购买数量限制。这一系列调整，如同一剂强心针，极大地激发了国内外游客的购物热情，为海南旅游消费市场注入了强劲活力。从海关监管数据来看，从新政实施起至次年4月6日，海关共监管离岛免税购物金额347亿元，件数4326万件，购物旅客496万人次，同比分别增长244%、215%、101%。政策利好的刺激拉动作用非常明显。

2021年2月2日，为了进一步方便旅客购物，放大政策效应，离岛免税购物政策在现行框架内又增加了离岛旅客邮寄送达、岛内居民返岛提取这两种提货方式。数据显示，自海南离岛免税购物"邮寄送达"服务实施以来，截至4月初，全省累计收寄量超过7.5万件，其中3月份单月收寄53 679件，较新政实施首月收寄量翻了两番，"邮寄送达"服务已成为提升离岛免税购物体验感的重要支撑之一。值得一提的是，2021年全年，海南离岛免税销售额突破600亿元，同比增长84%，成为疫情后全球免税行业的一枝独秀。

2023年4月1日，海南离岛免税"即购即提""担保即提"提货方式落地，进一步激发了旅客购物热情，成为免税消费的新热点，持续推动海南离岛免税消费提质升级。随着跨省游强劲复苏，海南实施一系列促消费措施，各免税主体线上线下推出多样化的促销活动，海南离岛免税市场呈现回暖趋势。据海口海关统计，2023年，海口海关共监管离岛免税销售金额437.6亿元，同比增长25.4%；免税购物675.6万人次，件数5130万件，同比分别增长59.9%和3.8%。且自海南离岛免税"担保即提""即购即提"政策实施以来至2024年7月23日，海口海关监管"担保即提"提货方式购物金额达1.09亿元，"即购即提"提货方式销售额达46.5亿元。

展望未来，随着海南自贸港制度设计的持续优化与各项政策红利的不断释放，其消费品零售将形成离岛免税销售、岛民免税销售和跨境电商这三大主流模式，共同驱动海南成为全球消费的新高地。

(1) 离岛免税销售模式。至今，全国已有10家企业持有免税销售牌照，已在海南自贸港开业的免税实体店共计10个，预计未来会有更多数量的离岛免税实体店在海南设立。在一般离岛免税销售模式中，免税店通过与海外品牌商及经销商紧密合作，确保商品为正品，旅客则可在店内自由选购，并享受便捷的提货或邮寄服务。未来，随着政策的深化调整与市场环境的日益成熟，离岛免税销售将迎来三大发展契机：一是免税商品种类将更加丰富多元，满足不同旅客的个性化需求；二是消费限购政策有望进一步放宽，释放更大的消费潜力；三是经营模式将更加灵活多样，为旅客提供更加便捷、高效的购物体验。

(2) 岛民免税销售模式。根据自贸港建设总体方案，海南岛内居民能在岛内居民消费进境商品正面清单范围内购买免税（免进口环节消费税和增值税）的商品，目前，相关正面清单和岛民免税牌照管理细则即将公布。对于岛民免税经营者而言,依托于海南自贸港消费品零售市场规模及税务优惠配套政策,可以考虑从供应链重整与仓储物流一体化入手进行整体布局与规划,以确保商品的稳定供应与高效配送,为岛内居民带来优质、便捷的免税购物体验。

(3)跨境电商模式。在跨境电商模式中,卖家通过大数据分析提前将热卖商品备货至海关监管保税仓库,消费者下单后,跨境电商企业根据订单为每件商品办理海关通关手续,在保税仓库完成贴面单和打包,经海关查验后放行,由跨境电商委托国内快递送至消费者手中。根据现有税务政策,跨境电商经营者可享受进口环节免征关税、进口环节增值税按照70%征收的优惠政策。跨境电商的运营模式往往采用全球化布局,即在境外设立采购中心,直接对接全球供应链,精选优质商品进行采购,并根据市场需求进行必要的加工或包装。随后,通过多元化的电商平台或自建渠道,将商品销往国内消费者手中。在跨境电商的业务链条中,既有货物进口的需求,又可能涉及本地加工。在这种业务模式下,海南跨境电商将赢得比内地其他地区更好的发展契机,主要表现为:税收政策优势、功能升级优势、贸易自由便利。

随着世界贸易崭新格局的建立,国内国际双循环将成为中国经济发展的新常态。越来越多的消费品零售企业会将中国作为其全球市场布局的重要区域。而海南作为国内消费品零售市场的发展新高地,凭借自贸港政策的东风、优越的区位优势、日趋完善的配套设施和丰厚的人才储备,发展前景必将令世人惊艳。

资料来源:百度百科、财政部、中国日报网、海口海关、中国新闻网等.

案例使用说明

一、教学目的

本案例通过对海南自贸港免税零售的介绍,希望达到以下教学目的:
(1)理解免税的相关概念;
(2)了解自由贸易港的相关知识;
(3)了解宏观政策与法律环境变化对零售业的影响。

二、涉及知识点

本案例主要涉及免税、自由贸易港、宏观政策与法律环境等知识点。

三、课程思政

本案例通过对海南自由贸易港免税零售实现国内居民从"海外购"到"海南购"的基本介绍,引申出相关免税以及自由贸易港的知识,引导学生了解世情国情党情民情,帮助学生切身理解相关专业和行业领域的国家战略、法律法规和相关政策,重点关注现实问题,提升发现和解决问题的能力,培育经世济民的职业素养。

思考题

1. 结合材料,试分析宏观政策与法律环境给海南零售业带来的影响。
2. 随着零售环境的不断变化,如何培养和留住适应新环境的专业零售人才?

理论解读

一、免税

免税指国家为了实现一定的政治经济政策,给某些纳税人或征税对象的一种鼓励或特殊照顾,其核心要义在于免征全部税款。免税主要分为法定免税和特定免税两种。在免税法的实施上,根据所采用的税率不同,又可细分为两种形式:全额免税法和累进免税法。

在复杂多变的经济生态中,税收制度的设计往往基于社会经济发展的普遍状况与群体平均承受能力,力求体现公平与效率的统一。然而,面对不同产业、地区及纳税主体的差异性,税收制度也需展现出灵活与包容的一面。免税政策,正是这一灵活性的体现,它通过对特定对象实施税收豁免,实现了税收制度的因地制宜、差异化对待,确保了税收负担的合理性与公平性。因此,在统一征税的基础上,采取免税的税收优惠措施,以适应个别的特殊情形,成为世界各国税收制度普遍采取的一种政策措施。

免税商品是按照国家法律规定,可以免交增值税的货物。这些商品由指定经营单位依据海关核准的经营范围进口,专供其免税店向特定消费群体销售。免税店所经营的免税商品种类,均需经过严格的审批流程,由经营单位统一向海关总署申报并获得批准,以确保商品的合法性与合规性。在免税店内,顾客可以选购到一系列免税进口商品,其中烟草制品和酒精饮料等特定商品的外包装上,会显著标注"中国关税未付"(China Duty Not Paid)的中英文字样,以明确其免税身份。由于免税商品未纳入增值税征收范围,因此无法开具增值税发票。然而,对于企业购买免税商品而言,仍可享受一定的税收优惠政策,即按购买金额的10%进行进项税抵扣,从而在一定程度上减轻企业的税负压力。免税商品的购买渠道多样,包括但不限于机场免税店、特定消费物品免费的国家和地区,以及为优待外国游客而设立的消费品免税购物政策的国家。

二、自由贸易港

自由贸易港是指设在国家与地区境内、海关管理关卡之外,允许境外货物、资金自由进出的港口区。它不仅是一个货物的集散地,更是一个集储存、展览、加工、制造等多功能于一体的综合性经济平台。在这里,货物可以自由地进行拆散、改装、重新包装、整理等一系列增值活动,为商家提供了前所未有的便利与机遇。新加坡港与中国香港,这两个全球集装箱港口中转量的佼佼者,正是凭借自由港政策的强大吸引力,汇聚了来自世界各地的集装箱,从而奠定了它们在全球集装箱运输网络中的核心枢纽地位。

进入新时代,中国对自由贸易港的探索与实践也迈出了坚实的步伐。2017年,在党的十九大上,习近平总书记提出,赋予自由贸易试验区更大改革自主权,并积极探索建设自由贸易港的宏伟蓝图。次年,党中央更是将这一战略构想付诸实践,决定全力支持海南全岛建设自由贸易试验区,并稳步推进中国特色自由贸易港的建设进程,分步骤、分阶段建立自由贸易港政策和制度体系。2020年6月1日,中共中央、国务院印发了《海南自由贸易港建设总体方案》,海南迎来了新的发展机遇。

2023年,海南省生产总值同比增长9.2%,增速位列全国第二;规模以上工业增加值、服务业增加值以及社会消费品零售总额分别同比增长18.5%、10.3%和10.7%,体现自贸港经济形态的货物贸易和服务贸易分别增长15.3%和29.6%。可见，海南自贸港政策制度体系基本成型，给企业和消费者带来了真金白银的实惠。

三、宏观政策与法律环境

零售商在运营过程中，必须高度重视并严格遵守国家和地方政府颁布的各项政策法规，这些政策法规如同指南针，对零售商的经营活动产生了深远的影响。它们不仅为零售商提供了法律保障，确保其经营活动的合法性与安全性，同时也设定了明确的界限，规范了零售商的行为模式。具体而言，政策法规对零售经营的约束主要体现在以下三个核心方面。

（1）商品经营的合规性。零售商作为商品流通的终端环节，其经营活动直接关联到消费者的切身利益。因此，法律对零售商所售商品的质量、安全性以及商标、专利的使用提出了严格要求。零售商需确保所售商品符合质量标准，保障消费者安全，同时合法合规地使用商标和专利，避免侵犯知识产权。

（2）价格管理的规范性。虽然零售商在定价上享有一定的自主权，但这并不意味着随意定价。政府和法律对零售商品的价格设定了合理限制，旨在维护市场秩序，防止不正当竞争。零售商需遵循相关法律法规，合理制定价格策略，确保价格透明、公正，维护消费者权益。

（3）促销活动的合法性。零售商为了吸引消费者、提升销量，常常会开展各种促销活动。然而，这些活动也必须在法律允许的范围内进行。法律对促销活动的真实性、透明度以及是否存在欺诈行为等方面做出了明确规定。零售商应严格遵守这些规定，确保促销活动的合法性和诚信度，避免误导消费者或损害其利益。

简要分析

问题一：结合材料，试分析宏观政策与法律环境给海南零售业带来的影响。

分析：

结合材料可知，海南零售业正沐浴在良好的宏观政策与法律环境的双重利好之下，经历着前所未有的变革与繁荣。在政策支持方面，离岛免税政策的持续深化如同一剂强心针，不仅提升了免税购物额度，丰富了免税商品种类，还放宽了购买数量限制，这一系列举措极大地激发了国内外游客的购物欲望，将海南的免税业务推向了新的高度。免税业务的井喷式增长，不仅带动了销售额的飙升，还吸引了络绎不绝的游客，为海南零售业注入了源源不断的活力，促进了整个行业的蓬勃发展。

与此同时，自由贸易港政策制度框架的初步构建，为海南零售业绘制了一幅宏伟蓝图。从贸易投资到金融支持，从税收优惠到运输服务，一系列政策文件的密集出台，为海南零售业搭建了一个自由、便利、高效、精准的发展平台。这一平台的建立，不仅吸引了众多新设企业纷至沓来，为零售业带来了新鲜血液和竞争活力，还极大地拓宽了外资利用渠道，促进了人才的汇聚与交流，为零售业的创新与发展奠定了坚实的基础。

在法律保障方面，海南零售业同样受益匪浅。明确的政策法规为离岛免税购物提供了坚实的法律支撑，确保了购物行为的合法性和规范性。通过加强对离岛免税购物的监管力度，有效遏制了走私、违规代购等不法行为，维护了市场的公平竞争秩序，为合法经营的零售企业营造了良好的营商环境。此外，针对跨境电商模式，相关法律法规的出台也为其提供了清晰的操作指南和税收优惠政策，保障了跨境电商业务的健康有序发展，进一步推动了海南跨境电商零售业的快速成长。

问题二：随着零售环境的不断变化，如何培养和留住适应新环境的专业零售人才？

分析：

此题为开放题，结合实际与材料，言之有理即可。以下分析仅供参考。

面对海南零售环境的日新月异，构建一支能迅速适应并引领变革的专业零售人才队伍显得尤为重要。为此，我们可以从人才培养与人才留存两大维度出发，制定以下策略。

一方面，就人才培养策略而言。首先，革新与融合当地教育体系。推动本地高等教育与职业教育机构对零售管理专业进行深度改革，将海南零售业的最新趋势、政策法规，以及数字化转型等前沿内容融入课程体系。同时，加强与企业的紧密合作，通过设立实践基地、开展项目合作等方式，让学生在校园内就能接触到真实的零售运营环境，实现理论与实践的无缝对接。其次，实施定制化培训计划。由政府和行业协会主导，联合行业领袖与资深专家，设计并推出针对海南零售新环境的定制化培训项目。这些项目应覆盖零售管理的各个方面，旨在帮助在职人员快速更新知识结构，掌握最新技能。同时，为有志于深造的员工提供进修渠道，鼓励其持续学习与自我提升。再次，搭建与拓展高水平实践平台。鼓励企业内部实施轮岗制度，让员工在不同岗位和部门间流动，以培养其跨领域的综合能力和团队协作精神。最后，积极与大型零售企业建立合作关系，为即将步入职场的学生提供实习机会，让他们在真实的工作环境中积累经验，快速成长。

另一方面，就人才留存策略而言。首先，构建具有竞争力的薪酬福利体系。通过定期对行业薪酬进行调研，确保海南零售人才的薪酬水平具有市场竞争力。同时，提供多样化的福利组合，包括但不限于住房补贴、子女教育支持、健康保险等，以满足员工的多方面需求，增强归属感和满意度。其次，规划清晰的职业发展路径。为每位员工量身定制职业发展规划，明确其晋升路径和发展方向，让员工看到自己在企业内的成长空间和未来前景。同时，建立公正透明的内部晋升机制，确保优秀人才能得到及时、公正的提拔和重用。最后，实施多元化的人才激励措施。通过设立业绩奖励、项目奖金、股权激励等多种激励方式，表彰和奖励在工作中表现突出的员工，激发其工作热情和创造力。同时，对于为行业发展做出重大贡献的杰出人才，给予公开表彰和荣誉奖励，提升其社会影响力和职业荣誉感。

例如，海南某本土零售企业与当地高校合作，开设了"海南自贸港零售精英班"，学生在校期间不仅学习理论知识，还定期到企业实习。毕业后，该企业为表现优秀的学生提供高于市场平均水平的薪资，并为他们制定清晰的职业晋升路线，同时提供住房补贴等福利。这种模式成功吸引并留住了一批优秀的零售人才，为企业在新环境下的发展提供了有力支持。

3.3 新时代零售新格局与新趋势

材料

零售，这一传统而稳健的行业，始终在全球企业家财富版图中占据举足轻重的地位。根据《2023胡润全球富豪榜》的深刻洞察，消费品、零售与金融服务行业并肩领跑，上述行业企业家总财富额占据了十亿美元企业家总财富的四分之一以上份额,彰显了零售业的持续繁荣。

有趣的是,年轻一代创业者更加重视新零售赛道。通过分析《2022 胡润 U30 中国创业先锋》的 283 位上榜者,可以看出,企业科技、先进制造、教育和新零售成为中国 30 岁以下创业先锋的前四大财富来源,这四大领域的上榜人数占比超过全榜单的六成,充分展现了新零售在年轻一代中的巨大吸引力和发展潜力。

零售行业不仅在传统意义上对拉动内需、促进经济增长有着不可估量的贡献,更是在当前消费习惯快速变迁的背景下,迎来了新的发展机遇。特别是随着直播带货等新兴业态的蓬勃兴起,零售行业正以前所未有的速度拥抱数字化、个性化与体验化的趋势,为消费者带来更加丰富多元、便捷高效的购物体验,同时也为行业自身注入了新的增长动力和发展活力。

全渠道竞争加剧,新兴渠道突出重围

尼尔森 IQ 监测数据显示,在 2023 年的中国快消品零售市场中,尽管整体呈现修复态势,但全渠道销售额仍较 2022 年微降 0.04%,形成了线上与线下交织的复杂格局。线上渠道占比 42%,线下则占据了 58% 的市场份额。这一年内,线上领域的竞争格局发生了显著变化,特别是内容电商异军突起,销售额实现了惊人的 55.9% 的年度增长,成为全渠道中的一大亮点。而线下渠道中,便利店凭借其便捷的近场服务优势,实现了 3.9% 的增长,相比之下,其他四类线下渠道则遭遇了不同程度的下滑,跌幅在 1.8%~15.7% 之间。2024 年 1—2 月,春节消费热潮为快消品市场注入了强劲动力,线上销售额增速飙升 20.7%。其中,抖音电商以超过 70% 的惊人增幅引领风骚,综合电商也实现了 4.4% 的增长。反观线下市场,增速为 -6.4%,不过受线上市场增长强势驱动,全渠道增长 1.2%,重回正增长轨道。

从细分渠道看,内容电商凭借强大的消费者互动能力以及提供较强的情绪价值,2023 年销售额同比增幅达 55.9%,其中以抖音为代表的内容电商增速最为亮眼,抖音常客渗透率已达 39%,仅次于淘宝和拼多多,短期仍可能进一步抢占传统渠道份额。染发剂、即用型面膜、护肤品等非食品品类为内容电商的优势战场,并成为全渠道的增长推力。

在线下零售领域,零食折扣店凭借迅猛的门店扩张策略与极具吸引力的低价优势,成功捕获了年轻消费者的心,其行业规模在 2023 年实现了惊人的 75.8% 的高速增长。尽管当前市场渗透率仅为 8%,但也预示着这一业态仍拥有巨大的发展潜力与提升空间。与此同时,面对休闲零食市场整体销售规模同比下降 3.5% 的挑战,便利店与食杂店却展现出了顽强的生命力,分别以 1.2% 和 2.5% 的增长率稳健前行。便利店凭借其便捷性、时间效率及商品多样性,成为消费者高频访问的首选之地;而零食折扣店则以其对价格敏感年轻消费群体的精准定位,通过进一步细分消费者激活了市场。

与此同时,仓储会员店通过提供其他渠道所不具备的独特质量/价格比迎来蓬勃发展期。2023 年,主要会员店品牌纷纷加大布局力度,门店数量实现了 37.8% 的显著增长。为了在这一竞争激烈的市场中脱颖而出,会员店采取了差异化竞争策略,避开一线和二线城市的激烈竞争,提前布局下沉市场,并结合当地特色与区域需求精选商品,以此构建并突出零售商独有的品牌价值,探索出了一条独特的制胜之道。

性价比时代,价格与价值平衡成关键

尼尔森 IQ 全渠道监测的主要对象是快消品品类,在健康和悦己理念的引领下,相关商品在 2023 年持续展现出强大的增长韧性。具体而言，健康类商品如维生素、果汁及少儿/成人奶粉等销售额同比增长分别为 14.3%、11.0%、3.7%；悦己类商品如护肤品、即饮咖啡和宠物食品等也分别同比增长 12.3%、8.3%和 3.8%。在价格策略上，健康悦己品类成为推动市场走向高端化的核心力量，而母婴及部分零食饮料品类则展现出进一步高端化的潜力。相比之下，粮油、乳品等生活必需品则逐渐回归至主流价格带，反映出消费者对于性价比的更高追求。同时，家化和酒类商品在主流价格带稳固的同时，也保留了部分高端化需求。

尼尔森 IQ 消费品类增长驱动力模型分析显示，市场呈现多元化发展态势。"贵有所值"的商品占比高达 50%，即产品性能与价格同步提升，满足消费者对于品质与价值的双重期待；而"物美价廉"的商品虽仅占 11%，但凭借性能提升与价格优势仍具吸引力；"回归理性"的商品占比 24%，反映了部分传统商品在缺乏创新背景下的价格调整；至于"价格刺客"类商品，即性能未增反降而价格上调的产品，仅占 15%，面临市场激烈的挑战。以尼尔森 IQ 监测的近 50 种食品快消品为例，传统饮料因创新不足而陷入更激烈的价格竞争，部分品类如有汽饮品、即饮咖啡和常温酸奶均价下滑，归为"回归理性"类别。相反，具有健康概念或悦己属性的商品，如干脆小食和成人奶粉，则因高溢价能力被归入"贵有所值"，占比超过五成。尼尔森 IQ 调研显示，消费者购买食品时最看重的两大属性为对身体健康有益、满足味觉，因此从食品核心需求出发，寻求确定性增长成为制胜关键，而在非食品类商品中，能提供优质功效和体验的品类往往具备更高的溢价空间。

资料来源：《2023 火烧联赢·胡润中国新零售白皮书》《中国零售业发展报告》.

案例使用说明

一、教学目的

本案例主要介绍新时代中国零售市场正从消费升级模式逐步过渡到性价比时代，希望达到以下教学目的：

(1) 了解零售数字化的相关术语及定义；
(2) 了解全渠道零售的内涵；
(3) 了解新时代环境给零售业带来的影响。

二、涉及知识点

本案例主要涉及零售数字化、全渠道零售等知识点。

三、课程思政

本案例通过新时代零售新格局与新趋势的基本情况分析，介绍零售数字化、全渠道零售等相关知识，潜移默化中培养学生爱国主义情感、责任感和使命感，并使其掌握零售行业的最新动态与关键技术，深入思考宏观环境对零售的影响，启发学生以更加开放的心态、敏锐的洞察力和坚定的行动力，投身到零售行业的创新与发展之中，培养学生的创新意识与解决实际问题的能力。

思考题

1. 结合材料，分析在当前全渠道竞争格局下，传统零售企业如何应对新兴渠道的挑战。
2. 在当前的零售环境中，线上渠道销售额增长迅速，线下渠道面临挑战，未来线下零售如何通过创新来提升竞争力，重新吸引更多消费者？

理论解读

一、零售数字化

零售是指直接将商品或服务销售给个人消费者或最终消费者的商业活动，是商品或服务从流通领域进入消费领域的最后环节。在数字化的浪潮中，零售数字化虽尚未有统一且标准化的定义，但其可以理解为用数字化的理念、技术和方法，对零售企业的业务模式、运营架构和管理体系等进行简化、优化、一体化的变革，实现降本增效、商业模式转型，以及对整个组织体系赋能和重塑的过程。

零售数字化的价值创造，已超越了单纯的"线上布局、商品数字化"层面，转而聚焦于对零售本质的深刻挖掘与重塑。它强调在商品竞争力、顾客体验及运营效率等多个维度构建差异化的竞争优势。具体而言，通过精准选品、强化商品品质与创新，提升商品力；利用数字化手段优化顾客购物旅程，增强互动体验与个性化服务；借助智能化管理系统，实现供应链的高效协同与库存的最优配置，从而全面提升运营效率。新零售、即时零售等概念，可以看作是零售数字化趋势下的生动实践与具体展现。

二、全渠道零售

依据中国连锁经营协会于2021年发布的《零售数字化术语》的权威解读，渠道是指商品自生产企业至终端用户流转所历经的全部环节，涵盖传统线下渠道与新兴线上渠道两大范畴。线下渠道依据中间商参与层级的差异，可细分为批发与零售两大分支；而线上渠道则展现出更为丰富的形态，包括但不限于平台、App、小程序、公众号、直播、社群等多元化形式。

全渠道零售是指零售企业通过整合线上线下多种渠道，实现一体化的经营闭环的零售形式。全渠道意味着要实现全程、全面、全线的"三全"局面，具体来说：全程，即确保消费者在从品牌认知到最终购买的全程中，历经搜寻、对比、下单、体验、分享五大关键节点时，企业均能提供即时且个性化的服务，实现与消费者的紧密互动；全面，则指企业能够全面追踪并分析消费者购物旅程中的每一环节数据，通过即时沟通与个性化建议，持续优化购物体验；全线，则标志着渠道发展迈入了线上线下深度融合的新阶段，实现了从单一渠道、多渠道到全渠道覆盖的跨越，将实体店铺、电子商务、移动商务等多元渠道融为一体，为消费者提供无界限的购物体验。

全渠道会员增长率可以作为衡量统计周期内有全渠道购物行为的会员数量增长情况的重要指标，它直观反映了统计周期内(如年度、季度、月度)新增全渠道购物的会员数量占期初全渠道购物的会员数量的百分比变化。

简要分析

问题一：结合材料，分析在当前全渠道竞争格局下，传统零售企业如何应对新兴渠道的挑战。

分析：

结合材料可知，全渠道零售可以带来诸多优势。因此，面对全渠道竞争的新常态，传统零售企业可采取一系列策略应对新兴渠道的挑战，实现转型升级。

(1) 深化数字化转型。传统零售企业的首要任务是强化自身的数字化基础设施。这包括自建或入驻如淘宝、京东等顶尖电商平台，以拓宽线上销售渠道。同时，借助大数据与 AI 的力量，深入挖掘消费者行为数据，洞悉其消费偏好与需求，从而实施个性化营销策略，实现精准触达。

(2) 提升消费者体验。传统零售企业应致力于创造无缝衔接的购物体验，融合线上便捷与线下体验的优势。通过"线上下单，线下自提/体验后购买"等模式，打破物理界限。此外，持续优化门店环境，确保消费者在店内的每一刻都感到舒适与便捷。同时，建立高效的客服体系，迅速响应消费者需求，并提供诸如产品维护、售后升级等增值服务，以增强消费者黏性。

(3) 拓展新兴业态。传统零售企业要勇于尝试直播带货这一新兴销售方式，无论是培育内部直播团队还是携手知名主播，都能有效吸引流量，促进销售转化。同时，充分利用社交媒体平台的传播力，扩大品牌影响力。更进一步，可深耕社区团购领域，与社区紧密合作，满足居民集中采购的需求，开辟新的增长点。

总之，传统零售企业应积极拥抱变化，以开放的心态和创新的姿态，不断探索与实践，在全渠道竞争中稳步前行，实现华丽转身和可持续发展。

问题二：在当前的零售环境中，线上渠道销售额增长迅速，线下渠道面临挑战，未来线下零售如何通过创新来提升竞争力，重新吸引消费者？

分析：

在当今多元化的零售业形态，线下零售可以通过一系列创新方式来提升竞争力，重新点燃消费者的热情与兴趣。

(1) 塑造沉浸式购物体验。线下零售可通过积极构建主题鲜明、氛围独特的购物空间，如复古风情、未来科技等主题店铺，让每一次购物都成为一场探索之旅。通过定期变换主题，持续激发消费者的好奇心与新鲜感，促使他们频繁回访。此外，设置互动体验区，比如美妆专区的个性化试妆、电子产品区的真实场景模拟，让消费者在体验中感受产品的魅力。

(2) 融合线上线下优势。线下零售要积极拥抱数字化，实现线上线下服务的无缝对接。实现消费者通过线上平台预约专属服务时段，享受美容、服装定制等个性化服务，减少现场等待时间。同时，提供线上选品、线下试穿/试用的便捷服务，提升消费者的购物效率与满意度。更进一步，利用 AR/VR 技术打造数字化门店，让消费者在实体店内就能预览商品的虚拟效果，享受前所未有的购物体验。

(3) 强化社交互动。通过定期举办新品发布会、会员聚会、主题讲座等线下活动，促进消费者之间的交流与互动，增强品牌黏性。与社交媒体合作，开展线上线下联动的营销活动，扩大品牌影响力。同时，将店铺打造成为周边社区的活动中心，提供聚会、休闲的场所，进一步加深与消费者的情感联系。

(4) 深化商品与服务的个性化与多元化。为了满足消费者对个性化与差异化的追求，线下零售不断升级商品与服务的同时，还应不断拓展服务范围，增加维修保养、礼品包装、送货上门等增值服务，提升消费者满意度。同时，也可以引入干洗、快递代收等第三方服务，丰富店铺功能，满足消费者的多样化需求。

育人元素

本章通过对零售环境相关理论以及新时代零售新格局和新趋势的介绍，分析宏观环境对零售的影响，培养学生掌握零售运行环境分析与运行的基本方法，让学生认识到零售发展需要良好的发展环境，引导学生了解国情世情，要具备前瞻性眼光，关注国家发展动态，敢于挑战传统、开拓新领域，使学生将个人职业生涯规划与国家发展规划紧密结合，厚植学生的爱国情怀，培育学生经世济民、胸怀天下的担当，具备以人为本、服务人民的责任感和使命感，努力成为卓越的高素质零售人才。

第4章 零售战略

4.1 阿里巴巴：新发展阶段的战略"秘诀"

材料

材料（一）

阿里巴巴集团控股有限公司(简称阿里巴巴)，是一家致力于让天下没有难做的生意的互联网公司，也是全球领先的电商、云计算、人工智能等领域的创新者和领导者，拥有淘天集团、云智能集团、阿里国际数字商业集团、菜鸟集团、本地生活集团、大文娱集团和多个其他业务(见表4-1)，于1999年在杭州创立。阿里巴巴的整体发展战略是从"Meet at Alibaba"走向"Work at Alibaba"。

表4-1 阿里巴巴相关业务

业务名称	业务分类	基本介绍
淘天集团	淘宝	淘宝意为"淘到宝贝"，创立于2003年，秉持"万能的淘宝"的定位，为消费者提供应有尽有且无奇不有的丰富商品。
	天猫	天猫创立于2008年，旨在为消费者提供更高质量且实惠的产品和更极致的购物体验。天猫是品牌首选合作伙伴，通过消费趋势洞察及技术能力，帮助品牌实现数字化的品牌推广和产品营销，扩大市场规模、提升知名度。
	闲鱼	闲鱼成立于2014年，是中国最大的消费者社区和二手商品交易市场。从最初的闲置物品、二手物品及其他长尾商品的C2C交易，到用户在这里分享技能、兴趣与经验，从物品到服务、从交易到交流，闲鱼也是阿里巴巴战略创新孵化的业务之一。
	天猫超市	天猫超市创立于2011年，是阿里巴巴自营的优质平价线上超市。天猫超市甄选商品源，通过淘宝App提供更丰富、更本地化的商品供应，便于用户在线上实现日用品、快消品和普通商品一站式购齐。
	天猫国际	天猫国际是中国的进口电商平台，满足中国消费者对于海外品牌产品日益旺盛的需求。天猫国际在跨境物流、仓储、供应链等进口基建能力上不断投入，持续加速进口新品牌入驻。
	1688	1688创立于1999年，是综合型内贸线上批发交易平台。1688有"中国电商的源头货盘"之称，汇聚产业带的源头厂、源头货和源头价。截至2024年，1688拥有超过100万名付费会员。作为阿里巴巴战略创新孵化业务，1688正在从B2B业务延展出中小企业和消费者采购服务。
云智能集团	阿里云	阿里云创立于2009年，是全球领先的云计算及人工智能科技公司。基于自研的飞天云计算操作系统，阿里云向全球客户提供基于基础设施即服务(IaaS)、平台即服务(PaaS)和模型即服务(MaaS)三层架构的全方位云服务。阿里云成为亚太第一、中国最大的公共云服务提供商。
阿里国际数字商业集团	速卖通	速卖通(AliExpress)创立于2010年，是一个服务全球消费者的电子商务平台，让全球消费者直接从世界各地的制造商购买商品。
	Trendyol	Trendyol创立于2010年，是土耳其的电子商务平台之一。它通过电子商务业务和食品、日用品等本地生活服务为消费者提供广泛的产品和服务选择。消费者还可以享受Trendyol的物流履约网络提供的优质便捷的配送服务。
	Lazada	Lazada创立于2012年，是东南亚的电子商务平台之一，主要服务市场包括印度尼西亚、马来西亚、菲律宾、新加坡、泰国和越南。Lazada为消费者提供来自于东南亚中小企业，以及其他地方丰富多样的产品。

续表

业务名称	业务分类	基本介绍
阿里国际数字商业集团	Daraz	Daraz创立于2015年，是南亚地区的电子商务平台，主要在巴基斯坦、孟加拉国、斯里兰卡、尼泊尔和缅甸运营。
	Miravia	Miravia于2022年推出，是一个西班牙电子商务平台。
	阿里巴巴国际站	阿里巴巴国际站是阿里巴巴在1999年创立时的第一个业务，现已成长为全球领先的B2B数字贸易平台。截至2024年，阿里巴巴国际站覆盖190多个国家和地区，服务4800多万个全球中小企业，为其提供采购、线上交易、数字营销、物流履约、售后保障等全链路贸易服务。
菜鸟集团	菜鸟	2013年成立的菜鸟孵化于阿里巴巴电商生态系统，已构建起一张具备端到端能力的全球智慧物流网络，是全球领先的跨境电商物流企业，也是国内物流行业的领先者。凭借对电商的洞察和技术优势，菜鸟在全球快递、全球供应链、综合物流科技等核心业务板块持续创新。2024年，菜鸟跨境和国际业务日均履约包裹超500万件。
本地生活集团	饿了么	饿了么是中国本地生活服务及即时配送平台，致力于打造"放心点 准时达"的到家服务。饿了么以技术创新推动本地生活市场的数字化，不断提升消费者的城市服务保障和即时电商消费体验。
	高德地图	高德创立于2002年，是中国领先的数字地图、导航及实时交通信息服务商。高德致力于"促科技创新，与生态共进"，以聚合模式建设一体化出行服务平台，提供驾车、打车、公交、地铁、骑行、步行、火车、飞机等多种出行服务。高德在无障碍出行、绿色出行等公益方面持续深耕，受到行业和用户的好评。
大文娱集团	优酷	优酷是中国在线长视频平台，制作和分发高质量的视频内容，兼具自制、合制、购买版权、用户生成内容(UGC)、专业生成内容(PGC)及直播等多种内容形态，让用户可以在多个终端快速便捷地搜索、观看和分享。
	阿里巴巴影业集团	阿里巴巴影业集团(简称"阿里影业")是内容科技影视公司，具有多元化的业务模式，提供内容制作、宣传和发行、演出活动的票务运营、IP(知识产权)相关的许可及商务运营、院线票务服务管理以及娱乐产业数据服务。
	大麦	大麦是中国现场娱乐综合服务商，主营演出票务、内容投资制作、演出宣发、现场服务等业务，旨在通过内容、平台、场馆、现场服务的全链路打通，推动演出行业消费升级、服务升级、数字化升级。2023年，大麦由阿里影业收购为子公司。
所有其他	钉钉	钉钉成立于2015年，是智能移动办公平台和企业管理平台，为企业和组织提供全新的工作、分享和协作方式，帮助企业实现数字化转型和数字化高效运营，是阿里巴巴战略创新孵化业务之一。
	UC浏览器	UC浏览器作为综合信息服务的平台，通过搜索、小说、网盘、故事、短剧、智能工具等信息服务，致力于为用户提供"好搜、好看、好用"的公域内容。UC浏览器是第三方手机浏览器之一，2014年，UC浏览器加入阿里巴巴。
	盒马	盒马成立于2015年，是阿里巴巴旗下的日用品及生鲜新零售平台。在商品端，盒马推出"日日鲜"等生鲜标准，让大海鲜等高端食材实现平民化，并推出一系列优质优价的自有品牌商品；在服务上，盒马首创"手机点点30分钟送达"，提供高效的一日三餐解决方案。
	灵犀互娱	灵犀互娱是数字互动娱乐服务提供商，专注于移动游戏的自主研发、运营和代理发行，并为游戏玩家及开发者提供专业的发行和服务平台。
	夸克	夸克基于人工智能(AI)技术构建各类工具及服务，如智能搜索、夸克网盘、夸克扫描王、夸克学习和夸克文档，向其用户提供一站式信息搜索、存储及消费，帮助用户更加便捷地获取和处理工作学习相关内容，成为年轻用户喜爱的AI助手。夸克是阿里巴巴战略创新孵化业务之一。
	高鑫零售	高鑫零售是拥有多业态及全渠道业务的中国领先零售商，经营大卖场、中型超市以及会员店业务。高鑫零售持续以顾客为中心，创造多元化的购物场景，并致力于提升顾客线上线下的购物体验。
	阿里健康	阿里健康是阿里巴巴集团整合线上线下医药和健康行业资源，提供一站式医疗解决方案的旗舰平台。阿里健康以用户需求为中心，充分发挥现有医药电子商务优势，同时探索互联网医疗创新商业模式。阿里健康依托领先的数字技术和数字运营能力，以"云基建"为基础，"云药房"为核心，"云医院"为引擎，为亿万家庭提供普惠便捷、高效安全的医疗健康服务。
	飞猪旅行	飞猪是一家线上旅游平台，为满足消费者的旅游出行需求提供全面的服务。

资料来源：阿里巴巴集团官方网站、百度百科

材料（二）

2023年11月16日，吴泳铭首次作为阿里巴巴CEO参加季度财报分析师电话会，详细介绍了阿里巴巴的未来方向、重要优先级和实施路径，并正式宣布了第一批战略创新业务。吴泳铭表示，未来推动行业发展的动力将是以AI为代表的科技驱动力，阿里巴巴面向未来将有三个重要优先级方向：技术驱动的互联网平台业务，AI驱动的科技业务，全球化的商业网络。阿里巴巴将保持创业心态，更坚决地投入，更果断地取舍，以更灵活的治理机制，抓住AI科技变革带来的全新机会，创造更多客户价值。

"优先级"是吴泳铭在此次电话会上最频繁提到的关键词。在明确集团变革举措的基础上，吴泳铭完整介绍了各业务集团的发展策略和优先级。淘宝天猫以"用户为先"，坚持消费分级与价格力策略；阿里云将坚持"AI驱动、公共云优先"，以AI+云计算双轮驱动发展。他还公布了阿里巴巴第一批战略级创新业务——1688、闲鱼、钉钉、夸克。

经过24年的发展，阿里巴巴该如何选择战略重点、把握时代机遇？吴泳铭给出了他的解法——用三大关键举措变革阿里、面向未来。

接下来，阿里巴巴一是要建立高度灵活、快速决策的治理机制与激励体系，未来各业务线均以独立业务单元为单位，更加独立自主地面向市场。二是要梳理既有业务的战略优先级，定义核心业务与非核心业务。对于核心业务，将保持长期专注力和高强度投入，确保产品始终紧跟用户需求去迭代进化，保持长期生命力和竞争力；对于非核心业务，则将通过多种资本化方式，尽快实现资产价值。三是要更好地发挥战略孵化功能，面向未来做好战略投入。吴泳铭强调，对符合用户需求和AI驱动变革趋势的业务，将作为第一优先级重点投入；对于面向未来的革新型产品，将秉持长期主义坚决投资，并以3年为评估检验周期，为阿里巴巴培育面向未来的新业务与新动能。

用户为先：淘宝明确业务优先级

在面向未来3年的战略周期中，淘宝将进一步明确业务优先级——用户为先。

围绕用户为先，淘宝有三个坚持：坚持做"万能的淘宝"，坚持消费分级与价格力策略，坚持对产品的用户价值进行取舍。一方面，淘宝的"万能"，在于为用户提供海量丰富的商品和服务供给。吴泳铭说："我们要坚定地做综合性平台，满足最大消费群体的多层次需求。这是淘宝在今天的竞争格局下保持增长的选择。"另一方面，淘宝将执行一个App内多层次市场策略和价格力策略。吴泳铭认为，淘宝作为一个超级App，有能力容纳从品牌到白牌的多个商品分层以及多重价值主张，通过AI技术和运营模式的迭代，将淘宝打造为一个包容多元化市场的消费App，并将价格力策略作为贯穿各层次商品的核心策略。此外，吴泳铭还强调，淘宝将坚持互联网消费平台的定位，"并不将自己定位成零售公司"。作为消费平台，用户购买频次将优先于商品交易总额成为最关键目标，"购买频次直接反映了用户对消费平台的认可度"。

AI驱动：阿里云坚持公共云优先

阿里云所在的云智能集团将实施"AI驱动、公共云优先"战略，并加大对AI相关软硬件领域的技术投资。通过"云+AI"，支持各行各业智能化转型，创造更巨大的时代增量机会。吴泳铭判断，计算范式正在发生根本性变化，世界处于传统计算向AI计算中心地位切换的技术拐点。未来，阿里云将坚持做好两件事：一是打造"AI时代最开放的云"，为全行业提供稳定高效的AI基础设施；二是创建开放繁荣的AI生态。吴泳铭还表示，将对阿里云所有产品和业务模式做取舍，减少项目制销售订单，加大公共云核心产品投入，"坚持公共云优先，能够让我们在未来收获规模效应和技术红利"。此外，吴泳铭表示，阿里巴巴将在阿里云的战略方向上保持长期投入，同时云智能集团仍会继续保持独立公司运作，采取董事会授权的 CEO 负责制。

产品创新：公布第一批战略级创新业务

在分析师电话会上，吴泳铭首次披露了战略级创新业务的遴选标准：具备足够大的市场空间，具备独特的市场定位，符合用户需求趋势和集团"AI 驱动"战略，并公布了第一批战略级创新业务——1688、闲鱼、钉钉、夸克。

吴泳铭说，1688 是阿里巴巴历史最悠久的业务，服务了中国制造业的主流厂商，具备二次创业的坚实基础和巨大潜力，有望从 B2B 业务延展到中小企业和消费者采购，同时具备支持跨境交易的服务能力。闲鱼将是承载年轻消费者爱好和乐趣的生活方式平台。

钉钉和夸克因为 AI 时代的到来，获得前所未有的想象力。吴泳铭表示："每个人和每个企业都将具备个性化的智能助理，而钉钉有望成为最好的 AI 智能助理平台。"他还表示："大模型时代，面向年轻人，夸克有巨大机会创造出革新性搜索产品。"

上述战略级创新业务，组织上将作为独立子公司运营，业务上将打破以往在集团内的定位限制，阿里巴巴将以 3～5 年为周期持续投入。

"成功的科技公司必须具备穿越科技周期的能力。"吴泳铭说，"任何产品都不存在长期的护城河。"面向 AI 时代，阿里巴巴将坚决投身于科技革命和产品创新，创造孵化创新业务和科技产品，满足持续扩大的市场对产品和服务的新期待和新需求。

"我们具备足够领先的资源、强劲的现金流、灵活的治理机制和优秀人才的储备，相信可以激发现有业务迸发出新动能，也能创造出更多全新的发展机会。"吴泳铭说。

资料来源：封面新闻.

案例使用说明

一、教学目的

本案例主要介绍阿里巴巴的基本情况及未来发展战略调整方向，希望达到以下教学目的：
(1) 掌握零售战略的内涵和特征；
(2) 了解零售企业的扩张策略及类型；
(3) 了解零售企业的战略分析方法。

二、涉及知识点

本案例主要涉及零售战略、创新战略等知识点。

三、课程思政

本案例介绍了阿里巴巴的发展战略，引出零售战略相关的知识点，并延伸至创新战略等知识，引导学生认识到新零售发展的机遇和挑战，帮助学生了解零售战略分析工具，使学生意识到制定战略和长远目标对于个人、企业的重要意义，努力提升学生的创新、发展、担当意识与解决实际问题的综合素养。

思考题

1. 结合材料，试分析阿里巴巴采用了什么策略？
2. 对于阿里巴巴的不同零售平台（如淘宝、天猫等），其零售战略在目标客户定位和服务策略上有何差异和共同点？

理论解读

一、零售战略

"战略"一词，其词根可追溯至古希腊语"Strategos"，意指军事领域的指挥官，后逐渐演化成一种军事战略概念，聚焦于对战争全局的深刻洞察与精妙布局。时至今日，"战略"的含义已远不局限于军事范畴，而是渗透至政治、经济等多个领域，其内涵也随之丰富多元。

在商业领域，尤其是针对零售企业而言，战略成为指引企业长远发展的核心框架。明茨伯格等学者于 1998 年提出的 5P 模型，为企业战略提供了全面而深刻的解析视角：作为计划（Plan），它规划了企业未来的发展方向与目标；作为模式（Pattern），它体现了企业在历史发展轨迹中的一贯作风与特色；作为计谋（Ploy），它指导企业在市场竞争中灵活应变、出奇制胜；作为定位（Position），它明确了企业在产业格局中的独特位置与价值主张；作为观念（Perspective），它则深植于企业文化之中，影响着企业对自身及环境的认知方式。

对于零售企业而言，零售战略（或称零售发展战略）是企业在综合分析外部环境变化与内部资源能力的基础上所制定的一项系统性、前瞻性的行动纲领。它不仅设定了企业长远的发展蓝图，还要求在动态变化的市场环境中，不断调整和优化资源配置，以持续获取竞争优势，最终实现包括顾客、员工、股东及社会各界在内的所有利益相关者的期望与满意。这一过程，既是企业自我超越的旅程，也是对社会经济发展贡献力量的体现。

零售战略的精心制定与有效实施，是零售企业精准把握未来航向、确保发展路径准确无误的基石。这一过程涵盖了从确立战略愿景与业务使命，到构建目标体系，再到规划并执行实现这些目标的战略举措，同时伴以持续的业绩评估与动态调整机制，以确保企业在复杂多变的市场环境中保持竞争优势。无疑，零售战略的成败直接决定零售企业经营管理的兴衰。

零售战略规划的显著特征，首先，体现在其全局性上，它追求的是企业整体效益的最大化，而非局部或短期的利益得失。其次，长远性是其另一大特点，它要求战略规划必须站在未来的视角，对企业长期生存与发展的路径进行深思熟虑，这包括对环境趋势的深刻洞察、长远目标的明确设定以及实现路径的精心布局。再次，指导性则体现在战略规划为企业在未来一段时间内指出了发展目标及实现这一目标的基本途径。最后，竞争性作为零售战略规划的内在要求，强调了战略制定的根本动力在于帮助企业在激烈的市场竞争中立于不败之地。

二、创新战略

创新战略也称为"结构性战略"或"分析性战略"，是企业在风云变幻的市场环境中，主动出击，于经营策略、工艺技术、产品开发、组织结构等多个维度持续探索与革新的战略选择，旨在激烈竞争中维持自己独特优势的战略。其核心在于推动产品不断革新，鼓励企业勇于承担风险，多推出新品，并将加速产品从创意到市场的转化过程视为核心竞争力之一。创新战略的形式有如下几点。

（1）产品创新。作为创新战略的基石，产品创新紧密围绕社会进步与技术发展的脉搏，依托基础研究与应用研究的丰硕成果，致力于创造出具有颠覆性原理、独特构思、创新设计、新颖材料、先进元件、卓越性能、全新用途及满足新兴市场需求的产品。

（2）生产技术创新。以产品创新为先导，积极拥抱新技术、新工艺、新设备与新材料的引入与应用。这一过程不仅是对生产流程的革新与优化，更是对产品创新的有力支撑与推动。两者相辅相成，形成了一个良性循环，共同推动着企业的技术进步与产业升级。

（3）组织与管理创新。它是企业内部的深度变革，聚焦组织结构的优化与管理模式的创新。通过打破传统壁垒，构建更加灵活高效的组织体系，以及引入先进的管理理念与方法，企业能够进一步提升运营效率与市场响应速度，为创新战略的实施提供坚实的组织保障。

（4）研究开发创新。作为创新战略的智力源泉，研究开发创新涵盖了从基础研究到应用研究，再到开发研究的全方位支持体系。通过深入的经济分析、经营管理研究、市场洞察以及针对产品与生产工艺的专项研究，企业能够确保创新活动的方向正确、路径清晰、资源充足，为持续的技术突破与产品创新奠定坚实的基础。

简要分析

问题一：结合材料，试分析阿里巴巴采用了什么策略？

分析：

结合材料，深入分析阿里巴巴的发展，其策略主要体现在如下几点。

（1）多业务布局战略。阿里巴巴拥有众多子公司，涉及 B2B、B2C、C2C 等多个领域，如阿里巴巴 B2B 公司服务中小企业，淘宝天猫面向消费者。通过多业务布局，能够满足不同用户群体的需求，扩大市场份额。例如，1688 从 B2B 业务延展到中小企业和消费者采购，闲鱼成为生活方式平台，钉钉和夸克也在各自领域发挥独特作用。

（2）消费分级与价格力策略。淘宝天猫坚持消费分级与价格力策略，执行一个 App 内多层次市场策略和价格力策略。不仅要容纳从品牌到白牌的多个商品分层以及多重价值主张，还要通过 AI 技术和运营模式的迭代，打造包容多元化市场的消费 App，并将价格力作为贯穿各层次商品的核心策略。最终满足最大消费群体的多层次需求，在竞争格局下保持增长。

（3）用户为先战略。以"用户为先"作为淘宝天猫的业务优先级。坚持做"万能的淘宝"，为用户提供海量丰富的商品和服务供给。同时，将购买频次优先于商品交易总额作为最关键目标，以反映用户对消费平台的认可度。最重要的是，不将自己定位成零售公司，而是坚持互联网消费平台的定位，满足用户多样化需求。

（4）AI 驱动战略。云智能集团实施 AI 驱动、公共云优先战略，加大对 AI 相关软硬件领域的技术投资。通过"云+AI"支持各行各业智能化转型，为全行业提供稳定高效的 AI 基础设施，创建开放繁荣的 AI 生态。对阿里云所有产品和业务模式做取舍，减少项目制销售订单，加大公共云核心产品投入，坚持公共云优先以收获规模效应和技术红利。

（5）战略级创新业务孵化战略。公布第一批战略级创新业务，包括 1688、闲鱼、钉钉、夸克。这些业务具备足够巨大的市场空间、独特的市场定位，符合用户需求趋势和集团"AI 驱动"战略。组织上作为独立子公司运营，业务上打破以往定位限制，以 3~5 年为周期持续投入，创造孵化创新业务和科技产品，满足市场新期待和新需求。

(6) 灵活治理与激励战略。建立高度灵活、快速决策的治理机制与激励体系，未来各业务线均以独立业务单元为单位，更加独立自主地面向市场。同时，还要梳理既有业务的战略优先级，定义核心业务与非核心业务。对于核心业务保持长期专注力和高强度投入，确保产品紧跟用户需求，迭代进化；对于非核心业务，通过多种资本化方式尽快实现资产价值。

问题二：对于阿里巴巴旗下的不同零售平台（如淘宝、天猫等），其零售战略在目标客户定位和服务策略上有何差异和共同点？

分析：

以阿里巴巴的淘宝与天猫为例，在零售战略中，针对目标客户定位与服务策略，两者既展现出鲜明的差异化特色，又共享着诸多共通之处。

在目标客户定位上，淘宝以其广泛的包容性著称，拥抱了个人创业者、中小商家以及价格敏感度较高的消费群体，致力于打造一个商品种类繁多、个性化十足的购物平台。相比之下，天猫则更聚焦品牌商与大型商家的入驻，以及那些对品质与品牌影响力有着高要求的消费者，精准定位中高端市场，满足其对品质生活的追求。

在服务策略方面，淘宝以其多样化的商品选择、较低的商家入驻门槛以及灵活多变的服务模式著称，为消费者提供了丰富的购物选择和便捷的交易体验。天猫则侧重于品牌形象的塑造与品质保障，通过严格的商家资质审核与品牌筛选机制，确保平台上的商品质量，同时提供更为完善的售后服务及品牌专属活动，增强消费者的购物信任感与品牌忠诚度。

尽管两者在目标客户与服务策略上各有侧重，但淘宝与天猫均致力于满足广大消费者的多元化购物需求，通过不断拓展用户群体，覆盖从基础到高端的各个消费层次。它们共享阿里巴巴强大的技术支持，包括安全可靠的支付系统、高效便捷的物流网络以及基于大数据的用户分析能力。这些技术支持不仅保障了交易的安全与顺畅，还使得淘宝与天猫能够实现精准营销与个性化推荐，进一步优化用户体验。

此外，在重大购物节，如"双十一"期间，淘宝与天猫更是携手并进，共同打造盛大的促销盛宴。天猫以其品牌独家优惠与新品首发的独特优势吸引消费者眼球，而淘宝则凭借众多中小商家的特色活动，为消费者带来更多元化的购物选择。两者相辅相成，共同推动了中国电商行业的繁荣发展。

4.2 外资零售业中国开店的"加速跑"

材料

材料（一）

外资零售企业持续扩张，加快布局中国市场

2019年8月底，美国零售巨头Costco在上海开业，首日就人流量爆棚，备受关注。其实Costco火爆背后，也折射出许多外资零售企业在中国市场上感受到的信心。不少进入中国多年的零售企业，现在也加快了扩张的步伐。

上午10点，河南郑州一家新开业的家居商场一开门，顾客就已经排起了长队。店长刘志远告诉记者：开业十多天，每天都是这样的景象。平均每天的访客人数都超过了3万人，大大超过了我们的预期。我们对整个市场的调研,都非常有力地印证了我们对市场的信心。

早在1998年,来自瑞典的家居零售商宜家就进入了中国市场,目前全国共有28家门店。2019年以来,宜家在中国市场明显加快扩张步伐,新店选址主要瞄准郑州、长沙、贵阳这样的二线城市。同时,宜家还宣布2020年将在中国投资100亿元。宜家中国企业传播及公共事务副总裁霍若琳表示:我们在(中国)加速扩张。中国居民可支配收入在增长,家装市场也在稳步增长,我们对中国市场有信心。

在大型零售商场加快进军中国的同时,外资便利店也在各个城市的大街小巷加快了开店的节奏。全家便利店华北区域主管吴海斌指出:得益于中国的一些外资引进政策,我们在全国范围内保持在两位数的持续增长。到2019年年底的话应该是2800家店。平均不到18个小时,就会开出一家店。此外,吴海斌还告诉记者,未来北方的大城市和部分二三线城市,将成为他们拓展的主要方向。以北京为例,每年都持续以翻倍的速度在开店。在以一线城市为依托的基础上,慢慢地渗透至二三线城市,使其在全国各地区都呈成长趋势。

在原有外资零售业大幅扩张的同时,中国消费市场也迎来了许多外资新玩家,除了2019年开业火爆的Costco,德国大型连锁超市奥乐齐(ALDI)也在上海首开新店;而在餐饮零售方面,昔客堡(SHAKE SHACK)、天好咖啡(Tim Hortons)等国外流行的餐饮连锁品牌也都陆续登陆上海,开始试水中国市场。

专家:外资零售发展平稳,未来应注重线上业务

广阔的中国市场一直吸引着外资品牌不断进入。但国内市场增长的同时,也在发生着新的变化。外资零售企业在拓展时又会面临哪些机遇和挑战呢?让我们来听听专家的声音。

最新数据显示(数据来源:国家统计局),2019年1—8月份,我国社会消费品零售总额为262 180亿元,同比增长8.2%。按消费类型分,餐饮收入为28 795亿元,同比增长9.4%;商品零售收入为233 385亿元,同比增长8.1%。专家认为,基数庞大且持续增长的中国消费市场,对于各类外资零售企业依然有着不小的吸引力。

商务部研究院国际市场研究所副所长白明表示:中国14亿人口还处于消费升级的过程中,因为可支配收入提升了。在这种情况下,消费者对进口需求的边际倾向会进一步强化。作为外资的零售企业,没有理由忽视这么大的市场需求空间。

虽然新的外资零售企业在大举进入中国,但一些曾经风光无限的外资零售企业也面临挑战。2019年6月,苏宁易购通过子公司拟出资48亿元等值欧元收购家乐福中国80%股份。此外,乐购、乐天玛特等外资零售巨头的中国门店近年来也都先后被收购更名。

中国商业联合会会长姜明指出:过去的大卖场、百货店,现在在全球都比较困难。消费者随着收入的增长,不断追求高品质的商品与生活。因此,外资零售企业有出有进,是很正常的表现。

在采访中记者也发现,外资零售企业如今都更注重数字化转型,努力打通线上线下的销售渠道。数据显示(数据来源:国家统计局),2019年1—8月份,全国网上零售额为64 393亿元,同比增长16.8%,远高于消费行业8.2%的平均增速。

白明表示:线上线下结合的销售模式给这些外资零售企业在中国市场上的发展带来了新的成长空间。

资料来源:央视财经.

材料（二）

2019年8月27日早上8点15分，导航软件中的联友路已经变成红色，15分钟后，Costco中国大陆首家店开业了。蜂拥而入的消费者中，既有从闵行区、徐汇区、浦东区等赶来的上海人，也有生活在上海的外籍人士。热门商品在开店一小时不到就开始补货，消费者的热情让Costco闵行店店长惊喜："完全超过了我们的预期！"

来自上海市统计局的数据显示，2019年1—7月上海实现社会消费品零售总额7705亿元，同比增长7.8%。其中，122家限额以上外资企业的零售额同比增长9%，增速高出上海社会消费品零售总额1.2个百分点。

为什么上海的外资零售企业能跑赢社会消费品零售"大盘"？外资企业纷纷表示，关键在于企业和城市的相互选择，他们在上海看到实实在在的收益，同时，上海的开放也让企业敢于突破创新。

Costco开业首日，人流量爆棚

2019年8月27日上午8点30分，在简短的开业仪式后，大批提前到来的市民排队进入Costco。一进入超市，迎面就是奢侈品柜台，香奈儿、普拉达、MCM等品牌的箱包都能找到，李维斯牛仔裤、阿迪达斯运动鞋、北极狐背包，甚至还有6万多元的比萨烧烤炉。但人群最密集的地方一定是生鲜食品区，Costco的明星产品烤鸡、迷你可颂、纸杯蛋糕等已经开始补货，推着购物车甚至寸步难行。开业一小时后，22个收银台已经全部排满顾客，等待时间至少30分钟。

记者在现场看到，烤鸡、牛奶、鸡蛋、面包、牛排，以及洗衣液、卫生纸是不少市民购物车里的标配。不过也有消费者一出手就是数万元的大单，Costco和尊尼获加联合推出的限量版威士忌一瓶2559.9元，一口气买了20瓶，还抢到了限购的茅台，再加上锅具、坚果等产品，账单估计要有6万元。

结账后再到西式餐饮部买一块比萨或一只热狗，坐下来整理一下自己的"战利品"，当然，还要发个朋友圈。今天的Costco，绝对人流量爆棚。

外资零售企业二次创业，不仅仅是Costco

随着中国的消费升级，外资零售企业普遍在华"二次创业"，在国外已成熟的会员折扣店业态都在加大在华扩张力度。2019年6月7日，世界500强、德国零售巨头奥乐奇的中国首店正式落户上海；6月28日，世界500强排名第一、沃尔玛旗下的会员制商超巨头——山姆会员店在青浦赵巷开出新店。

1升装的澳洲空运鲜奶26元、200克的澳洲草饲西冷牛排39元，还有澳洲直达的红酒每瓶26元，德国啤酒更是每瓶只要5~10元。奥乐奇的进口商品价格为什么能做到如此实惠？这是因为它在全球有超过1万家门店，拥有大规模集中采购的优势。再加上自有品牌比例高，1300种商品中，自有品牌比例超过70%，流通链条大幅缩短，最终实现了让利于消费者。

此外，中国创新也在影响这家老牌德国超市，中国奥乐奇的数字化程度远超海外的奥乐奇。目前店内支持微信小程序下单，5千米内送货上门，这是海外没有的服务场景，大大增加了品牌自身的活力。

上海奕欧来奥特莱斯也尝到了消费升级的甜头，唯泰集团中国区首席商务官西蒙·威廉姆森说，2019年国庆黄金周前后，上海奕欧来将在现有160个国际知名品牌的基础上，增加近15个奢侈品牌或潮流品牌，并且未来还会持续增加。

创新业态在上海试点

20世纪90年代,外资的超市、卖场、百货首入中国,复制国外的1.0版运营模式即可,而在20年后,为中国创新已经成为常态,创新成果甚至反哺全球。

在上海中心全家旗舰店里,8台自助收银机一字排开,前来使用的消费者络绎不绝,形成自助收银区,取代了过去高峰时间的结账长队。购物体验更便捷了,来客数也因此增加近20%。截至2019年8月,全家已经在上海近100家门店提供该服务,北京、广州、深圳、杭州、苏州、无锡、成都、东莞等地也已同步导入。全家中国便利店控股有限公司执行长特别助理童伟国表示,中国是全球移动支付技术最先进、市场最成熟的国家,全家中国公司也领先于日本总部,率先在中国市场试点推行自助收银机。

在南京东路地铁站7号口通道,首家"罗森&Hello Kitty便利店"悄然亮相。这是罗森继"上港足球""哔哩哔哩""名侦探柯南""泰迪熊"等一众颇受年轻消费者喜爱的主题便利店之后,又一次开展的IP合作店铺,也是业内首家与Hello Kitty合作的便利店。罗森(中国)投资有限公司董事、副总裁张晟告诉记者:"便利店的主打客群为12~19岁的年轻人,罗森通过与潮流IP合作,希望从这批消费人群中发掘出忠实粉丝。"

资料来源:新民晚报.

案例使用说明

一、教学目的

本案例主要介绍外资零售业"加码中国",开店"加速跑",信心十足地备战中国市场及其未来发展态势,希望达到以下教学目的:

(1)了解零售战略目标体系的重要价值;
(2)了解零售企业国际化扩张的基本内涵;
(3)运用零售战略理论分析外资零售企业加码中国市场的背后原因。

二、涉及知识点

本案例主要涉及零售战略目标体系、零售企业国际化扩张等知识点。

三、课程思政

本案例介绍了外资零售企业抢滩中国市场的基本情况,引导学生了解我国市场快速发展,国外零售巨头纷纷关注和进入中国市场的原因,关注现实问题;培养学生紧跟时代步伐、敢于尝试、善于抓住机遇的精神;帮助学生了解加强国内市场分析与研究的重要性;培育学生经世济民、勇于创新的职业素养。

思考题

1. 结合材料,分析外资企业纷纷进入中国市场的原因。
2. 面对外资零售企业的进入,我国零售企业又该如何应对?

理论解读

一、零售战略目标体系

零售业的生存与发展，无一不深深植根于对市场需求的敏锐洞察与精准满足之中，但每个零售企业的经营方式都各不相同，零售战略反映了不同零售企业的经营哲学与风格。零售战略目标体系首先以总目标为引领，然后细分形成包括各项具体子目标在内的目标体系。

一方面，零售企业战略的总目标是企业使命与功能定位的结晶，它不仅是企业发展的方向标，更是企业存在价值的深刻诠释，它指引着企业向着既定愿景不断前进；另一方面，零售企业战略的目标体系是保证企业战略总目标实现而具体化的职能性战略目标体系，由经济职能目标、社会职能（贡献）目标和员工管理目标三部分构成。具体来说：经济职能目标主要包括经营目标、市场目标和利润目标，经营目标是企业生产经营活动目的性的反映与体现，市场目标主要关注企业在整个零售市场上的地位，而利润目标则是指零售企业希望直接从其经营中获得的货币性回报；社会职能（贡献）目标则超越了经济范畴，关注企业对社会问题的贡献，展现了企业的社会责任感与使命感；员工管理目标反映出现代企业管理以人为本的管理理念，将员工视为企业发展的根本动力，致力于满足员工经济需求与个人发展需求。

二、零售企业国际化扩张

随着企业规模的日益壮大及国内市场的趋于饱和，关注国际市场成为企业的必然选择。国际化战略作为企业在全球舞台上布局与拓展的蓝图，深刻影响着企业跨越国界的每一步。零售企业运用这种战略来开发国际市场，以推进企业的国际化扩张，其中，本国中心战略、多国中心战略与全球中心战略构成了三大核心路径。

本国中心战略是基于母公司的利益和价值判断制定的一种经营战略，旨在将母公司的经营模式复制到全球各地的分公司，并以高度一体化的形象和实力在国际竞争中占据主动，获得竞争优势。其特色在于决策权高度集中于母公司，管理模式统一且高效，有效降低了管理成本。然而，这一模式也可能因忽视东道国市场的独特需求而面临适应性挑战。

多国中心战略是在统一的经营原则和目标的指导下，按照各东道国当地的实际情况组织生产和经营的一种扩张方式。如果跨国公司规模相对较小，或者将经营局限于特定的文化或地区，那么它也可能具有多中心和地区中心倾向。实施这种战略的零售企业会根据海外市场的具体情况，建立与母公司不同的经营模式。与选取本国中心战略的零售企业相反，选取多国中心战略的零售企业将它们的分支机构看作地理上分散的经营业务，虽然基本经营理念保持不变，但这些分支机构均可为适应各地市场的具体条件或满足市场的某些特殊要求，而对经营模式进行必要的调整。超级市场的国际化是多国中心战略的典型代表，虽然"一站式购物"的零售方式成为超级市场国际化的基本经营理念，但是产品种类和品牌却是基于每个国家顾客期望的不同而有所差异的。可见，在实施这种战略的零售企业中，海外的子公司明显拥有较大的经营决策权，而母公司则主要承担总体战略的制定和经营目标的分解。这种战略的优点是对东道国当地市场需求的适应性较好，对市场变化的反应速度较快，缺点是增加了子公司和子公司之间的对话难度。

全球中心战略是将全球视为一个统一的大市场，致力于在全球范围内优化配置资源，实现产品的全球化生产与销售。通过构建全球决策系统与商务网络，零售企业能够灵活应对不同市场的需求差异，同时兼顾跨国公司的整体利益。这一战略不仅符合当今经济全球化的趋势，也是零售企业国际化战略的重要发展方向。然而，其成功实施对企业的管理能力、资金投入等方面提出了更高要求。

简要分析

问题一：结合材料，分析外资企业纷纷进入中国市场的原因。

分析：

结合材料，外资企业纷纷进入中国市场的原因可以从以下几个角度出发进行考虑。

一是中国拥有庞大且持续增长的市场需求。在中国，拥有超过14亿人口的庞大消费市场，且随着可支配收入的提升，消费升级趋势明显，消费者对于高品质商品和服务的需求不断增长。这为外资零售企业提供了巨大的市场潜力。

二是有利的政策支持。中国政府实施了一系列引进外资的有利政策，为外资企业在华经营提供了便利条件。包括税收优惠、市场准入放宽等，吸引了外资企业的关注和投资。

三是外资企业对于中国市场的信心和预期。多年来，外资企业在中国的经营实践证明了其市场策略的可行性和成功性。例如，宜家、全家等外资企业在中国的扩张步伐加快，显示出对中国市场的信心和积极预期。

四是中国市场的数字化转型和积极拓展线上业务为外资企业提供了新的商机。外资企业注重数字化转型和线上业务的拓展，通过线上线下相结合的方式，提升了在中国市场的竞争力和市场份额。这种趋势不仅符合中国消费者的购物习惯，也为外资企业带来了更多的销售渠道和增长动力。

五是外资企业不断创新业态和商业模式。在中国，外资企业不仅复制其原有的成功模式，还积极创新业态和商业模式。例如，开市客等外资零售企业在中国的成功开业和快速扩张，就展示了其在中国市场的创新能力和适应能力。这种创新不仅满足了中国消费者的多样化需求，也为外资企业在中国市场的长期发展奠定了坚实的基础。

综上所述，外资企业纷纷进入中国市场的原因是多方面的，包括但不限于市场潜力、政策支持、市场信心与预期、消费升级带来的机遇、数字化转型与线上业务的拓展，以及创新业态的试点和推广等。该问题还可以从其他角度进行回答，言之有理即可。

问题二：面对外资零售企业的进入，我国零售企业又该如何应对？

分析：

此题为开放题，结合材料与实际，言之有理即可。以下分析仅供参考。

面对外资零售企业的进入，我国零售企业需要采取一系列应对策略和创新措施，以提升自身竞争力，适应市场变化，包括但不限于下述措施。

首先，从企业整体战略规划角度出发，应更加明确企业自身市场定位且制定长期发展战略。一方面，可以根据企业自身优势和市场需求，明确目标消费群体和市场定位，避免与外资零售企业在同一领域进行直接竞争；另一方面，从长期发展的角度出发，制定符合市场趋势和企业实际情况的发展战略，确保企业在未来竞争中保持优势。

其次，从企业的管理角度出发，应提升其经营管理水平。可通过加强与供应商的合作，优化供应链管理，降低采购成本，提高库存周转率，确保商品质量和供应稳定性；也可通过引入先进的 ERP、CRM 等管理系统，提高企业管理效率，实现精细化管理；同时，不忘注重顾客体验，提升服务质量，包括购物环境、售后服务等方面，提高顾客的满意度和忠诚度。

再次，从企业的营销策略角度出发，应加强品牌建设和营销推广。具体措施包括：一是注重品牌建设和维护，提升品牌知名度和美誉度，增强消费者对品牌的认同感和信任感；二是运用新媒体、大数据等手段，创新营销方式，精准定位目标消费群体，提高营销效果；三是在保持主营业务优势的同时，开展多元化经营，拓展新的业务领域和增长点。

最后，我国零售企业还可以从推动业态创新和技术应用以及加强企业人才培养和团队建设等角度出发，不断提升自我发展，更好地面对外资零售企业的进入。

4.3 高桥大市场"华灯初上"

材料

高桥大市场在 1996 年开放时，只是长沙的城乡结合点。2004 年，在"长沙扩大市场外移"的趋势下，长沙市政府将高桥大市场定为不动市场，并投入 30 亿元提高其质量。以此为契机，高桥大市场开辟了转型升级之路。

如今的高桥大市场已经发生了变化，完成了酒店用品城、药品流通园、农副产品城、茶和茶具城的改造，并建设了智能停车管理系统、消防安全系统、无线网络等现代化智能设施系统，完成了向第五代专业市场的转型，形成了现代新市场。目前，高桥大市场的经营范围已覆盖陶瓷、中药、医疗器械、纺织品、鞋帽、玩具、茶具、酒店用品、饮料、食品等 170 多万种商品。

近年来，高桥大市场积极拥抱互联网，成立相关营业部，大力建设电子商务平台。现在，它已经建立了高桥购物中心和高桥智汇购物中心两个电子商务平台。其中，定位为移动 O2O 平台的"高桥智能商城"已经实现了市场所有区域的智能化。

为了培养市场客商，高桥大市场为客商提供外贸业务、电子商务经营等方面的免费培训，帮助他们提高业务水平。目前，高桥大市场的经营者正在积极改变传统的交易方式，转为线上线下相结合的方式。

2018 年，商务部、国家发改委、国家市场监管总局等七部门发文，决定在湖南高桥大市场开展"市场采购贸易方式"试点。市场采购贸易方式是指在经认定的市场集聚区内采购商品，单票报关单商品货值 15 万美元(含)以下，由符合条件的经营者在主管地海关报关出口的贸易方式。据介绍，市场采购贸易方式具有多重政策红利：一是参与主体的准入门槛更低，凡是在高桥大市场范围内注册的商户，经过备案后，都可以开展市场采购贸易出口，高桥大市场个体户也能够参与到国际贸易当中，并且允许设立外商合伙企业，与国内个体户享受同等政策从事市场采购贸易；二是通过市场采购贸易方式出口的货物实行增值税免征不退政策，既降低了商户税收成本，又提高了商户的资金利用效率，综合成本至少降低10%以上；三是通过市场采购贸易方式出口的货物允许按大类方式简化归类申报，实施便利化通关措施，提升了市场采购商品出口的效率；四是突破了原有"谁出口、谁收汇"的外汇管理政策，不具备进出口经营权的个体工商户也可以直接收汇。可见，经过市场采购贸易方式的试点，高桥大市场对外贸易效率将大大提高。从 2018 年开始，产品可以从长沙港出口，更加方便快捷。在此之前，每个类别(如碗、盘)都需要填写海关申报表，2018年后就声明可以大类代替具体类别，并且可以填写一般的海关声明表格。

如今的高桥大市场正变得越来越国际化。特别是2014年以来，高桥大市场积极响应"一带一路"倡议，积极实施"创新引领、开放崛起"的战略，坚持走国际化道路，与40多个国家和地区的政府、企业和协会建立了长期合作关系。

截至2024年6月，高桥大市场拥有商户数量9100多家，已形成8个专业市场，汇集170多万种商品。2022年交易额为1660亿元，其中外贸交易额为142.8亿元；2023年交易额在此基础上增加了10多亿元，达1670多亿元，成为中西部地区规模最大的千亿元级商贸产业集群，也是全国第二大综合性市场，仅次于浙江义乌小商品批发市场，辐射湖南、湖北、江西、广西、贵州等十多个省市。

高桥大市场以"国际高桥与世界商业港口"为愿景，以市场采购贸易方式试点为契机，构建一个湖南产品走向全球的高效、低成本的国际贸易渠道，打造国内一流和国际领先的现代商业产业集群。

资料来源：长沙晚报网、东方网、南方周末等.

案例使用说明

一、教学目的

本案例简要介绍高桥大市场的成长、市场采购贸易方式的政策红利及其未来发展态势，希望达到以下教学目的：

(1) 熟悉零售企业一般竞争策略及其特点；
(2) 了解战略转型的内涵；
(3) 了解市场采购贸易方式的内涵与作用以及零售企业竞争优势的来源；
(4) 运用相关零售战略理论分析零售企业的竞争战略与战略转型。

二、涉及知识点

本案例主要涉及市场细分、战略转型、零售竞争优势等知识点。

三、课程思政

本案例介绍了高桥大市场的成长并解读了相关市场的贸易政策，引导学生了解行业领域的法律法规和相关政策，深入社会实践，关注现实问题；培养学生紧跟时代步伐、勇于创新、善于抓住机遇的精神；帮助学生了解合作共赢在团队合作和人际交往中的重要性；培育学生经世济民、诚信服务、德法兼修的职业素养。

思考题

1. 结合材料，请分析，随着市场竞争加剧，高桥大市场通过哪些战略突出自身优势，在市场脱颖而出。

2. 在"市场采购贸易方式"的影响下，高桥大市场的零售战略有何调整和创新？\

理论解读

一、市场细分

市场细分是指企业根据不同的消费者需求，把整个市场划分成不同的消费群体的过程。这一概念的提出，不仅为企业提供了更为精准的市场洞察，也为企业的战略制定与产品创新指明了方向，极大地推动了企业的成长与发展。市场细分的基石在于消费者需求的异质性，即不同消费者之间在需求偏好、购买行为等方面的显著差异。细分市场的过程，实质上就是在这种异质性中寻找并聚合具有相同或相似需求的消费群体，实现"异质中求同质"的目标，其最终目的是更好地满足特定消费群体的需求，通过聚集效应，提升市场响应速度与营销效率。其具体细分方式有如下几种。

（1）地理细分：依据消费者所处的地理位置特征进行细分，如地形、气候、交通条件、城乡分布、行政区域等，以揭示地域性消费差异。

（2）人口细分：基于人口统计学特征对市场进行细分，涉及年龄、性别、家庭结构、收入水平、教育程度、社会阶层、宗教信仰及种族等因素，深入理解不同人群的消费习惯与偏好。

（3）心理细分：从消费者个性、价值观、生活方式等层面出发，识别并区分具有不同心理特征的消费群体，以满足其深层次的心理需求。

（4）行为细分：通过分析消费者的购买行为、使用习惯、品牌忠诚度等实际表现，对市场进行动态细分，帮助企业精准把握市场动态与消费者需求变化趋势。

（5）社会文化细分：聚焦于民族文化、宗教信仰等社会文化特征，对市场进行深层次细分，尊重并融入当地社会文化环境，促进品牌与消费者的文化共鸣。

（6）消费者行为细分：结合消费者的职业背景、文化素养、家庭状况及个人性格等因素，对消费群体进行细致划分，以提供更加个性化、贴近消费者实际需求的产品与服务。

二、战略转型

战略转型是指企业从原有的 A 战略架构（涵盖业务范畴、运营逻辑、商业模式及核心能力等多个维度）向更为先进、适应未来挑战的 B 战略体系的跨越。包括：企业战略转型，是指企业由传统经营方式转变为符合未来发展要求的现代公司制模式；种子企业战略转型，则是指由计划体制或"双轨制"条件下形成的传统种子企业，向符合现代种子产业发展趋势和现代公司制度要求的现代公司制企业转变。

企业之所以需要实施战略转型，根源在于其持续发展的内在动力与外部环境变化的不断交织。随着市场环境、技术进步、消费者需求乃至整个行业生态的深刻变革，企业原有的战略框架可能会逐渐失去其有效性，甚至成为发展的桎梏。或是当企业进入一个新的成长阶段，需要对生产经营与管理模式进行战略调整时，又或是二者兼有时，企业必须对内外条件的变化采取一种主动求变、战略平衡的方式，选择新的生存和成长模式，即推动企业发展模式的战略转型。

三、零售竞争优势

竞争优势是指零售企业拥有不同于竞争对手的独特能力，这一能力使其在某一零售市场上处于领先地位，通过超越竞争对手的某些方面而赢得消费者。零售竞争的核心，实质上是零售企业综合能力的大比拼，谁能更精妙地运用与整合各类经营资源，精准对接消费者需求，谁就能在市场中脱颖而出。

建立竞争优势的过程，就像是在目标市场周围筑起一道坚不可摧的城墙，这既是保护自身免受侵扰的盾牌，也是阻挡竞争对手进入的屏障。一般情况下，我们把消费者可以感知到的因素称为显性壁垒，而把那些在背后起支撑作用却不能被消费者感知的因素称为隐性壁垒。所以，零售企业拥有的独特能力可以分为显性能力和隐性能力两大类，两大能力均是零售企业竞争优势的来源。

显性能力一般包括五个方面的内容，即商品力、价格力、服务力、沟通力和渠道力。

隐性能力主要包括两种：一种是组织力，一种是生态力。前者是零售商内部各机构、部门之间通过有效衔接而达成企业目标的能力；而后者则是指企业的外部连接力和凝聚力，它可以将企业与外部关联组织有效地连接起来，形成一个高效的生态系统，协同竞争，从而产生聚合效应，赢得单个企业所不具有的竞争力。

简要分析

问题一：结合材料，请分析，随着市场竞争加剧，高桥大市场通过哪些战略突出自身优势，在市场中脱颖而出。

分析：

结合材料可以看出，高桥大市场凭借一系列战略，在激烈的市场竞争中脱颖而出，彰显了其独特的竞争优势。首先，通过转型升级战略，高桥大市场紧抓长沙市政府支持的契机，不仅完成了多个专业市场的现代化改造，还引入了智能导购系统、消防安全系统等现代化设施，成功转型为第五代专业市场，极大地提升了市场的整体品质与吸引力。

其次，高桥大市场积极拥抱互联网浪潮，实施互联网融合战略。通过成立营业部并大力建设电子商务平台，如"高桥购物中心"和"高桥智汇购物中心"，实现了线上线下无缝对接，为商户和消费者提供了更便捷、高效的交易体验，进一步拓宽了销售与服务渠道。

在人才培养方面，高桥大市场通过开设高桥演讲厅等培训平台，为商户提供外贸业务、电子商务经营等方面的免费培训，有效提升了商户的专业能力和经营水平，为市场的持续繁荣奠定了坚实的人才基础。

此外，高桥大市场还充分利用政策优势，吸收政策红利。作为"市场采购贸易方式"试点的参与者，高桥大市场享受到了包括增值税免征不退、便利化通关、直接收汇等一系列政策红利，有效降低了商户成本，提高了出口效率，显著增强了对外贸易竞争力。

最后，高桥大市场积极践行国际化拓展战略，紧跟"一带一路"倡议的步伐，与40多个国家和地区建立了长期合作关系，并积极参与国际进口博览会等国际贸易活动。这不仅丰富了高桥大市场的商品种类，提升了国际化程度，还进一步扩大了高桥大市场的影响力和辐射范围，为高桥大市场的长远发展注入了新的活力。

问题二：在"市场采购贸易方式"的影响下，高桥大市场的零售战略有何调整和创新？

分析：

在"市场采购贸易方式"的积极推动下，高桥大市场的零售战略实现了多维度的转型与革新。在销售模式上，市场紧跟时代步伐，深度融合线上线下资源，通过构建高效的电子商务平台，极大地拓宽了销售渠道，不仅提升了交易效率，还显著扩大了市场覆盖范围，让全球消费者都能轻松接触到高桥大市场的丰富商品。

在商户管理方面，高桥大市场注重赋能与引导，积极组织各类培训活动，帮助商户深入理解并充分利用政策红利，有效降低运营成本，提升经营效率。这种"授人以渔"的方式，不仅增强了商户的市场竞争力，也促进了市场的整体繁荣。

针对商品出口环节，高桥大市场积极响应政策导向，对报关和归类申报流程进行了优化调整。通过按大类简化归类申报，不仅提升了出口效率，还降低了操作难度，使得更多商户能够轻松参与到国际贸易中来，共享全球市场的机遇。

在服务优化方面，高桥大市场始终将客户需求放在首位，与海关等相关部门紧密合作，为商户提供便捷、高效的通关服务。这一举措不仅保障了高桥大市场内商品的顺畅流通，也进一步提升了高桥大市场的服务质量和客户满意度。

在市场拓展过程中，高桥大市场充分利用"市场采购贸易方式"带来的成本与效率优势，积极吸引国内外商户入驻。这不仅丰富了高桥大市场的商品种类，还进一步扩大了高桥大市场规模，提升了市场的整体影响力。

此外，在营销宣传方面，高桥大市场也下足了功夫。通过突出展示政策优势和市场特色，高桥大市场吸引了大批采购商的目光。同时，高桥大市场还积极利用各种渠道进行宣传推广，提高了自身的知名度和美誉度，为未来的持续发展奠定了坚实的基础。

育人元素

本章通过介绍零售战略及相关理论与案例，引导学生思考零售创新的路径，激发学生思考零售领域的新思路、新方法，培养其敢于突破、勇于尝试的创新精神，同时注重培养学生的创新思维，鼓励其将所学知识转化为解决实际问题的能力；提高学生的零售素养以及运用零售理论观察、分析、解决贸易问题的能力；引导学生把国家、社会、公民的价值要求融为一体，增强个人的爱国、敬业、诚信、友善修养以及职业责任感，以创新的姿态迎接挑战，以高度的责任感和使命感回馈社会，成为零售行业的佼佼者。

第 5 章　商圈分析与选址决策

5.1　美宜佳的选址之"钥"

材料

美宜佳于 1997 年创立，是东莞市糖酒集团旗下的商业流通企业，也是在国内第一家连锁超市——美佳超市基础上发展起来的连锁便利店企业。2018 年美宜佳进入江浙沪地区，通过拓展形成了广东、华中、华东、华北、西南五大市场区域，已成为国内规模较大的特许连锁便利店企业。同时，它以"好物"产品研发为核心，为消费者提供优质商品与便民服务，构建国民美好便利生活场景。截至 2022 年年末，它已成为中国门店数量最多的便利店品牌。(数据出自 CCFA《2022 年中国便利店 TOP 100》) 截至 2024 年 4 月，美宜佳连锁店数量已超过 35 000 家，月均服务超过 2 亿人次，覆盖全国 20 多个省市区、230 多座城市、4000 多个乡镇。在不少零售企业选择谨慎拓店之际，美宜佳却一路逆势开店，无论从覆盖地域范围、门店数量，还是其数字化变革所带来的业绩增长，美宜佳的迅猛发展都令行业侧目。那么，作为"中国便利店之王"，美宜佳的制胜之钥究竟是什么？

究其原因，除灵活的加盟模式外，美宜佳的选址策略是其制胜关键。早在成立之初，美宜佳就确立了社区选址路线及特许加盟经营方式，2016 年，美宜佳又在此基础上推出了合伙加盟的新模式，进一步分离投资权与经营权。2019 年后，美宜佳增加区域授权模式试点，由此快速将门店复制至全国上下。除更为灵活的加盟模式外，美宜佳的选址路线更多倾向于下沉市场。截至 2022 年年底，"每 10 个乡镇就有一家美宜佳"的门店密度是其他便利店品牌难以匹敌的。同时，美宜佳在门店尝试加入鲜食、咖啡等品类，试水便利店+药店、美宜佳零食店等多种业态，以应对日益多元化的消费趋势。至此，美宜佳从最初的"小生意"升级成为了如今的"大版图"。

一般来说，便利店是如何选址的呢？与大型超市和精品店不同，便利店往往开在社区的一隅或街角，巴掌大小的便利店是最贴近生活的场所，能够让居民买到在超市或精品店忘记买的东西。可见，购物的便利性是便利店最本质的特征。

美宜佳在选址上有自己独特的思路，即因地制宜，错开发展。其选址时多选择住宅区、商业街、城乡接合部、医院等租金相对较低的位置，与 7-Eleven、全家等品牌(多分布在闹市区、写字楼)形成错位竞争，这一策略使美宜佳迅速在市场上找到自己的位置，主要原因有以下几点。

(1) 选择一个人口基数大或快速增长的地方。选址时，最好选择人口增长较快的地方，且要确保 1.5 平方千米以内人口超过 3 万人。只有当一个地方的人口快速增长时，商店的后期运营才能得到保障，有创造更高的发展收入的潜力。

（2）良好的道路和交通条件。交通运输是选址必须考虑的重要因素之一。只有交通便利，消费者到店消费方便，才能吸引更多的消费者前来消费，创造更高的利润。

（3）同行扎堆，优势胜出。在考察便利店特许经营场所时，要树立竞争意识。只有保有竞争力的企业才能保有活力，适当的竞争才能保持加盟店的长期健康经营。

（4）提前调查市场客流情况。同一条街不同方位店铺的客流量可能差别很大，从而导致收入也可能相差很大。在考虑店铺地理位置时，最好提前进行调查，观察人流情况，在人流较大的位置开店。

（5）商圈居民收入适当，并有增加的趋势。商业区内居民收入水平不得低于当地平均水平，特别是要注重城市新建开发区或其他有发展前途的位置，这些区域内的居民收入一定会有明显的增长趋势，从而确保店铺长期稳定运营。

美宜佳"社区便民生活中心"的经营理念强调店家要以邻为善、以邻为伴。俗话说："远亲不如近邻。"如果美宜佳加入社区，就会融入当地，成为该社区中不可或缺的一员，再加上谨慎经营，其发展潜力将是无限的。

资料来源：前瞻产业研究院、搜狐、零售商业财经.

案例使用说明

一、教学目的

本案例通过对"中国便利店之王"美宜佳选址分析的介绍，希望达到以下教学目的：
(1) 了解商圈的概念和意义；
(2) 掌握便利店的选址条件；
(3) 掌握商店选址的基本方法和商店选址报告的内容。

二、涉及知识点

本案例涉及商圈、商圈构成、商圈形态、商圈选址原则、便利店的位置条件等知识点。

三、课程思政

本案例通过对美宜佳便利店选址分析的介绍，引申出商圈的相关知识点，帮助学生理解商圈的概念和形态，要求学生掌握便利店选址的基本位置条件，引导学生深入社会实践，关注现实问题，培养学生的自主思考能力，增强学生勇于探索的创新精神，加深其对社会主义市场经济中公平竞争、优化资源配置等原则的认知，使其能够在未来的学习和工作中更好地适应和推动社会经济的发展。

思考题

1. 结合材料可知，美宜佳超市的选址策略中有一条为"同行扎堆，优势胜出"，根据经济学原理可知商店垄断的收益大于商店竞争的收益，那么为什么美宜佳超市还要如此选址？
2. 根据材料，试分析便利店的基本选址策略。

📖 理论解读

一、商圈

商圈就是指一家店铺，以它所处位置为中心，沿一定的方向和距离进行扩张，那些优先选择到该店来消费的顾客所分布的区域范围，换言之，即店铺顾客群的主要分布范围，是店铺经营活动所辐射的核心地带。

商铺的经营活动通常受限于特定的地域环境，也就是有一个相对固定的商圈。商圈的规模和形态受多种因素影响，包括但不限于经营商品的种类、交通网络的便捷性、店铺的地理位置以及经营规模的大小等。值得注意的是，即便是同一家店铺，其商圈也会随时间推移和外部环境变化而动态调整。例如，原商圈内新出现的竞争对手可能吸引走部分顾客，导致商圈边界的收缩，形态上也因此呈现出多样化的不规则多边形。

为了简化分析过程，我们通常会将店铺的地理位置视为圆心，以某一合理距离为半径，划定一个初步的商圈范围。然而，对于大型店铺而言，这一设定需更为精细，必须充分考虑交通网络的复杂性和顾客的出行习惯。交通网络的分布与变化，如公共交通线路、道路拥堵状况等，都会直接影响顾客到达店铺的便利程度，从而扩大或缩小商圈的实际覆盖范围。

此外，随着现代交通工具的多样化和普及，顾客能够更轻松地跨越更远的距离前往心仪的店铺。因此，在评估大型店铺的商圈时，还应将那些即便距离稍远，但顾客能够利用交通工具便捷到达的区域纳入考虑范畴，以确保商圈界定的全面性和准确性。

二、商圈构成

连锁门店的商圈一般由三部分构成，即核心商圈、次级商圈和边缘商圈。

核心商圈又称主要商圈，是离某个零售企业最近、顾客密度最大、人均销售额最高的区域。一般来说，它涵盖了零售企业55%~70%的顾客来源。对于普通超市而言，这个商圈应当是顾客以步行或骑自行车等方式可以到达的区域。

次级商圈，也称次要商圈，是指位于核心商圈以外的地理区域。在次级商圈中，顾客的分布比较分散，顾客的密度较小，经营日用品的零售商店对位于次级商圈的顾客的吸引力较小，每位顾客的平均购货额较低，并且与其他零售店的商圈会发生重叠。次级商圈的顾客一般占该零售店顾客总数的15%~25%。

边缘商圈，位于次级商圈以外，是顾客分布最稀疏、门店吸引力较弱的区域。在边缘商圈内，有大约10%的顾客来购物，这些地区的消费者觉得到商店购买商品不太方便。一般来说，小型商店的边缘商圈距离店铺约1.5千米，顾客步行到店需要20分钟以上；而大型商场的边缘商圈距离店铺约8千米，利用大多数交通工具，来店的平均时间都超过40分钟。

三、商圈形态

商圈形态是指商圈所具有的地理性形状，深受交通枢纽布局、自然条件、社会条件、行政边界划分以及竞争对手店铺位置等多重因素影响。商圈形态可细分为以下几种。

（1）商业区：指商业行业集中的地区，其特色为商圈大、客流量大，各种商店林立，具有集体吸引优势，其消费习性具有快速、流行、娱乐、冲动购买及消费金额不一等特点。

(2)住宅区：住宅区以其庞大的居住群体(通常不少于1000户)为特点，营造出温馨和谐的社区氛围。其消费群体稳定，消费习性具有便利性、亲切性、家庭用品(含衣食住行)购买率高等特点。

(3)文教区：该区有大、中、小学等学校。文教区的消费群体以学生居多，消费习性具有消费金额普遍不高，休闲用品、食品、文教用品购买率高等特点。

(4)办公区：高楼耸立的办公区内，企事业单位密集，工作人员众多。快节奏的工作生活促使该区域消费注重效率与便捷，同时，其他地方公务人员与商务人员的到访也提升了其平均消费水平。

(5)混合区：随着社区功能的日益丰富，商圈形态也趋向综合化。住商混合、住教混合等模式层出不穷，这些区域不仅融合了单一商圈的消费特点，更展现出多元化的消费趋势，还需满足不同群体的多样化需求。

四、商店选址原则

一般来说，商店选址原则上包括四个方面，即方便消费者购买、方便货品运送、有利于竞争和有利于网点扩充。具体如下所述。

(1)方便消费者购买。商店地址一般应选择在交通便利的地点，尤其是以食品和日用品为经营内容的普通超级市场应设在居民区内，以附近常住居民或邻近公司的员工为目标顾客，满足消费者就近购买的要求，且方便消费者的进出。

(2)方便货品运送。零售商店经营达到规模效应的关键是统一配送。在进行网点设置时要考虑是否有利于货品的合理运送，降低运输成本，既要保证及时组织所缺货物的供给，又要能与相邻连锁店相互调剂、平衡。

(3)有利于竞争。在激烈的市场竞争中，选址策略需凸显企业特色与优势，精准定位市场缺口，形成综合服务功能，以获取最大的经济效益。不同规模的零售企业具有不同的竞争策略。大型百货商场可择址区域商业中心，以丰富的商品种类与高端的品牌组合吸引广泛的顾客群体，扩大市场影响力；而小型便利店则应贴近居民生活圈，灵活布局，避免与大型超市正面交锋，通过便捷性与个性化服务赢得顾客青睐。

(4)有利于网点扩充。成功的商业布局需具备前瞻性思维，为未来网点扩张预留空间。在选址时，应充分考虑商圈饱和度与重叠风险，避免同一区域内过度集中，导致内部竞争消耗资源。合理规划，确保每个新网点都能独立成长，同时与现有网络形成互补，共同推动品牌与市场的持续发展。

五、便利店的位置条件

一般来说，不同类型的商店应选择不同的位置，与便利店相匹配的位置条件具体表现为如下所述。

(1)选址需优先考虑居民住宅区、交通主干线沿线、交通枢纽如车站附近、医疗机构、休闲娱乐场所、政府机构、社会团体及企事业单位周边所在地。这些区域人流密集，消费需求旺盛，为便利店提供了稳定的客源基础。

(2)面积限制在50~200平方米以内。这一区间既有效避免了因面积过大而带来的高额初期投入(如设备采购、店铺装修等)及运营成本(如租金、人力成本等)，又确保了店铺拥有足够的商品陈列空间，能够全面展示商品，并满足顾客的购物需求。

(3)店铺布局需充分考虑顾客体验。便利店应确保位于建筑物的底层，避免设置在夹层或二层以上，以确保顾客出入便捷。同时，楼层间高度应保持在3米以上，营造宽敞明亮的购物环境，提升顾客购物的舒适度与满意度。

简要分析

问题一：结合材料可知，美宜佳超市的选址策略中有一条为"同行扎堆，优势胜出"，根据经济学原理可知商店垄断的收益大于商店竞争的收益，那么为什么美宜佳超市还要如此选址？

分析：

美宜佳超市采取"同行扎堆，优势胜出"选址的原因，可以围绕以下角度展开分析。

(1)选址成本。面对孤立无援的优质地块，其潜在价值虽高，但发掘这一价值的考察成本同样高昂，包括市场调研、数据分析等，对资源构成不小挑战。相比之下，选择同行聚集的区域，能有前车之鉴，有效降低考察成本。

(2)选址风险。在没有同行参照的新址，由于缺乏实际经营数据支撑，难以准确评估未来收益，无形中增加了选址的不确定性风险。而在同行扎堆的地方，可通过观察竞争对手的经营状况，间接评估市场潜力，有效规避盲目投资的风险。

(3)垄断悖论。即便某店家独享一隅，短期内看似坐拥丰厚利润，实则难以形成长久的垄断优势。相反，这样的成功往往成为吸引更多竞争者加入的诱因，最终导致市场饱和，原本的投资优势转化为高昂的选址成本与持续的风险负担。

(4)多店博弈。从博弈论的角度出发，当顾客流动性高且购买决策受距离影响显著时，超市间的集聚效应成为抢占市场份额的关键。多家店铺集中布局，不仅缩短了顾客与商品的距离，还通过竞争提升了服务质量与商品多样性，共同吸引并留住了顾客。

(5)店铺与顾客相互影响。一个充满活力的商圈，以其丰富的商品选择、便捷的购物体验吸引着四面八方的顾客。对于商家而言，置身于这样的环境中，不仅能够借助商圈的集聚效应提升客流量，还能通过多样化的商品和服务满足顾客多样化的需求，从而形成良性循环，促进商圈与超市的共同繁荣。

问题二：根据材料，试分析便利店的基本选址策略。

分析：

便利店作为零售领域的重要一环，其选址策略具体表现为如下几点。

首先，在位置布局上，便利店倾向于将门店设立于人流汇聚之地，如居民住宅区、交通主干线沿线、交通枢纽、医疗机构、休闲娱乐场所，以及政府机构、社会团体与企事业单位的邻近区域。这些地点不仅确保了稳定且多样化的消费需求，还通过高频次的顾客流动为便利店带来了源源不断的商机。与此同时，便利店在选址时还展现出高度的市场敏锐度，巧妙避开与大型连锁便利店在热门商圈的直接交锋，转而将目光投向城乡接合部、新兴商业街等租金成本相对较低的区域，实施错位经营策略，既降低了运营成本，又开辟了新的蓝海市场。

其次，在人口与经济因素的考量上，便利店尤为注重区域的人口增长潜力、人口密度及居民的收入水平与增长趋势。它们倾向于选择那些人口增长迅速、基数庞大，且居民收入水平适中且呈上升态势的区域，以确保店铺长期稳定运营，并灵活应对消费市场的动态变化。

再次，至于店铺本身的条件，便利店则坚持在面积、楼层与布局上精益求精。一般来说，便利店面积控制在 50～200 平方米之间，既控制了租金与装修成本，又确保了商品陈列的丰富性与顾客购物的便捷性。同时，店铺多位于建筑物的底层，楼层高度保持在 3 米以上，以打造宽敞明亮的购物环境，提升顾客的购物体验。

结合材料，以美宜佳为例，该品牌深谙选址之道，通过创新的加盟模式，在社区、学校周边等理想位置精准布局。它不仅关注区域的人口与收入情况，还充分利用位置与成本优势，结合合理的店铺面积与人性化布局，成功在众多便利店品牌中脱颖而出，赢得了消费者的广泛认可与信赖。

5.2 沃尔玛的选址策略

材料

选址无疑是决定零售企业兴衰成败的一个重要环节。在众多经营要素中，如广告策略、价格调整、顾客服务优化及产品与服务种类的更新迭代，均能灵活应对市场风云变幻，唯独选址这一环节，因其固有的高投入与长期性，成为零售战略组合中最为刚性、灵活性最低的要素。它不仅关乎巨额的资金投入，更深深影响着企业后续经营战略的布局与调整，以及对消费趋势变化的适应能力，因而常被视为企业长远发展的基石，承载着沉重的长期责任。

以零售巨头沃尔玛为例，即便是采取租赁策略以追求初期投资成本的最小化，其背后的经济负担也不容小觑。因为在合同期内除了需要支付租金，沃尔玛还需在照明、固定资产、店面装饰等方面投入大量资金，确保每一处细节都符合其品牌标准。

对于沃尔玛这样的连锁零售店而言，单个店铺往往规模庞大、地理位置稳定、投资不菲，且租赁合同期限较长，这直接导致了其地理位置与经营模式难以轻易变更。一旦选择购买土地自建店铺，其灵活性更是大打折扣，未来若需调整，不仅过程复杂冗长，还可能面临短期难以寻得合适买家的困境，资产变现周期长，风险随之增加。思考一下，如果一家商店搬迁，会面临哪些潜在问题呢？首先，顾客忠诚度的维护面临严峻挑战，搬迁距离越远，老顾客流失风险越高；其次，新市场环境的差异要求企业迅速调整经营策略，以适应新的消费群体与竞争格局；最后，原有店铺的固定资产与装修投入难以直接迁移，处理不当将直接导致资产价值的流失。综上，正是基于对以上问题的思考与经验积累，沃尔玛在持续扩张的征途中，逐渐凝练出一套独树一帜的选址哲学，并在新店的选址过程中严格遵循。

1. 交通便利性

交通是否便利主要需要了解两方面的情况：一是该地是否接近主要公路，交通网络能否四通八达，商品从火车站、码头运至商店是否方便，以及白天能否通过大型货车。因为大城市普遍对大型货车实行运输管制，中心区许多街道不允许货车通行，有的只允许夜间通行。二是该地是否有较密集的公交路线，商店附近各条公交路线能否均匀全面地覆盖该地。

2. 可见度

可见度是用来衡量店铺被往来行人或乘车者所能看到的程度。该店的可见度越高，就越容易引起客流的重视，消费者来店里购物的可能性就越大。所以，沃尔玛选址时要选择可见度高的地点，一般都会选在两面临街的十字路口或三岔路口。

3. 适用性

如果要征用土地建房子，沃尔玛就要考虑土地面积形状与商店类型能否相符。若租用现成的建筑物，就要考虑建筑的构造、材料、立面造型及其可塑性。沃尔玛仓储式零售店货架比一般商场的高，相应地要求建筑物的层高也比较高。同时，还要了解城市建设发展规划的有关要求，详细了解该区域的交通、市政、绿化、公共设施、住宅建设或改造项目的长短期规划。

4. 从连锁发展计划出发

沃尔玛设立门店要从发展战略出发，通盘考虑连锁发展计划，以防门店选址太过于分散。沃尔玛门店分布有长远规划，并且具有一定的集中度，这有利于总部实行更加精细科学的管理，节省人力、物力、财力，而且每一个门店的设立都为整个企业的发展战略服务。

5. 选择经济发达的城镇

经济发达、居民生活水平较高的城市是零售商店的首选地。因为这些城市的人口密度大、人均收入高、需求旺盛、工商业发达，零售店在当地有较高的发展水平。有研究报告指出，有沃尔玛折扣店的小镇，一般比没有折扣店的小镇经济更发达，在这样的城镇中沃尔玛会保证自己有充足的客源。

6. 选择城乡接合部

以中小零售店和居民作为主要目标市场的山姆会员店，其店址一般都选在远离市中心的城乡接合部，或者是在此处的商业区或新开辟的居民区中，在该商场周围要有 20 万～30 万人的常住人口。这样的地点一般也应具备这样两个条件：第一，该地点土地价格和房屋租金要明显低于市中心，土地价格一般为市中心的 1/10 以下，这样减少了零售店投资，降低运营成本，为沃尔玛仓储式零售店的低价格销售创造了条件；第二，要符合城市发展规划，与城市拓展延伸的轨迹相吻合，这样，城市的发展会给仓储式零售店带来大量客流量，降低投资风险。

资料来源：学习啦.

案例使用说明

一、教学目的

本案例主要介绍世界零售业巨头沃尔玛的选址策略，希望达到以下教学目的：
（1）了解商圈分析方法；
（2）理解哈夫模型、雷利零售引力法则、商圈饱和度等内涵；
（3）能够应用雷利法则等商圈理论分析身边商店的商圈辐射范围。

二、涉及知识点

本案例涉及商圈分析、哈夫模型、雷利零售引力法则、商圈饱和度等知识点。

三、课程思政

本案例通过分析沃尔玛的选址策略,引出商圈分析等相关知识,启发学生做事要有全局观和前瞻性;引导学生运用市场调查和预测知识进行统计调查分析,在此过程中培养学生分析解决实际问题的能力;强化学生团结协作的精神,关注社会动态,顺应时代潮流,努力成为有理想、有智慧、有担当的新时代好青年。

思考题

1. 分析世界零售业巨头沃尔玛的选址原则及对我国大型商场选址的借鉴意义。
2. 沃尔玛的选址策略表明其开店倾向于尽量避免同行竞争,可在现实生活中,我们为何随处可见同行扎堆的现象?试对产生这两种截然相反的策略原因进行分析。若选择创业,可以采取什么样的策略?

理论解读

一、商圈分析

商圈分析是指商店对其商圈的构成情况、特征、范围,以及影响其规模变化趋势的因素等进行实地调查和研究分析。

进行商圈分析应考虑以下几个方面因素。

(1) 人口特点。主要包括地区人口规模、家庭数量、收入分配、文化程度和年龄分布等。零售企业在确定商圈范围后,可以通过人口统计资料了解商圈内的详细情况并进行汇总分析。不同的零售企业所需的区域人口资料各不相同。例如,在选址时,书店或汽车厂商通常比快餐店需掌握更多资料。对于快餐特许店而言,商圈分析最主要的内容是人口密度,因而快餐店大多设在周围3~4千米以内、有较多人口居住或工作的社区,而书店或汽车厂商却不能仅凭人口密度来选址,他们在评估商圈时必须综合考虑诸多其他的人口特点。

(2) 经济基础特点。考察一个区域的经济基础特点至关重要。经济基础反映了一个地区的商业和工业结构以及居民的收入来源。追求稳定经营的零售企业通常偏爱多元化的产业(即拥有许多彼此关联不大的产业),而不太喜欢过分依赖某一产业的单一经济结构,因为后者往往容易受到经济周期以及产品需求变动的冲击。在对商圈进行评估时,零售企业应该考虑以下经济因素:各行业或各类企业从业人员的比例、运输网络、银行机构、经济周期性波动对地区或行业影响的可能性,以及某些行业或企业的发展前景等。

(3) 竞争状况和市场饱和度。零售企业只有在分析了竞争状况之后才能正确评估某区域的市场机会。尽管某些区域的消费者特点与目标市场很接近,且经济状况良好,但如果竞争过于激烈,仍不是最佳选择。同样,一个区域即使人口少、经济状况一般,但如果竞争较缓和,可能也不失为较好的选址。考察一个地区的竞争状况,应着重分析以下因素:现有商店的数量和规模、新开店的发展速度、各商店的优势与劣势、近期与长远的发展趋势以及市场饱和度等,应将这些指标与地区的人口数量和增长速度结合起来,进行全面分析。

一个地区零售市场的饱和度可以具体分为商店不足区、商店过多区和商店均衡区三种情况。商店不足区是指销售某一种产品或提供某一种服务的商店太少，以至于难以满足全部消费者的需求；商店过多区是指销售某一种产品或提供某一种服务的商店数量太多，以致某些零售企业难以获取正常利润；商店均衡区则是指零售企业的数量与消费者需求大致相符，同时零售企业又能正常盈利。

二、哈夫模型

在哈里斯市场潜能模型的理论框架下，美国加利福尼亚大学的经济学家戴维·L. 哈夫（David L. Huff）教授于 1963 年提出了关于预测城市区域内商圈规模的模型——哈夫模型。

哈夫模型巧妙地运用了万有引力原理，提出了购物场所各种条件对消费者的吸引力以及消费者去购物场所感觉到的各种阻力，决定了商圈规模大小的规律。哈夫模型区别于其他模型的不同之处在于该模型考虑到了各种条件产生的概率情况。

哈夫强调，消费者对商店的心理认同是决定商圈规模的根本力量，商店商圈的大小、规模与消费者是否选择该商店进行购物有关。一般来说，消费者更愿意去具有消费吸引力的商店购物，这些具有吸引力的商场通常卖场面积大、商品可选择性强、商品品牌知名度高，因此，促销活动具有更大的吸引力；相反，如果前往该店的距离较远，交通系统不够通畅，消费者就会犹豫不决。

基于上述观察，哈夫提出了一个影响深远的论点：商店的商圈规模直接与其对消费者的吸引力成正比，而与消费者感知到的时间距离阻力成反比。换言之，商店若能在商品、服务、品牌及促销等方面展现出强大的综合吸引力，其商圈范围将自然扩大；反之，若消费者需耗费较长时间才能抵达，即便该商店魅力非凡，其商圈规模也会受到相应限制。

三、雷利零售引力法则

美国著名学者威廉·J.雷利（William J. Reilly），在 20 世纪初期展现出了非凡的跨界思维，他创造性地将物理学中的牛顿万有引力理论应用于商圈分析的领域。经过长达 3 年的深入研究，雷利对美国 150 个城市进行了详尽的调查分析，最终在 1931 年提出了"零售引力规律"，也被称为雷利法则或雷利零售引力法则。这一理论深刻揭示了都市人口规模与其对周边地区零售吸引力的内在联系，为商圈布局与零售策略的制定提供了重要的理论依据。

雷利零售引力法则的核心观点在于：一个城市对周边地区的吸引力，与该城市的规模大小成正比，而与这些地区到该城市的距离成反比。这一规律有效解释了为何大型城市能够建立起更为广泛的商品零售区，吸引远道而来的消费者。

然而，尽管雷利零售引力法则对于商圈分析具有重要意义，但它也存在一定的局限性。

（1）交通因素的简化处理。该法则只考虑距离，忽视了交通状况的复杂性。实际上，不同交通工具的便捷性、交通拥堵情况、道路设施等都会显著影响消费者的出行选择。因此，若能将消费者前往商店所花费的交通时间纳入考量，将能更准确地反映实际吸引力情况。

（2）消费者心理与行为的忽视。雷利零售引力法则未充分考虑消费者的"认知距离"这一心理现象。在现实生活中，消费者的购物决策往往受到品牌忠诚度、服务态度、店铺设施等多重因素的影响，这些因素可能使消费者愿意克服更长的物理距离前往心仪的商店。

（3）人口数作为单一衡量指标的局限性。该法则以人口数作为衡量城市吸引力的主要指标，但在实际中，消费水准的差异使得人口数并不总是具有代表性。特别是在高消费区域，即便人口数量相对较少，其消费能力也可能远超其他地区。因此，改用销售额等更为直观的经济指标来判断城市的零售吸引力，可能更为贴切和准确。

四、商圈饱和度

商圈饱和度是判断某个地区同类商业竞争激烈程度的一个指标。通过计算或测定某类商品销售的饱和指标，可以帮助新设商店了解某个地区内同行业数量的多少，位于饱和程度低的地区其成功可能性必然超过高饱和地区。

商家决定是否进入某市场前，首先要测算该市场是否已经饱和，评估市场进一步拓展的空间。当商圈饱和度较高时，剩余空间有限，则不宜进入；但当商圈饱和度较低时，说明市场空间很大，有较多的拓展机会。

商圈饱和度计算必须基于同一个产品市场或者替代性很大的产品市场，因为不同产品的饱和度不具有可比性。商圈饱和度指数的测算公式是：

$$IRS = C \times RE/RF$$

其中，IRS 是某地区某类商品的商圈饱和度指数；C 是某地区购买某类商品的潜在顾客人数；RE 是某地区每一顾客平均购买额；RF 是某地区经营同类商品商店营业总面积。例如，为一家新设的食品店测定商圈饱和度指数时，根据调研得知，该地区购买食品的潜在顾客人数为 30 000 人，每人平均每周在食品店购买食品 20 元，该地区现有食品商店 20 家，总营业面积 20 000 平方米。根据上述公式，该地区购买食品的商圈饱和度指数为：IRS＝30 000×20/20 000＝30 元/平方米。用这个数字与其他地区测算的数字相比较，可以为店址选择提供参考，指数越高则成功的可能性越大。

商圈饱和度实际上是单位商业面积的平均营业额。如果已知 A 区域饱和度为 20 000 元/平方米，另一类似 B 区域饱和度为 13 000 元/平方米，说明 B 区域还有进一步拓展的空间，商家可以加大推广力度。用商圈饱和度测算方法的缺点是：不易获得十分准确的计算资料，未考虑原有竞争商店对新的竞争对手有哪些优势或劣势。因此，新设商店要做出正确决策还需结合其他因素进行分析。

简要分析

问题一： 分析世界零售业巨头沃尔玛的选址原则及对我国大型商场选址的借鉴意义。

分析：

结合材料分析可知，沃尔玛的选址原则有：交通便利性、可见度、适用性、从连锁发展计划出发、选择经济发达的城镇、选择城乡接合部。对于我国大型商场提供的可借鉴之处可以从以下角度展开分析。

商圈分析包括广义和狭义的商圈分析，这里主要是以狭义的商圈分析为重点。商圈通常指以某购物商场为中心，沿一定距离和方向向外扩展所吸引消费者的辐射范围。通常，消费者更愿意花费更少的时间和精力成本去购物，一般来说，店面选址不要离商圈太远。为了保证分析的有效性，还应对其人口、竞争者和成本这三个关键因素进行全面的调查。

（1）人口调查。人口调查是评估商业选址可行性的基石，其内容包括人口数量、人口结构、购买习惯、经济收入、人口流动规模等。人口调查的重点在于：一是家庭状况，是决定家庭消费程度的重要因素，包括家庭人数、结构和基本收入；二是人口密度，一个地区的人口密度可以由每平方千米的人口或家庭数量反映；三是客流调查，一般来说，在评估选址时，应该根据现有客流量以及发展趋势对该地未来客流量进行预测，客流的大小与途经的旅客数量密切相关，公共交通的上下车人数是调查重点；四是购买力调查，收入水平在很大程度上决定了消费水平，通过对若干家庭的抽样调查可以大致推断出该区域居民的收入水平。

（2）竞争品牌调查。竞争者也是影响区位选址的重要因素。在选址之前，要对主要竞争品牌的数量、结构和潜在竞争品牌进行调查分析。对竞争品牌数量和品牌结构的考察，是为了了解当前市场的竞争力度以及饱和程度，这就决定了消费者的相对集中度，同时还要注意新兴行业竞争者的进入。

（3）基本成本调查。基本成本调查旨在全面评估选址项目的经济可行性，确保投资决策的科学性。其调查要素主要包括税收、过户费、租金、物业管理费、水电费、装修费、员工基本工资等。

问题二：沃尔玛的选址策略表明其开店倾向于尽量避免同行竞争，可在现实生活中，我们为何随处可见同行扎堆的现象？试对产生这两种截然相反的策略原因进行分析。若选择创业，可以采取什么样的策略？

分析：

沃尔玛的选址策略与其全球零售巨头的地位、品牌影响力以及长期形成的供应链管理优势密切相关。这种策略的核心在于通过精准选址，避免与直接竞争对手在同一区域内过度竞争，从而确保每家门店都能获得足够的顾客流量和市场份额。沃尔玛拥有强大的数据分析能力，能够基于人口统计、消费者行为、交通状况等多维度数据来评估潜在店址的吸引力，并选择那些能够最大化其市场渗透力和盈利能力的位置。

然而，在现实生活中，我们确实经常观察到同行扎堆的现象，这背后有多种原因。一是集聚效应。商家聚集在一起可以形成商圈，吸引更多消费者。消费者倾向于在购物时享受一站式服务，即在同一个区域内解决多种购物需求。因此，商家会选择在已经成熟的商圈或潜在的热门地段开设店铺，以利用这种集聚效应。二是信息成本降低。消费者在选择购物地点时，更倾向于前往已知的商业集中区域，因为这些地方商品种类丰富，选择多样。商家扎堆可以减少消费者的搜索成本，提高购物效率。三是互补性与差异化。即便在同一商圈内，商家之间也可能通过产品差异化、服务创新等方式实现互补，共同吸引消费者。例如，一个商圈内可能既有高端奢侈品店也有平价日用品店，满足不同消费者的需求。

若选择创业，将采取以下策略来平衡独立选址与同行扎堆的利弊。首先，考虑市场调研与精准定位。在选址前进行充分的市场调研，了解目标市场的消费者需求、竞争态势、交通状况等因素。基于调研结果，明确自己的品牌定位和目标消费群体，选择与之相匹配的店址。其次，考虑差异化竞争。无论选择独立选址还是进入已有商圈，都要注重产品差异化和服务创新。通过提供独特的产品、优质的服务或独特的购物体验来吸引消费者，与竞争对手形成区隔。再次，考虑灵活应变。市场环境和消费者需求是不断变化的，因此创业过程中需要保持灵活性，根据市场反馈及时调整经营策略。如果独立选址效果不佳，可以考虑通过线上渠道拓展市场；如果商圈内竞争过于激烈，可以寻求与其他商家合作或寻找新的市场机会。最后，考虑建立品牌忠诚度。通过持续提供高质量的产品和服务来建立品牌忠诚度，使消费者成为品牌的忠实拥护者。这样即使面临竞争压力，也能保持稳定的顾客流量和市场份额。

5.3 从万象城看购物中心的区域选址策略

材料

万象城（The Mixc）是世界500强企业华润集团旗下的高品质购物中心，也是中国购物中心行业的领跑者之一。万象城作为国内顶级奢侈品牌最集中的购物中心，吸引了众多世界知名品牌的入驻。2002年，第一座万象城在深圳诞生并一跃成为国内极具示范效应的购物中心。20多年来，万象城已覆盖全国30余座城市，实现了超过500亿的销售额，拥有超过4000个世界知名的品牌合作伙伴和超过1000万个会员。万象城在不同城市的选址略有差别，但均以深圳万象城为标杆在全国各地进行迅速复制。

深圳万象城

深圳万象城是华润集团旗下的购物及娱乐中心，是深圳最大的大型室内购物中心，总建筑面积达18.8万平方米。它整合了百货公司、国际品牌旗舰店、时尚精品店、美食广场、符合奥运场馆标准室内溜冰场、大型动感游乐天地、多厅电影院等元素，为深圳居民及游客提供一站式购物、休闲、餐饮、娱乐服务。其选址位于深圳地铁罗宝线老街站旁，以本地居民、未婚或已婚的青年人，以及来自香港及广东省为主的游客为主要消费群体。万象城的地理位置具有七大交通区位优势，包括：地处深圳市东西贯通的两条主干道深南大道和滨河大道之间；与"地王大厦"隔深南大道相望；与地铁一号线大剧院站有地下通道直接相连；周边共有巴士线路30多条；距深圳火车站、罗湖口岸约1000米；距皇岗口岸约5分钟车程；距深圳宝安国际机场和香港国际机场仅30分钟车程。

杭州万象城

杭州万象城位于杭州未来CBD核心区域钱江新城的核心区，由华润集团与香港新鸿基携手开发，其选址位于杭州钱江新城核心区，是集零售、餐饮、娱乐、休闲、办公、酒店、居住等多功能于一体的大规模综合性的商业建筑群。该项目以Shopping Mall为核心，建成集大型购物中心、甲级写字楼、超五星级柏悦酒店、高尚住宅悦府服务式公寓等于一体的都市综合体项目。

沈阳万象城

沈阳万象城是华润集团旗下第三座万象城，倡导国际化消费理念。沈阳万象城容纳超过200家各类店铺，集品牌零售、特色餐饮、娱乐休闲等功能于一体，一站式的完美体验，引领全新生活方式与消费潮流。其选址位于沈阳金廊广场核心区域青年大街，拥有地下两层停车场、地上四层停车楼，可提供近2000个停车位。

成都万象城

成都万象城是华润集团继深圳、杭州、沈阳之后的又一力作，邀请了世界商业地产设计排名前列的美国Callison建筑事务所操刀设计。该项目是集高端购物、餐饮、娱乐、休闲、文化、商务等多种功能于一体的大型都市综合体，汇集了高档百货、大型超市、品牌旗舰店、电影院、真冰场、各色餐饮等多种商业业态。其选址坐落在二十四城西北角，位于城市主干道二环路与双庆路的交叉口，离成都市中心直线距离只有4.5千米。

南宁万象城

华润集团倾心打造了广西首个超大型国际都市综合体项目——南宁华润中心，该项目是以"万象城"为核心，集购物中心、写字楼、超五星级酒店、高尚住宅等诸多功能于一体的都市综合体。南宁万象城以复制深圳华润万象城为导向，汇聚百货公司、五星级电影院、符合奥运场馆水平的室内真冰溜冰场、精品超市、国际品牌旗舰店、时尚精品店、特色美食餐饮等，提供一站式购物、休闲、餐饮、娱乐服务，将为南宁乃至全广西人民带来全新的消费及生活体验。

综上，从万象城在各城市的选址分析可得知：适当的用地和合适的位置是购物中心开发的先决条件，关系到未来商业经营的成败。用地的地理位置和周围地区的经济活力与人口结构，是购物中心能否稳健立足并持续繁荣的关键所在。因此，购物中心的选址实际上需要考虑很多问题，对用地也必须进行多层面分析，才能真正做好购物中心的选址。为了确保购物中心能够吸引并留住足够的消费人群，选址时应聚焦于两大核心策略：一是紧密依托高密度居住社区及稳定消费群体，确保基础客流；二是选址于已成型或潜力巨大的商圈周边，借助既有商业氛围促进共赢。具体表现为如下所述。

1. 用地区位和交通人口状况分析

购物中心的位置决定其易达性，并直接影响商圈范围。为此，购物中心用地符合商业用地选择的一般区位原则：一是到达时间最短原则，即应当位于人流集散最方便的区位；二是区位易达性原则，这取决于交通工具和道路状况；三是聚集原则，集中布置能相互促进，以提高整体吸引力；四是接近购买力原则，要接近人口稠密区，又要接近高收入或高消费人口分布区。在遵循以上原则的基础上，还需要收集用地周围必要的经济和人口基础资料进行分析，这主要包括以下几个方面。

(1) 购物人口分析。在规划购物中心时，首要任务是深入剖析开发区域的经济潜力和现状。这要求我们细致考察用地周边是否存在稳定的、规模可观的居住人口群体，他们的收入水平、消费能力、购物习惯及心理特征均是关键考量因素。鉴于人口增长是一个动态变化的过程，涵盖自然增长与迁移两大方面，因此需进行动态预测，以把握未来趋势。接下来则需进一步开展专项调查，详细分析人口结构中的收入分布与购买力水平，同时深入研究不同群体的消费习惯，为精准定位购物中心的目标客群提供坚实依据。

(2) 交通易达性分析。交通易达性也就是交通便捷程度，即购物者从出发地至购物中心的通行效率，是购物中心选址不可忽视的重要环节。依据格伦理论，理想状态下，顾客应能在12~15分钟内轻松抵达购物中心，最长不宜超过25分钟。值得注意的是，此处的"距离"概念应超越简单的空间距离，而需融入时间维度去考量，因为实际行驶时间受多种因素影响，如路况、交通信号灯等。因此，需对汽车到达该地点的实际用时进行实地测试，并考虑到不同时间段（如日内、周内、年内）的变化情况。为直观展示交通便捷程度，可绘制等时间距离图，将理想的行车时间范围设定为 10~30 分钟，以此为依据划定购物中心的潜在商圈范围，确保顾客能够享受高效便捷的购物体验。

（3）区位分析。商业区位的选择需紧跟人口分布与交通状况的变迁步伐。传统上，城市中心区凭借密集的人口和优越的道路交通设施，自然成为购物活动的热点。然而，随着城市化进程的加速，中心区逐渐面临过度拥挤、环境恶化及交通瓶颈等问题。与此同时，郊区得益于高速公路网络的快速构建，交通便捷性显著提升，吸引了大量居民迁移至此，形成了居住郊区化的新趋势。这一变化不仅带动了郊区商业设施的蓬勃发展，还引发了零售额在城市中心区与郊区之间的重新分配，两者间的商业竞争日益激烈。对于消费者而言，购物选择不再局限于城市中心，郊区同样成为理想的购物目的地。这一系列变化深刻揭示了城市中心区与郊区商业区格局的动态演变。

（4）功能多样性。商业配套设施是否齐全和丰富，往往会决定消费者是否能成为稳定消费群的关键。因此，在选址分析过程中，必须详尽收集关于周边市政配套设施的完备情况、现有及潜在竞争设施的信息。值得注意的是，竞争是市场常态，适度的竞争不仅有利于提升整体服务质量，还能促进商业生态的良性循环。毕竟，单一商业设施难以独揽区域内的全部市场份额，而多元化的商业布局则能更好地满足消费者的多元化需求，共同推动区域经济的繁荣与发展。

2. 用地经济状况评估

在评估一块土地是否适合用于购物中心开发时，首要考虑的是用地的可获得性，即开发商能否顺利取得该土地的使用权。这涉及多个层面：一是确保土地所有权归属清晰，若存在多位所有者，则需逐一获得其认可；二是深入分析土地的合理价格或租金水平，以评估投资成本及预期回报，确保项目经济上的可行性；三是确认土地用途是否允许零售开发，对于非商业用地，则需探讨变更土地性质的可能性及其法律、行政程序。在城市化进程中，土地用途的灵活调整时有发生，尤其是与居民区相配套的商业开发，但需谨慎处理与规划部门及居民的关系，以消除潜在的负面社会影响，确保项目长远发展的和谐性。

3. 用地的物理状况调查

一旦确定用地经济性可行，还须对用地进行实地调查，对用地的规模、形状、整体性、地形特征和地段的可进入性、周围环境等因素做进一步分析。用地的物理状况对购物中心规划和建筑设计至关重要，一些不足之处需要在规划和建筑设计当中采用各种手段予以弥补。

资料来源：百度新闻、商业地产营销精选.

案例使用说明

一、教学目的

本案例主要介绍万象城选址策略中购物中心的选址方法，希望达到以下教学目的：
(1) 了解店址选择的程序；
(2) 掌握购物中心的地理位置条件；
(3) 能够对零售商具体商店位置的选择进行科学分析。

二、涉及知识点

本案例涉及购物中心的地理位置条件、店址选择程序等知识点。

三、课程思政

本案例通过对万象城在各城市的选址进行分析，揭示了购物中心的选址策略，解读了购物中心的选址程序知识，引导学生形成全面、严谨的思维方式，时刻关注社会发展动态，不断学习新知识，培养其创新意识和适应变化的能力，注重学思结合、知行合一，成为有目标、有智慧、有担当、能适应社会发展的卓越高素质人才。

思考题

1. 结合材料，阐述万象城在进行用地经济状况评估时重点关注的内容。
2. 面对电商的发展，万象城在选址时应该如何应对线上购物对实体商业的冲击？

理论解读

一、购物中心的地理位置条件

购物中心作为多样化的商业形态，其地理位置的选择紧密关联着其类型与功能定位。具体而言，购物中心可细分为社区型、市区型及城郊型三大类，每类均对应着独特的地理位置条件和建设标准。

就社区购物中心而言，这类购物中心紧密服务于周边社区，通常选址于市、区级商业中心区域，确保能够覆盖周边5～10千米的广泛居民群体。其建筑面积控制在5万平方米以内，旨在营造温馨舒适的购物环境。同时，配备有较大规模的停车场，提供至少300～500个停车位，以满足社区居民日常停车需求，进一步促进社区生活的便利性。

就市区购物中心而言，作为城市商业的璀璨明珠，市区购物中心通常选址于市级商业中心的核心地带，其商圈辐射范围更为广泛，可达10～20千米，吸引着来自城市各个角落的消费者。建筑面积适度扩张至10万平方米以内，以容纳更多元化的商业业态和品牌。此外，市区购物中心强调高效便捷的停车服务，应提供超过500个停车位，确保消费者能够轻松抵达并享受无忧的购物体验。

就城郊购物中心而言，随着城市化进程的推进，城郊购物中心应运而生，它们通常选址于城乡接合部的交通枢纽地带，凭借得天独厚的地理位置优势，其商圈影响力可跨越至30～50千米范围。其建筑面积更是突破常规，达到10万平方米以上，为消费者打造集购物、休闲、娱乐于一体的一站式消费天堂。超大停车场的设置是其另一大亮点，提供超过1000个停车位，充分满足自驾游客群的停车需求，进一步巩固其在城郊地区的商业霸主地位。

二、店址选择程序

店址选择程序主要包括四个步骤。

第一，区域与方位定位。选择商店店址，先要明确目标市场和顾客群体，随后依据这两大要素锁定店铺所在区域。同时，结合商场的经营规模与档次，细致评估投资回报率，精准锁定店铺的最佳方位。

第二，地图绘制与位置优选。选定区域后，绘制该区域的详尽简图，标注区域内现有商业布局，包括竞争对手、互补商家，以及交通网络、客流热点与流向等关键信息。此举旨在通过直观分析，筛选出最适宜的店铺位置。

第三，深入市场调查。区域与方位初步确定后，立即启动全面而细致的市场调研，以验证选址决策的合理性。调研过程中，需细致分类统计调查对象，并采用抽样调查法确保数据的真实性与可靠性。

第四，实施方案制定与执行。一旦确定店址的具体位置，需要抓紧时机投资兴建商场。如何启动则需要拟定切实可行的方案，并加以贯彻落实。

简要分析

问题一：结合材料，阐述万象城在进行用地经济状况评估时重点关注的内容。

分析：

结合材料，在万象城进行用地经济状况的全面评估过程中，以下几个核心方面需给予高度关注。

第一，确保用地的可获得性。这是项目启动的基石，要求明确土地的所有权归属，无论其是否单一或多头所有，均须逐一获得相关所有者的明确认可与授权，以保障后续土地使用权的顺利获取，为项目奠定坚实的法律基础。

第二，深入剖析土地的经济价值。这涉及对土地价格或租金水平的精细考量，旨在精准评估项目的投资成本与预期收益比，从而判断其经济可行性。高价土地虽彰显地段价值，但也可能加剧运营成本与投资风险；而低价土地则需警惕其背后可能隐藏的未知风险或发展瓶颈，确保投资决策的稳健与审慎。

第三，土地用途的合规性亦不容忽视。特别是针对非商业用地的评估，需详尽探讨其转变为零售开发用地的可能性，并深入了解相关的法律程序与行政要求。在此过程中，保持与规划部门的紧密沟通，同时妥善处理与周边居民的关系，充分考虑土地性质变更可能引发的社会反响与影响，力求项目在长远规划与和谐发展中实现双赢。

问题二：面对电商的发展，万象城在选址时应该如何应对线上购物对实体商业的冲击？

分析：

在当前电商蓬勃发展的背景下，万象城在选址策略上需巧妙应对线上购物的挑战，以下几点应对策略可供讨论。

第一，强化交通便捷性，缩短"即购即享"距离。鉴于线上购物虽便捷却受限于配送时效的问题，万象城可将选址聚焦于交通网络的核心节点，如地铁交汇站附近，以缩短消费者从线上犹豫到线下体验的决策路径。深圳万象城的成功案例表明，这样的布局能有效吸引追求即时满足感的消费者群体，提升购物中心的到访率与消费频次。

第二，深耕高潜力消费群体聚集地。选址于人口密度大且消费力强劲区域，如成熟的高档住宅区周边，拥有稳固实体商业的基石，即稳定客流。这类消费者往往更珍视线下购物的独特价值，如亲身体验、社交互动及即时服务等，为万象城提供抵御线上冲击的坚实屏障。

第三，构建商圈生态，强化互补与协同。选址时应注重与周边商业设施的协同效应，共同编织一张集购物、餐饮、娱乐、休闲于一体的多元化消费网络。通过丰富商圈功能，提供线上平台难以复制的综合性消费体验，增强消费者黏性，形成独特的竞争优势。

第四，拥抱线上线下融合，优化物流布局。顺应新零售趋势，万象城在选址时应前瞻性地考虑与物流配送中心的衔接，确保线上线下销售渠道的无缝对接。这不仅有助于提升物流效率，还能为消费者提供更加灵活便捷的购物方式，实现购物体验的全面升级。

第五，挖掘地域特色，打造差异化品牌。选址于具有鲜明文化、景观或历史底蕴的区域，为万象城注入独特的文化基因与主题元素。通过差异化定位，打造具有强烈辨识度的商业空间，使消费者在享受购物乐趣的同时，也能感受到文化的熏陶与心灵的触动，从而在激烈的市场竞争中脱颖而出。

育人元素

本章通过对商圈分析与选址决策有关案例及其相关知识点的学习，引导学生关注社会、了解法治和管理规章，注重学思结合、知行统一；鼓励学生打破传统思维束缚，增强学生勇于探索的创新精神、善于解决问题的实践能力；培养学生的市场意识、竞争意识和风险意识，使其能在复杂多变的环境中做出正确决策；同时关注培育学生经世济民、诚信服务、德法兼修的职业素养，增强职业敏感和能力，成为既有专业技能又具备高尚品德的优秀人才，为未来的职业生涯奠定坚实的基础。

第6章 零售定位与特色经营

6.1 以"新"应变的名创优品

材料

2013年,叶国富在国外旅行时发现当地有很多生活用品专营店,这类店铺销售的日用生活百货不仅质量好、设计美观,价格还很实惠,而且店铺中绝大多数商品都是"中国制造"。叶国富由此获得了商业灵感,出于对零售行业的热爱及对行业发展潜力的认可,回国后他便创办了"全球IP联名集合店"——名创优品。与苹果、亚马逊、谷歌等伟大企业的"车库创业史"一样,名创优品诞生于广州一个地下车库里。

经过十年的高速发展,名创优品已成为一个以设计研发为驱动、线上线下共同发展的新零售企业,荣膺"中国企业500强""中国特许连锁百强企业""国家高新技术企业"。2015年,它启动全球化战略正式进军海外市场。截至2024年2月,其年营业收入早已超过170亿元,至2024年3月底,名创优品已成功进入全球111个国家和地区,在全球范围内拥有超过6600家门店,遍布纽约、洛杉矶、巴黎、伦敦、迪拜、悉尼、伊斯坦布尔等全球知名城市的核心商圈。

近年来,名创优品持续转型升级,以"新定位、新模式、新营销"的三新策略应对中国新零售时代变化,逐步走向成功,创下超高营业收入,门店遍布全球。

新定位

叶国富不仅是名创优品的创始人,也是昔日风靡街巷的"哎呀呀"品牌的缔造者。2007年,"哎呀呀"以惊人的速度扩张至千余家店铺,零售额达到5.6亿元。然而,随着时代变迁和消费观念的升级,线下实体店的业绩走了下坡路。面对行业变革,叶国富凭借对零售行业的深入了解,结合国情现状,将日式优质低价的精品店模式改良后引入中国,孕育出了"名创优品"品牌。

作为以IP设计为核心特色的好物集合店,名创优品精准锁定了其核心消费群体——一二线城市的年轻女性。这一群体追求个性、注重品质,对时尚潮流有着敏锐的嗅觉。名创优品通过精心挑选与设计的生活杂货、家居用品、潮流玩具、精致饰品及化妆品等,全方位满足她们的多元化需求。同时在产品策略上,其巧妙借鉴了优衣库与迪卡侬的成功经验,坚持"低价不低质"的原则,有效避开了电商及其他零售形态的红海竞争,开辟了一片低价好物的新蓝海。店内琳琅满目的3000余种商品,涵盖近万个SKU,价格亲民,主流单价集中在10元~20元之间,最高不超过99元,真正实现了"物美价廉"的承诺。名创优品所追求的,不仅仅是低价,更是精品。它拒绝粗制滥造的廉价品,专注于提供那些设计简约、品质优良的日式风格小众精品。这种全新的消费理念,虽然需要一定的市场培育与消费者引导过程,但随着时间的推移,其独特的魅力正逐渐赢得越来越多消费者的青睐与认可。

2020年年底,名创优品的创始人叶国富又前瞻性地提出了"兴趣消费"这一创新理念,标志着名创优品在品牌与文化双轨并行的发展道路上迈出了坚实的一步。兴趣是名创优品私域用户消费的一个非常重要的风向标。数据显示,私域用户相较于非私域用户,在消费频次、购买品类宽度、人均客单价及IP偏好等方面均实现了显著提升,这不仅验证了兴趣消费模式的巨大潜力,也彰显了名创优品在深耕兴趣经济方面的卓越成效。IP合作,作为名创优品践行兴趣消费战略的重要抓手,通过深度挖掘与热门IP的联名合作,成功构建了品牌与消费者之间的情感链接,进一步稳固了其在兴趣消费领域的领先地位。这一策略背后,是对用户需求深层次理解与满足的精准把握,实现了从大众消费到兴趣人群,再到关键意见消费者的逐步进阶,实现了从量到质的跨越式提升。

在兴趣消费的时代浪潮中,名创优品积极转变品牌与消费者的沟通方式,从传统的单向传播向深度互动与共创迈进。传统的单向传播模式,往往局限于品牌向消费者单向推广,消费者反馈滞后且有限;而名创优品则倡导品牌、产品与内容的全面消费者共创,如"小名同学"品牌IP形象及"皮克斯主题店"的诞生,均凝聚了消费者的智慧与创意,实现了品牌与消费者间的无缝对接与情感共鸣。这种深刻的变革,不仅让名创优品在兴趣消费时代中脱颖而出,更预示了未来品牌发展的必然趋势——品牌将不再是孤立地存在,而是由消费者共同塑造与定义的。

新模式

企业一把手在产品上下的功夫是否到位决定了这个产品有没有竞争力,能卖遍全世界的爆款才是最好的产品!叶国富作为创始人,其时间分配充分反映了他对产品质量的执着与重视,这种精神也深深烙印在名创优品的每一个产品之中。一个令人印象深刻的案例,便是名创优品在追求高品质棉袜过程中的智慧之举。名创优品对无印良品棉袜加工厂进行了询价,面对该工厂的高昂报价,叶国富并未止步,而是深入剖析了成本构成,发现棉花采购与现金流占用是该产品价格高的主要原因。于是,他创造性地提出由名创优品直接采购棉花并预付全款,这一举措不仅有效降低了棉袜的生产成本,更彰显了名创优品在供应链管理上的敏锐洞察力与高效执行力。此外,名创优品是一个非常擅长打造爆品的公司,香氛系列无疑就是爆品中的爆品。2022年,名创优品的"无火香薰"频频出圈,"大师香薰"常居购物网站热卖TOP榜,其话题在小红书平台的浏览量达到了2290.7万次,特别是"大师花意香薰"上市的第二个月,销售额增幅达到了191%。

名创优品的香氛为什么能如此成功?究其原因有四个关键点。一是敏锐的行业洞察力。艾瑞咨询发布的《2020年中国香水行业研究白皮书》显示,自2017年起,我国香水市场规模正在以超过25%的年平均增长率高速增长。名创优品捕捉到了国产香薰的发展趋势,果断布局,开始发力香薰品类,抢占了市场先机。二是深厚的产品积淀。香薰产品经历多轮迭代,持续成为爆品。无论是故宫联名香薰,还是联手世界级大牌香水的调香师合作推出"大师香薰"都掀起了重重波涛。三是创新性的产品研发。在产品研发上,名创优品极其舍得投入,与迪奥、祖玛龙、阿玛尼、Gucci四个品牌的调香师联合打造了四款让小红书沸腾的产品。四是高效的供应链体系。名创优品的供应链以其高效、灵活著称,能够在保证产品质量的同时,有效控制成本,实现极致的性价比。通过以量制价、买断定制、不压货款等策略,名创优品成功构建了自己的成本优势,使得其香氛产品能够在保证高品质的同时,以亲民的价格面向广大消费者。通过香薰的案例我们可以看到名创优品的爆款密码,即爆品运营的核心在于"三高三低":高颜值、高品质、高效率,以及低成本、低毛利、低价格。而爆品的实现路径,则在于领先洞察力、产品创新力、高效率供应链和极致性价比这四大要素的紧密结合与协同作用。

新营销

名创优品的新营销策略包括了"线上线下一体化的门店+自媒体"。这一策略的核心,在于对品牌营销本质的深刻洞察——以极高性价比的产品为基石,吸引海量用户并赢得良好口碑,进而稳固并提升品牌形象。在竞争激烈的市场环境中,名创优品深知寻找和放大自身独特优势的重要性。其单点破局之道,正是聚焦于"极高性价比"的产品策略,这一无出其右的性价比优势,成为名创优品区别于其他竞争对手的关键所在。通过不断优化产品设计与成本控制,名创优品成功地将这一优势最大化,吸引了大量忠实消费者。

门店作为名创优品的核心流量入口,不仅承载着展示与销售产品的功能,更是品牌形象的直接展现。而在线上领域,名创优品则充分利用自媒体平台,将极致性价比的理念传递给更广泛的受众。通过完善的 KOC 体系、多触点触达用户的公域投放策略以及精心搭建的私域生态,名创优品实现了与消费者的深度互动与紧密连接,进一步提升了目标消费者的品牌忠诚度。

资料来源:MINISO 名创优品、腾讯网.

案例使用说明

一、教学目的

本案例通过对名创优品运用新定位、新模式、新营销的"三新"策略来适应新时代发展的介绍,希望达到以下教学目的:

(1)掌握市场定位策略的主要内容;
(2)了解零售定位的基本内容及零售企业定位的重要作用;
(3)了解零售定位策略的不同方法。

二、涉及知识点

本案例涉及特色经营、零售定位及其基本内容、零售定位策略选择等知识点。

三、课程思政

本案例通过对名创优品以"新"应变的研究,解读零售定位与特色经营相关知识点,激发学生的学习兴趣,引导学生养成良好的学习习惯,培养学生的自主思考能力,启发学生以敏锐的视角发现问题,并运用正确的价值观分析解决问题,调动学生学习的能动性、主动性与创造性,进一步增强学生的获得感与满足感。

思考题

1. 结合材料分析,随着消费升级,名创优品的产品定位是否会逐渐向中高端转变。
2. 名创优品在不断拓展全球市场的过程中,如何根据不同国家的文化和消费习惯调整其特色经营策略?

理论解读

一、特色经营

特色经营策略是使企业经营的产品或服务具有与众不同的特色，它可以表现在产品的设计、性能、质量、售后服务、销售方式等方面。构建并强化这种经营特色，是企业在激烈的市场竞争中脱颖而出的关键策略，它能有效构建市场壁垒，使竞争对手（包括现有企业、新入局者及替代品提供商）难以在特定领域内与之相抗衡。

特色产品（服务）不仅因其独特性而深受消费者青睐，往往还伴随着较高的利润空间，为企业带来显著的经济效益。然而，这一优势的背后，往往需要企业投入更多的资源用于设计创新、研发探索、原材料升级以及广告宣传等方面。这些投入虽然增加了短期成本，但它们是塑造差异化优势、确保长期竞争力的必要代价。

二、零售定位

"定位"一词，其渊源可追溯至1969年，由杰克·特劳特最早提出，并与另一位广告经理艾·里斯合著了《定位》一书，该书随后在业界引起了广泛而深远的影响。伴随着营销学的发展，定位一词在世界上流行开来。营销学者菲利普·科特勒等人把定位概念巧妙融入整体营销管理中，使之成为营销战略的重要和核心的内容，认为"定位就是对公司的产品进行设计，从而使其能在目标顾客心中占有一个独特的位置"。这一转变，不仅深化了定位的内涵，更为营销战术的组合运用奠定了坚实的基础。

根据以上定义，零售定位就是零售商在充分审视自身条件与市场环境的基础上，精准定位自身在目标市场中的竞争地位。通过零售定位，零售商在目标消费群体中塑造出鲜明的特色与独特的品牌形象，从而在激烈的市场竞争中占据主动，获得宝贵的竞争优势。

零售定位这一概念，有着广义和狭义之分。就广义而言，它涵盖了从零售市场深入调研、细致划分市场、精心选择目标市场，到最终实施市场定位的全过程，形成了一个完整而系统的战略框架。而狭义上的零售定位，则聚焦于两大核心要素：一是精准捕捉并满足目标市场消费者的核心需求；二是通过提供独具特色的商品与服务，以及构建鲜明的品牌形象，来满足这一过程。

在当今商业环境日益激烈的竞争格局下，零售企业的定位无疑成为决定其兴衰成败的关键因素。许多零售企业面临经营困境时，往往归咎于外部环境的挑战，如市场竞争加剧、价格优势缺失、卖场布局不尽如人意、服务创新不足等。然而实际上，出现诸多问题时首先应审视自身的定位问题，即是否找准了目标市场，并为目标市场提供了比竞争对手更好的商品与服务。因此，无论零售企业采取何种经营模式，清晰的定位都是其成功的基石。一旦定位模糊，商品与消费者之间的桥梁便会断裂，导致商品滞销、品牌形象模糊、服务质量下降等一系列连锁反应。这不仅会威胁到大企业的市场地位，也会导致灵活多变的中小企业在市场中难以立足。由此可见，零售定位与特色经营在实践中是如此的重要。

三、零售定位的基本内容

零售定位是一个多维度、综合性的战略框架，它涵盖了目标顾客定位、商品定位、价格定位以及促销定位等关键要素。这些要素相互关联，共同构成了零售商在市场中的独特位置与竞争优势。

1. 目标顾客定位

目标顾客定位即服务定位,其核心在于明确零售商的商品与服务旨在满足哪一个消费群体的消费需求。每一个零售商首先必须对目标顾客做出选择,确定服务对象是零售定位的前提和基础,只有对目标市场有了明确的定位,零售定位中的商品定位、价格定位、促销定位等才能确定下来。

2. 商品定位

商品定位是零售策略中的重要环节,它涉及商品档次划分及商品组合设计。在商品档次上,零售商需根据目标顾客的消费能力与偏好,确定商品的低档、中档或高档定位,以确保商品与目标顾客的需求相匹配。同时,商品组合定位也是关键,它决定了零售商经营的商品种类与范围。一些零售商追求全面覆盖,提供广泛的商品组合以满足顾客多样化需求,如百货商场和大型超市;而另一些则可能专注于特定领域,通过深度挖掘某一类商品来赢得市场份额。

3. 价格定位

价格定位是零售商在市场中为商品设定价格水平的关键决策,这一决策基于与竞争对手的价格对比。具体而言存在三种情况:一是高价定位,即零售商将商品定价高于竞争者的水平,但前提是商品质量、品牌影响力及售后服务等方面具有显著优势,旨在通过高品质和服务溢价来吸引对价格敏感度较低、追求品质与体验的消费者;二是低价定位,即将商品价格设定在远低于竞争对手的水平,即便在商品质量和售后服务上并不逊色,甚至可能更优,该策略的成功往往依赖于零售商的成本控制优势、高销量带来的规模效应,或是出于市场策略考量,如压制竞争对手、树立亲民品牌形象等;三是市场平均价格定位,即零售商选择将商品价格定位在市场同类商品的平均水平上,旨在保持价格竞争力的同时避免价格战带来的利润压缩,适合追求稳健经营、注重市场平衡的零售商。

4. 促销定位

促销定位关乎零售商如何选择合适的促销手段与媒体来实施营销活动。这包含两个层面的考量:一是促销方式的选择定位,即广告、人员推销、公共关系等方式的选择及组合;二是在选择了特定的促销方式后,又怎样确定实现这个方式的具体实施方案或媒体。促销定位准确与否直接关系到促销的效果。要提高促销定位的准确性,零售商必须分析所提供商品及服务的特性以及消费者的偏好,同时要考虑企业本身的实力,从而找准既适合商家,又适合消费者的促销方式。

四、零售定位策略选择

在复杂多变的零售市场环境中,企业需灵活运用多种定位策略以应对挑战,包括竞争性定位策略、拾遗补缺定位策略、特色凸显定位策略,以及动态调整与重新定位策略,这些策略共同构成了企业成功塑造市场形象、拓展市场份额的关键路径。

1. 竞争性定位策略

竞争性定位策略,或称迎头定位,是指企业凭借自身实力,勇于与市场中占据主导地位、实力雄厚的竞争者正面对抗,旨在将自身商品与服务推入与强者同等的市场地位。此策略的魅力在于其高调的竞争姿态,往往能引发公众关注,甚至创造出轰动效应,从而加速品牌与产品的市场认知度,助力企业快速树立鲜明的市场形象。然而,其背后也潜藏着不容忽视的风险,需要企业具备强大的抗风险能力与持续的创新动力。

在特定的目标市场中，处于领先地位的零售商可能并非单一实体，而是由 2~3 个实体相当的零售商共同瓜分市场，形成了一种势均力敌的市场格局，这种市场环境往往竞争尤为激烈。针对此类情况，零售商可以采取竞争性定位策略，深入分析竞争对手的弱点，发挥自身独特优势，通过差异化策略出奇制胜，逐步扩大市场份额，甚至实现超越。

2．拾遗补缺定位策略

拾遗补缺定位策略，又称避强定位，是指零售商避开与实力最强的竞争者直接交锋，转而寻找并填补市场中的空白区域或被忽视的需求点的一种策略。比如夫妻店、杂货店等微型零售商，受限于资源与规模，难以与大型企业正面竞争，因此选择在大零售商未及或放弃的市场缝隙中提供特色服务。此策略的优势在于能够帮助零售商快速在市场中站稳脚跟，通过满足特定消费群体的需求来树立品牌形象，同时降低直接竞争带来的风险。然而，它也可能意味着企业需放弃某些看似诱人但竞争激烈的市场位置，长期而言，可能限制了企业的发展空间与增长潜力。

3．特色凸显定位策略

特色凸显定位策略是指零售商通过深入剖析市场现状，敏锐捕捉尚未被充分开发但蕴含巨大潜力的市场空白点，进而塑造出独具特色的零售形象的一种策略。采用这种定位方式时，企业应明确创新定位所需的产品在技术上、经济上是否可行，有无足够的市场容量，能否为企业带来合理而持续的盈利。

4．动态调整与重新定位策略

市场环境的瞬息万变使得任何市场定位都难以做到一成不变。因此，重新定位策略在零售业的实际应用中尤为普遍和重要。当零售商首次定位不够精准，或原有定位虽初具成效但市场条件已发生显著变化（如竞争对手的相似定位侵蚀了市场份额，或消费者偏好的转移导致客源流失）时，便需考虑实施重新定位。

重新定位并非简单的撤退或改变，而是一种以退为进、积极应对市场挑战的策略。它旨在通过深入分析市场变化，调整并优化企业的市场定位，以更加精准地满足消费者需求，从而在新的市场环境中占据有利位置，实现更加有效的市场渗透与增长。

简要分析

问题一：结合材料分析，随着消费升级，名创优品的产品定位是否会逐渐向中高端转变。

分析：

结合材料可以看出，名创优品目前的产品定位是以提供设计简约、品质优良且价格亲民的商品为主。而随着消费市场的持续升级，名创优品的产品定位有可能会在一定程度上向中高端转变，原因如下所述。

一方面，名创优品已经提出了"兴趣消费"的理念，通过与热门 IP 的深度合作及用户共创等方式，不断提升产品的附加值和独特性。这种对产品文化和情感价值的挖掘，为产品向中高端转变奠定了一定的基础。例如，名创优品与世界级大牌香水调香师合作推出的"大师香薰"等产品，在一定程度上展现了其对更高品质和更独特体验的追求。

另一方面，消费升级意味着消费者对品质、设计和体验有了更高的要求和期待。名创优品如果想要持续满足消费者不断变化的需求，可能需要在产品的原材料选择、工艺制作、设计创新等方面投入更多，从而推动部分产品向中高端发展。

但同时也需要注意的是：名创优品一直以来秉持着"低价不低质"原则，其广泛的低价亲民产品系列已经在消费者心中形成了深刻的印象。因此，即使可能会有部分产品定位向中高端转变，也不太可能完全放弃其原有的低价优势和大众消费市场。

综上所述，随着消费升级，名创优品的产品定位有可能会适度地向中高端拓展，但仍会兼顾其原有定位的核心优势和市场基础。

问题二：名创优品在不断拓展全球市场的过程中，如何根据不同国家的文化和消费习惯调整其特色经营策略？

分析：

此题为开放题，结合材料与实际，言之有理即可。以下分析仅供参考。

在名创优品扬帆出海、拓展全球市场的征途中，精准把握各国文化差异与消费习惯，实施特色经营策略，是确保其国际化成功的重要基石。可以从以下角度出发调整其特色经营策略，包括但不限于以下几点。

第一，深化市场洞察，精准把握需求脉搏。通过详尽的市场调研，洞悉当地消费者的喜好、购买行为习惯以及对不同产品品类的偏好。据此灵活调整产品线，如在环保意识强烈的国家，强调环保材料的应用；在时尚前沿的市场，融入更多潮流设计元素，以满足多样化的市场需求。

第二，尊重文化差异，定制化产品策略。在宗教氛围浓厚的国家，严格遵循宗教禁忌，避免推出可能引起争议的产品；而在文化底蕴深厚的地区，则巧妙融合当地文化元素，打造具有独特魅力的专属产品，以此拉近与消费者的距离。

第三，灵活定价，兼顾性价比与市场需求。充分考虑不同国家的经济水平、消费能力及消费观念，制定差异化的价格策略。在高端市场，适度提升产品档次与价格，满足消费者对品质的追求；而在价格敏感型市场，则继续强化性价比优势，吸引更多消费者。

第四，本土化营销，贴近消费者心灵。利用当地热门的社交媒体平台和营销渠道，结合当地文化背景与审美偏好，创作富有吸引力的广告创意与宣传内容。通过精准投放与互动沟通，加深品牌在当地消费者心中的印象。

第五，深化本土合作，共创市场机遇。积极寻求与当地供应商、合作伙伴的紧密合作，共同挖掘市场潜力。通过资源共享、优势互补，开发出更加符合当地市场需求的特色产品与服务，进一步巩固名创优品在全球市场的地位。

6.2 银泰百货：打造新零售的"小怪兽"

材料

材料（一）

由于新零售的发展，传统百货商场不得不选择新零售转型之路，来解决当前的经营困境。

具体来说，传统百货业存在以下五大困境。

（1）难度高：百货业态的商品 SKU 多、库存浅等特点决定了其开展单品管理的难度较高，且由商场主导制定编码规则并录入系统的传统方式存在工作量大、数据不准确等问题。

（2）成本高：一般情况下，传统百货店为了开展新零售业务，必须组建专门的商品数字化团队，由此带来的人力成本及系统开发、运维投入居高不下，如果在此基础上开展线上销售，还会带来线上线下价格、促销及利益冲突的问题。

（3）效益低：由于传统百货店的商品季节性更替快，商品数字化完成后商品实物就已经离开店铺，经营业绩在短期内难有成效，经营者和品牌商的获得感不强，导致一线人员和供应商在商品数字化层面的配合意愿及执行力都不高。

（4）阻力大：传统百货店的全业务流程数字化需要对现有业务流程进行的颠覆式重组，必然会带来利益格局的调整，从而导致新零售转型阻力的产生，因此需要在"一把手"亲自领导下长期投入、长期坚持才能逐步见到成效。

（5）同质化严重：由于商业地产的不断发展，百货门店数量也呈快速增长态势，加剧了行业竞争，表现为相似定位和相似经营模式的百货商店已缺乏市场的消费热点。据统计，目前约90%的百货商场都采用联营模式经营，这将导致招商部门在引进"店中店"的时候都冲着某些品牌而去。虽然每个百货公司都有自己的经营倾向，但还是难免出现"千店一面"的局面，以至于顾客走进不同的百货商场看到的都是一样的品牌，从而导致业内的激烈竞争，若想获得更高的利润，商场之间就只能变着花样地进行各种打折促销来吸引顾客。最终，商场的客流数量下降，没有足够的销售额，百货商场的利润随之下降。

此外，近年来，一方面由于全球经济持续低迷，另一方面由于国内对经济进行了不间断的宏观调控，市场对日用百货的购买能力有所萎缩，缺乏能够硬性拉动居民消费的百货商品。失去了消费热点的支撑，大型百货商场已经无法像以前那样，做到人们所说的"闭着眼睛都能赚钱"。

因此，传统百货商场开始转型，其转型方案为：在新零售发展背景之下，传统百货商场基于新零售系统技术及大数据的优势，实现数字化运营。以苏宁百货为例，苏宁百货将线下百货商场搬到线上，运用小程序及苏宁易购二级平台赋予商品更多销售渠道，突破时空局限，对周边社区及城市消费人群进行数字化营销，让更多人走进苏宁百货。

总之，传统百货商场的转型就是在"人、货、场"全业务流程数字化基础上，通过类似友数新零售系统的门店管理系统来建立起"营销—采集—分析—再营销"的大数据闭环，进而逐步向建模、大数据学习的方向纵深发展。只有通过"数字化"增强与顾客互动，建立线上线下一体化运营，将会员、营销、销售、支付、结算、数据分析等功能完整地聚合在统一的系统内，才能真正实现百货店的"智慧化"。

资料来源：Hishop 海商．

材料（二）

银泰百货成立于 1998 年，以杭州为起点，深耕于浙江，是一家全面架构在云上的互联网百货公司，业绩位居中国百货零售业前列。2000 年，银泰百货第一次走出杭州，开的第一个外埠项目是"宁波东门店"，之后开始周密布局于浙江。2009 年，银泰百货在浙江的一个县级市——义乌,开设了一家门店。26年来,银泰百货一方面在全国各地选择合适的物业开设新店,另一方面也会通过收购兼并的方式进行品牌拓展。近年来,银泰百货的战略思维悄然转变,从昔日的"集中开店,区域领先"迈向更加灵活分散的新阶段。

尤为特殊的是,银泰百货在产品线布局上独树一帜,仅有一条产品线。尽管如此,银泰百货在全国市场表现出的共性却不多,反而因为物业、品牌的不同,彰显出许多个性来,有一些城市的银泰百货表现出强烈的本地化属性。从项目定位来看,银泰百货既拥抱高端市场,如合肥银泰中心以"重奢"品牌引领风尚,又紧贴年轻消费群体,如西安小寨店以"二次元"主题俘获年轻人的心。从品类来看,近年来,银泰百货不仅持续巩固如武林店在化妆品品类的领先地位,更在全国范围内推动美妆核心门店的规模化发展。杭州西湖、庆春,宁波天一,合肥银泰中心,西安钟楼开元商城,温州世贸,绍兴,义乌,仙桃……银泰百货的众多门店均已完成华丽转身,成为美妆品牌竞相入驻的热门百货商场。

2020年,在全球疫情的重压之下,消费者行为经历了深刻变革,人们的习惯、喜好、消费方式发生了不可逆转的变化,给零售行业带来了持续而长久的挑战。零售行业要适应这种变化,就要从"以客为先"转变到"以客为中心",从"人找货"转变为"货找人",从"线上线下"转变为"线上线下融合"。

为了实现这些目标,银泰百货进行了全方位的数字化转型,包括顾客数字化、商品数字化、商家数字化、活动数字化和供应链数字化。通过用户画像、商品上线、商家运营、活动全链路和库存对称等手段,银泰百货提升了流量、转化率和客单价,实现了商品交易总额的增长。

除此之外,银泰百货转型为"新百货",通过三大变化提升了零售的能力。第一,银泰百货已经变成服务数字化会员的商场。如今,银泰百货的绝大部分交易均源自其庞大的数字化会员群体,交易全程无纸化操作,不仅引领了绿色消费的新风尚,也彰显了银泰百货作为"绿色商场"的典范形象。这一转变的核心在于,银泰百货的数字化会员体系深度绑定淘宝账号,实现了与阿里巴巴数据的无缝对接与深度融合,使得会员的消费行为跨越线上线下,完美践行了银泰百货One Data的数字战略理念。银泰百货围绕数字化会员进一步地展开了系统整合的宏伟蓝图,旨在通过一体化会员、营销、商品、交易、服务及硬件的全方位整合,优化组织结构,提升整体运营效率,从而为消费者提供更加卓越的服务体验。第二,银泰百货在转型过程中深刻重塑了消费与供应的闭环链路,携手众多品牌商共同探索"互联网化百货商场"的新模式。这一变革赋予了消费者前所未有的购物自由度,无论是线上浏览下单、到店自提,还是线下体验后选择送货到家,银泰百货均能提供无缝衔接的线上线下一体化服务。这背后,是银泰百货以消费者为中心,依托数字化技术与内部组织服务的双重革新,对传统百货服务模式的全面重构,同时也加深了与品牌商之间的合作深度与广度。第三,银泰百货重塑自己的能力,正在规模化地部署到其他商场。自转型之初,银泰百货便致力于将新零售的实践经验提炼为一套高效运转的操作系统,将运营的每一个细微环节与关键点进行数字化、流程化处理,为营运、百货及品牌商构建了一个强大的服务平台。这一操作系统不仅提升了银泰百货自身的运营效率,更成为其快速扩展与赋能其他商场的强大引擎。目前,银泰百货已具备3个月让一个传统商场进行新零售转型并可以随时升级的能力,而且3个月的时长将可能在半年内再缩短至一个半月。

然而，数字化转型并不意味着忽视传统零售的基本功，而是要在基本功的基础上创造新的价值和体验。银泰百货深谙此道，面对重塑顾客认知、调整利益格局及挑战团队惯性等多重困难，坚持以清晰而坚定的战略为舵，辅以敏捷高效的执行力为帆，勇往直前。正如陈晓东所言："我们要成为一个线上线下融合的小怪兽，我们要用数字化来改变零售业。"在具体实践中，银泰百货巧妙借助阿里巴巴大数据平台的强大能力，对顾客群体进行精准细分与深度画像，实现了个性化推荐与精准营销，有效提升了顾客满意度与忠诚度。同时，依托阿里巴巴的商品上线平台，银泰百货确保了线上线下商品信息的无缝对接与同步更新，让顾客享受到了跨越时空的便捷购物体验。顾客不仅可以在线浏览丰富商品，轻松下单，还能选择线下门店提货或亲身体验，真正实现了购物体验的全方位升级。

跨品类、跨业态、跨时空的人货匹配，以及从"人找货"到基于数据驱动的"货找人"的转变，如今的银泰百货已经成为一家具备规模化部署新零售能力、服务数字化会员的互联网商场，生意由"物以类聚"变为"人以群分"。人货场链路的重构为今天传统百货业的发展带来了新思路。

资料来源：新浪财经、银泰百货、百家号、界面新闻。

案例使用说明

一、教学目的

本案例主要介绍传统百货商场的困境以及银泰百货在数字化时代下的转变、定位与特色经营，希望达到以下教学目的：
(1)掌握百货商店的概念、经营特点和优劣势；
(2)了解现代百货商场的特色经营与形象塑造；
(3)掌握百货商店的营销定位。

二、涉及知识点

本案例涉及百货商场及其营销定位、现代百货商场的特色经营与形象塑造等知识点。

三、课程思政

本案例通过对传统百货商场的困境与银泰百货创新变革的发展历程的学习与讨论，激发学生了解零售学发展模式与定位的兴趣，启发学生保持对新知识、新技术的学习和探索，增强学生勇于探索的创新精神、善于解决问题的实践能力，同时，引导学生明白团队合作和互利共赢的重要性，努力提升自我，为社会的进步贡献自己的力量。

思考题

1. 银泰百货在"新百货"转型中，如何确保在服务数字化会员的同时，不丢失传统百货的服务特色？
2. 银泰百货的数字化转型如何影响其在不同地区的特色经营策略和零售定位？

理论解读

一、百货商场

百货商业购物广场（简称"百货商场"），能提供诸多实用性商品，小到针线，大到家电商品和家居家具，但个性化商品则较缺乏。总之，百货商场是社区居民的好邻居，能满足消费者生活的一切所需。现已经成为城市居民不可或缺的购物场所，给生活在城市里的居民带来了诸多便利。可见，百货商场的存在无疑给人们增加了生活的幸福感与便利程度。百货商场在不同时期，拥有不同的特征。

1. 成长期

(1) 发展迅速。市场上所占份额迅速上升，远远超过传统的杂货店和单一品种的商场，因其商品品种齐全、规模大、明码标价、购物环境幽雅等优点对消费者具有更大吸引力。

(2) 效益较好。成长期的百货商场经营者可预期获取到良好的经营效益。

(3) 市场尚未饱和。成长期的百货商场由于数量有限，未能满足居民日益增长的购物需求，因而尚存在较多的发展空间。

2. 成熟期

(1) 增长速度下降。在社会需求量增长有限的条件下，由于大型百货商场的急剧增加，加之其他业态形式，如超级市场、便利店、专卖店、货仓店等的兴起，使每个百货商场原来分吃的蛋糕越来越小。各企业要想保持一定的增长率就必须努力扩大其市场占有份额，从而使业内竞争进一步加剧，并导致各企业的销售增长速度普遍下降。

(2) 盈利水平下降。由于行业内同类企业的增加，导致竞争加剧，最终致使盈利水平下降，整个行业内的企业只能进行微利经营。

(3) 单位面积销售额下降。在企业成长期，企业营业面积的增长与销售额的增长存在正相关函数关系，即销售额会随着营业面积的增加而增长，但企业进入成熟期的一个明显特征则是单位面积销售额急剧下降。

3. 衰退期

所谓衰退，指的是由于多种原因，整个零售业态的商品销售呈现出持续而不是偶然地下降。企业要正确把握衰退期特征，以便减少和避免损失，寻求新的突破和发展。

(1) 社会需求持续下降。由于新的零售业态形式进入市场，具有较强的生命力，使消费者不再青睐百货商场这种业态形式，而转移到新的业态形式。

(2) 行业性效益持续滑坡，导致行业性亏损。当百货商场作为一种业态形式已无法进行以收抵支，取得盈利经营的情况下，说明百货商场的衰退期已经到来。

二、百货商场的营销定位

1. 目标市场定位

在百货商场的营销布局中，首要之务是精准锁定目标顾客群体，摒弃"大而全"的传统思维，转而聚焦于细分市场的深度挖掘。根据消费者的收入水平，百货商场的顾客群体可细分为高端、中端及低端三个层次，每个层次都拥有其独特的消费偏好与行为特征。

(1) 奢华型定位，聚焦于高端消费群体，即融高质量商品和愉悦购物体验于一体，服务注重精品、名品以及高质量的体验式服务的消费群体。这一群体虽人数相对有限，但其强大的购买力不容忽视。此外，市场上还存在着大量对高端生活充满向往的潜在顾客，他们或许经济能力有限，却乐于通过购买高端商品来彰显自身地位与品味。因此，奢华型定位的百货商场应精选精品、名品，并提供极致的购物体验与服务，满足高端人群对品质与尊贵的追求。

(2) 时尚型定位，瞄准了追求个性、渴望走在潮流前端的现代人群，尤其是年轻人。这类消费者注重自我表达，对流行时尚有着敏锐的嗅觉与强烈的追求。因此，百货商场在时尚型定位下，应紧跟时尚潮流，引入最新、最潮的商品，同时打造充满活力与创意的购物环境，成为潮流文化的聚集地。

(3) 实用型定位，更加贴近广大主流消费群体的实际需求。这类消费者以中等收入群体为主，他们在消费时更加精打细算，注重商品的实用性与性价比，不易被华丽的促销手段所迷惑。因此，实用型定位的百货商场应精选性价比高的商品，提供贴心、实用的服务，建立与消费者的长期信任关系，成为他们日常生活中的可靠伙伴。

此外，百货商场在定位时还可考虑年龄、性别、地域等多元因素。例如，根据年龄层次的不同，可以选择专注于青年、中老年等不同消费群体；根据性别差异，可以打造针对儿童、女性或男性的专属购物空间；而地域因素则影响着商场的商品结构与服务模式，需根据当地消费者的实际需求与偏好进行灵活调整。

2. 功能定位

大型百货商场正逐步向"专而全"的发展路径迈进，强调专业化与特色化经营。它们聚焦于特定市场领域，精心挑选并培育自己的顾客群体，通过明确的市场定位，打造出具有竞争力的拳头商品和主力商品。在商品结构上，大型百货商场更倾向于经营选购型商品和特殊型商品，这些商品往往需要消费者投入更多时间与精力进行信息搜集与比较，从而满足其对品质与个性化的追求。"专"字体现在大型百货商场精准定位目标市场，精选几大类核心商品，力求在专业领域内做到极致；"全"则意味着在选定的商品类别上，不断拓展花色品种，以满足顾客多样化的需求。这种策略有效避免了传统"大百货"模式下盲目追求商品种类齐全而导致的资源分散与效率低下。

同时，部分百货商场则坚守着百货商场的传统优势——规模大、品种齐、价格平、功能全、服务优。它们采取集休闲、购物、饮食、娱乐于一体的综合经营模式，致力于为顾客提供全方位、便捷的一站式购物体验。综合购物百货商场以中等收入家庭为主要服务对象，同时兼顾低收入与高收入阶层，通过广泛的顾客覆盖策略，最大化地吸引并留住客源。从婴儿到老年人，各年龄段的消费者都能在这里找到适合自己的商品与服务。它们以合理的价格为顾客提供完善而优质的生活必需品，并不断提升服务质量与购物环境，力求成为引领消费潮流、展现时尚风采的现代百货商场。

3. 商品定位

百货商场作为商品流通的重要平台，其核心目标在于实现商品的最终消费，通过提供品种繁多、款式新颖、质量上乘且价格合理的商品，全面满足消费者的多样化需求，涵盖衣、食、住、行、娱乐及文化等多个生活领域。在此基础上，百货商场还需致力于打造独特的商品特色，以区别于竞争对手，增强市场竞争力。

百货商场突出商品特色主要表现在：第一，创造本商场商品的重点的特色，实现商品的全中求专、专中求特；第二，突出商品的档次特征，根据商品的价值、品牌等因素，明确划分商品档次，满足不同消费层次的需求；第三，突出商品的质量特征，无论是经营"名优特新"商品还是大众商品，商场都应坚持质量第一的原则；第四，突出商品的价格特征，商场可根据自身定位及市场情况，灵活制定价格策略；第五，在商品经营组合上，商场应紧跟市场趋势和消费者需求，不断创新商品组合方式。除了传统的按性别、年龄等因素划分商品区域，还可根据消费者的生活场景、功能需求等进行精细化组合，如厨房用品专区、家居生活馆等，为消费者提供一站式购物体验。

4. 运营模式定位

百货商场的运营模式可依据其自营与否，划分为自营模式、招租模式及委托管理模式三大类，且各具特色。

(1) 自营模式。它包括购销、保底抽佣和纯分成三种形式。购销形式是指百货商场独立采购商品并销售，全程自负盈亏，承担全部经营风险。保底抽佣是商场与代理商或经销商合作，提供铺位或专柜，依据销售额抽取佣金。特别之处在于，双方会设定最低销售保底额，即便实际销售额未达此标准，商场仍按保底额的一定比例收取佣金，以此保障基本收益。纯分成模式则同样采取合作方式，但商场与合作伙伴之间不设定最低销售门槛，而是纯粹根据销售额比例分配收益，实现风险共担、利益共享。

(2) 招租模式。商场将铺位或专柜以租赁形式出租给实际经营者，从中获取租金收入。这种模式下，商场不直接参与经营，经营风险由租户自行承担，商场则专注于物业管理和租金收益的稳定增长。

(3) 委托管理模式。针对缺乏自营能力的房地产开发商，委托专业管理公司进行运营。这种模式不仅有助于开发商实现由粗放向集约经营的转变，还能有效降低成本、提升效率。对于管理公司而言，输出管理不仅意味着市场拓展，还能将成熟的经营模式和管理经验快速复制，实现双赢。同时，被委托管理的商场则能借助专业力量，弥补经营管理短板，引入先进管理模式和知名品牌，共享分工带来的收益增长。

三、现代百货商场的特色经营与形象塑造

在零售市场日新月异的今天，现代百货商场正面临着前所未有的挑战与机遇。为了摆脱"千店一面"的困境，百货商场亟须通过特色经营来重塑自我，构建独特的竞争优势。这一过程始于建立一个清晰且有辨识度的品牌形象，并通过精心策划的商品组合与卓越的服务体验来不断强化这一形象。

面对新兴业态崛起，百货商场的传统优势——商品种类繁多、品种齐全，逐渐转化为竞争劣势。为应对这一挑战，百货商场需主动求变，减少商品种类，聚焦核心优势领域，加大经营深度，实现与大型综合超市、便利店等业态的错位竞争。同时，通过引入品牌系列化、商品系统化等策略，提升商品的高档性、时尚性和技术含量，以满足特定消费群体需求。明确的目标顾客群体是百货商场特色经营的关键。无论是面向18~50岁职业女性的时尚精品,还是针对高收入家庭的高端生活解决方案,百货商场都应精准定位,打造专属购物体验。在顾客心中,百货商场应成为品质与信任的代名词,一个汇聚了众多专卖店的时尚殿堂。

此外,商场形象是其在市场竞争中的无形资产,对于吸引顾客、提升品牌价值具有不可估量的作用。一个成功的商场形象不仅能够迅速传播,还能在消费者心中留下深刻而美好的印象。商场形象的塑造是多维度的,既包括商场本身的硬件设施,如建筑风格、色彩搭配、功能布局等,也涵盖消费者对商场的心理感受,如豪华、典雅、活泼等情感共鸣。同样,商场的价格策略、商品质量、服务水平及促销方式等也是展现其形象的重要窗口。

尤为重要的是,塑造"负责任企业"的形象已成为现代百货商场的共识。这要求商场从管理层到一线员工,都需树立正确的价值观,将公正、服务、商业道德融入日常经营的每一个环节。同时,积极参与社会公益事业,如赞助"希望工程"、残疾人福利、文化艺术等,不仅体现了企业的社会责任感,也增强了公众对商场的信任与好感。

塑造商场形象是一个长期而系统的工程,需要持续的规划与投入。通过一系列有计划、有组织的活动安排,百货商场可以逐步建立起深入人心的品牌形象,从而在激烈的市场竞争中脱颖而出,实现可持续发展。

简要分析

问题一:银泰百货在"新百货"转型中,如何确保在服务数字化会员的同时,不丢失传统百货的服务特色?

分析:

在银泰百货"新百货"的转型征途中,确保数字化会员服务与传统百货服务特色的和谐共生,是至关重要的一环。为此,银泰百货可采取一系列策略性举措,包括但不限于如下几点。

第一,深化员工培训体系。通过系统性培训,使员工深刻理解并传承传统百货服务的精髓,如面对面交流的温度、专业详尽的产品解说以及无微不至的售后服务。同时,培养在线客服团队,赋予他们线下般的热情与专业,让数字化服务同样充满人情味。

第二,精心保留并升级线下特色体验区。即便在数字化转型的浪潮中,银泰百货也坚持在商场内打造一系列具有鲜明传统特色的体验空间,如美妆亲试区、时尚搭配顾问站等,让顾客在线下购物时仍能享受到那份独特的仪式感与个性化服务。

第三,巧妙运用技术创新模拟传统服务场景。借助 VR、AR 等前沿技术,银泰百货为数字化会员打造沉浸式购物体验,如虚拟试衣间、在线美妆试妆等,让顾客即便身处家中也能感受到如同亲临商场般的购物乐趣。

第四,品质把控始终是银泰百货不变的坚持。无论是线上还是线下,银泰百货均对商品品质实施严格筛选与监督,确保每一件商品都符合高标准要求,让顾客购物无忧,信任倍增。

第五,建立高效的会员反馈机制。银泰百货积极搭建多样化的沟通平台,鼓励会员分享服务体验与需求反馈。通过持续倾听与快速响应,银泰百货不断优化服务流程与内容,确保传统百货服务特色在数字化转型中得以传承与升华。

除了上述角度,还可以从其他角度出发展开分析银泰百货在服务数字化会员的同时,不丢失传统百货的服务特色的原因，言之有理即可。

问题二：银泰百货的数字化转型如何影响其在不同地区的特色经营策略和零售定位？

分析：

银泰百货的数字化转型之旅，深刻影响着其遍布各地的特色经营策略与零售定位，绽放出多彩的商业魅力。在这场数字化盛宴中，银泰百货展现了一系列亮点。

一方面，就特色经营策略而言。银泰百货巧妙运用数字化利器，精准捕捉并分析各地消费者的独特偏好与行为轨迹，量身定制特色营销活动与商品推荐。在潮流涌动的都市，银泰百货推送时尚尖货；在性价比至上的城市，则主打优惠盛宴，精准狙击消费者的心。数字化转型的桥梁，让银泰百货轻松跨越地域界限，实现商品与营销资源的无缝对接。热门商品如疾风般穿梭于各区域间，满足消费者的多元化需求，提升销售效率至新高度。同时，借助数字化技术，银泰百货精准预测区域需求，优化库存布局与配送网络，确保特色商品以最快速度抵达消费者手中，展现供应链管理的卓越智慧。新时期，银泰百货紧跟时代步伐，深化线上线下融合战略。根据地区消费者的购物习惯，灵活调整门店经营策略，让每一位消费者都能享受到最贴心的购物体验。

另一方面，就零售定位而言。基于海量数据，银泰百货精准描绘出各地区消费者的年龄、收入、消费习惯等特征画像，为零售定位提供坚实的数据支撑。在年轻潮流之地，银泰百货尽显时尚本色；在成熟稳重之城，则主打品质服务，精准定位，赢得市场。数字化平台成为银泰百货展示品牌形象的璀璨舞台。无论身处何地，消费者都能感受到银泰百货一致的高端、优质品牌形象，传递出强烈的品牌认同感。面对不同地区经济发展的不平衡与消费能力的差异，银泰百货灵活调整商品结构与价格策略，确保商品既能满足当地市场需求，又能保持品牌的整体竞争力。数字化工具如同银泰百货的敏锐触角，实时监测各地区门店的经营数据与市场反馈。一旦发现市场变化或消费者需求转变，银泰百货能够迅速调整零售定位策略，保持市场领先地位。

综上所述，银泰百货的数字化转型不仅是一场技术革命，更是一场深刻的经营策略与零售定位变革。在这场变革中，银泰百货以数字化为翼，翱翔于市场蓝海，书写着属于自己的商业传奇。

6.3 联华超市的"胜负手"

材料

联华超市股份有限公司（以下简称"联华"）隶属上海市属大型国有企业百联集团，于1991年5月成立，立足长三角，发展至全中国，通过高效整合供应链，提供全品类优质商品，是具有当地精神的全渠道生活零售商。2003年，在香港上市，成为国内首家在香港主板挂牌上市的连锁超市企业。2023年7月，联华位列2023年《财富》中国500强排行榜第479位。

中国连锁超市的鼻祖，中国最大的商业零售企业，中国门店数量最多的连锁超市企业之一，常年位居中国连锁百强前列，这些都是贴在联华超市身上的标签，其中更有一段辉煌岁月，联华超市连续十年独占鳌头，风光无限。然而市场变化莫测：2012年联华超市业绩开始下跌；2013年净利润大跌至5295万元；自2015年起连续三年亏损；2017年全年关店492家。当年荣耀一身的联华超市终究是走下了神坛。尽管面对重重困难，联华超市的每一步蹒跚前行都透露着坚韧与不屈。在激烈的市场竞争中，联华正积极调整战略，探索新零售模式，力求在变革中重焕新生，续写属于它的商业传奇。

重塑联华在中国零售业的规模位置，让联华回到盈利性增长通道，是条漫漫长路。2019年，联华超市迎来了过去六年以来连续第二年实现营业收入的正增长。据联华高层透露，前期的减亏成就主要归功于严格的成本控制——"节流"策略。然而，要实现真正的扭亏为盈，关键在于"开源"，即通过创新业务模式来拓宽收入来源。

联华超市敏锐地捕捉到了"到家业务"这一"开源"良机，尤其是依托其标超（标准超市）的线下优势。在上海，联华直营标超达400家，多数已融入生鲜经营，加上加盟店总数近1200家，形成了密集的网点布局。这一布局不仅缩短了配送半径，还提升了到家服务的履单效率，精准覆盖"800米生活圈"，成为到家业务的经济之选。特别是在上海与杭州，联华凭借其庞大的网点密度，有望实现低成本的业务模式复制。

此外，联华背靠百联集团，自2016年起构建的"i百联"线上平台已成为其到家业务的主要流量入口，截至2019年年底贡献了约80%的线上到家订单量。疫情期间，联华超市线上业务更是迎来爆发式增长，订单量与销售额均显著提升，其中自有平台表现尤为亮眼，彰显了其在数字化转型中的潜力。

联华正积极探索基于标超的到家业务模式，以轻资产方式运营，专注于店仓融合、配送优化及效率提升。通过生鲜品类的"引流"作用，结合日配、冷冻食品等品类的高毛利特性，联华致力于打造一个可持续增长、可复制的"盈利生鲜"模式。然而，线上生鲜业务的快速发展也暴露了联华在系统化、数字化运营及生鲜标准化方面的不足，这些将是其未来努力的方向。

值得庆幸的是，联华已在生鲜经营能力与供应链建设上取得了一定进步，线上生鲜占比逐年提升。生鲜品类的强大引流效应与顾客黏性，正有力推动联华到家业务的整体发展，为其重返零售业巅峰奠定坚实基础。

在2024年，折扣零售已然成为流行趋势，联华施展出折扣化的组合策略。其一，通过精细入微的成本把控，逐步摒弃传统的周期性促销手段，从而实现优势商品能够常年保持低价；其二，通过对供应链的优化，将折扣置于核心位置，大力推进自有品牌的发展，达成各方的互利共赢。2024年7月30日，联华精心筛选出三百多款爆款商品，涵盖了蔬果、肉禽、粮油、休闲、酒饮、个护以及家清等日常生活所需的各个品类。针对当下消费者更为注重的商品质价比这一特性，打出了"花更少、买更好"的口号，坚决贯彻重点商品常年维持一价到底的策略，以低价出售优质商品，切实让利于消费者。这一理念的背后，是联华全国供应链网络的紧密协作与高效运作。通过强化集采优势，扩大投资规模，联华有效降低了成本，为价格优势奠定了坚实基础。同时，联华注重与优质供应商的深度合作，提升直采比例，聚焦商品特色与差异化，以更高效、更精准的供应链响应市场需求。

面对消费者购物观念的转变，联华深知自有品牌的重要性。自2023年起，联华便开启了自有品牌的深度改革之旅，通过海外直采、老字号联名、原产地直供等多种方式，拓宽供应链边界，确保商品品质卓越且价格亲民。围绕"3LOVE"理念（爱健康、爱自己、爱生活），联华精心打造了优绱、UPSH、Tasy、农华四大自有品牌,共同诠释"联华质造"的深刻内涵,强调"质优、质感、质价比"的商品特质。

联华始终秉持以"好商品、好体验,构建人情好生活"为使命,持续丰富品牌的内涵,注重业态创新与商品力的共同塑造。通过有趣且新颖的营销活动,结合"花更少 买更好"的爆款商品,为消费者带来众多优惠。

资料来源:百度百科、搜狐、雪球.

案例使用说明

一、教学目的

本案例主要介绍联华超市是如何以重新定位与特色经营来突破困境的,希望达到以下教学目的:

(1)掌握超级市场的内涵及分类;
(2)了解超级市场的营销定位;
(3)熟悉超级市场的特色经营与形象塑造。

二、涉及知识点

本案例主要涉及超级市场及其营销定位、超级市场的特色经营与形象塑造等知识点。

三、课程思政

本案例通过对联华超市突破困境展开分析,增长学生的知识见识,帮助学生了解零售行业内的转型方向,提醒学生要时刻保持敏锐的市场洞察力,不断学习和适应新的环境,培养学生勇于突破传统思维、敢于创新的精神,引导学生关注现实问题,激励其掌握专业前沿知识,保持不懈的奋进精神。

思考题

1. 结合材料分析,联华超市的自有品牌在其整体营销定位中起到了怎样的特色支撑作用。
2. 面对不断变化的消费者需求和市场趋势,联华超市如何调整零售定位和特色经营以保持竞争力?

理论解读

一、超级市场

超级市场是指以销售食品、日用品为主,满足消费者日常生活需要的零售业态。通常采取开架销售的销售方式,也可同时采取在线销售的销售方式。门店内可提供食品现场加工服务及现场就餐服务。

根据《零售业态分类》(GB/T 18106—2021),超级市场有两种划分方式:一种是按照营业面积划分,另一种是按照生鲜食品营业面积占比划分。

按营业面积划分，超级市场分为三类：一是大型超市，是指营业面积大于或等于 6000 平方米，商品种类丰富，满足一站式购物的超市；二是中型超市，是指营业面积在 2000~5999 平方米，商品种类较多，满足日常生活所需的超市；三是小型超市，是指营业面积在 200~1999 平方米，食品类商品品种较多，满足日常生活必需的超市。

按生鲜食品营业面积占比划分，超级市场分为两类：一是生鲜食品超市，是指生鲜食品营业面积大于或等于总营业面积的 1/3，满足消费者日常生活必需的超市，通常生鲜食品的有效单品数量占总单品数的 30%及以上；二是综合超市，是指经营品种齐全，满足顾客日常生活用品一次性购齐的超市，通常非食品单品数量占比较高。

二、超级市场的营销定位

（一）目标市场定位

超级市场，作为民众日常生活中不可或缺的一部分，专注于提供丰富多样的主副食品、家庭日用品，并以优质的购物环境与卓越的服务著称，其核心定位精准聚焦于社区居民、家庭主妇及单身群体。近年来，随着生鲜经营板块的迅猛增长，超市已逐步成为居民"米袋子""菜篮子"的首选之地，其生鲜产品的品质保障与购物环境的优越性，正逐步改变着消费者的购物习惯。超市生鲜区不仅汇聚了高人气，更成为其差异化竞争的关键策略，紧密连接着周边社区的每一个家庭。家庭主妇与单身男女这些消费群体，或是负担着家庭的起居饮食，或是由于工作事务繁忙而无多余的时间花费在饮食及日常生活的琐事上，他们需要方便、快捷的服务与商品。

当然，随着超市的不断发展、经营种类的增加和社会的不断进步，超市所定位的一般目标市场在原来的消费群体上出现了扩大的趋势，涵盖了更广泛的社会阶层：一是由职业妇女组成的双职工小家庭；二是追求新鲜、卫生、品质良好且对价格较不敏感的消费者；三是收入水平或教育水平较高，较喜欢尝试新事物或追求时尚的消费者；四是较注重购物环境舒适感的消费者；五是女性或男性的单身族，年龄在 18~45 岁之间；六是单身外出或旅行的消费者；七是喜欢闲逛的消费者；八是礼品的购买者，其消费需求是购买商品时选择性较强，超市的销售方式正好能迎合这部分消费者的需求。

面对如此多元化的目标市场，超级市场需采取灵活多变的市场策略，避免单一化定位，力求最大限度地满足商圈内不同消费群体的多层次、多样化需求。通过精准分析消费者行为，不断优化商品结构，提升服务质量，营造更加舒适便捷的购物环境，从而稳固并扩大其市场份额。

（二）商品定位

在精准锁定目标消费群体后，超市需精心策划商品策略，以完美契合消费者的多样化需求。商品定位也是超市通过商品来设计出企业在消费者心目中的形象的过程。

1. 经营范围定位

超市虽以食品与日常用品为主打，但细分之下，经营范围各具特色。不同类型、不同规模的超市拥有不同的经营范围定位。

标准食品超市：以经营食品为主的超级市场，食品占全部商品构成的 70%左右，但其中生鲜食品则稍显不足，难以满足消费者一站式购齐的期望。

大型综合超市：在标准食品超市基础上，广泛融入百货类商品，食品与非食品平分秋色，品种繁多，满足消费者全方位生活需求，成为家庭购物的首选之地。

随着主副食品加工程度、居民消费水平，以及超市经营管理水平的提高，主副食品如菜、水果、肉类等的经营有较大发展，并逐步呈现上升趋势，占据经营的重要地位。在标准食品超市发展的基础上，近年来又延伸出食品加强型超市、生鲜超市、生鲜加强型超市。

食品加强型超市：食品经营面积一般占到超级市场营业面积的30%以上，最终调整为50%以上的，称为食品加强型超市。这类超市各类主副食品非常丰富，是吸引客流量与提升销售的主力商品。

生鲜超市：起源于欧洲，专门为家庭提供新鲜、便捷的个性化饮食产品，属于专业化经营商业类型。一般来说，生鲜经营面积占到超级市场营业面积的15%~20%的称为生鲜超市。

生鲜加强型超市：生鲜经营面积占到超级市场营业面积30%以上的可称为生鲜加强型超市，旨在强化并突出生鲜经营的超市。从专业化程度上讲，它已经达到了生鲜超市的经营水准和规模，但它又不是专门经营生鲜，生鲜仅仅是整个超市经营的一部分。

2．经营品种定位

超市致力于构建一个品种丰富、一应俱全的购物环境，确保顾客能在此找到满足日常生活所需的绝大多数商品。从厨房用具到清洁用品，从日常百货到生鲜果蔬，超市经营的商品种类繁多，覆盖居民生活的方方面面，力求满足周边居民80%以上的日常消费需求。

(三)价格定位

超级市场的价格策略，根植于其精准的目标市场与商品定位，通常力求略低于其他零售业态，以契合消费者"物美价廉"的心理期待。鉴于超市主打大众化与实用性商品，随着经济的繁荣与居民收入的提升，无论是普通消费者还是中高收入群体，在品牌与种类选择上愈发趋同。因此，低价策略不仅牢牢吸引低收入阶层，更对高收入群体展现出强大吸引力。

构建价格合理且低廉的超市形象，是经营定位的核心要素之一。通过低价策略驱动大批量销售，加速商品周转，形成"低价驱动—大众消费—连锁拓展—规模经济—成本控制—高效盈利"的良性循环机制。

在此基础上，超市还需灵活运用多种定价策略，如滚动差别定价法，即按月度周期(每周期四时段，每周一调)对商品进行有序降价，形成价格波动的吸引力，确保卖场持续活跃，促进即兴消费。同时，不定期采用"牺牲部分商品，带动整体销售"的招徕定价法，将热门商品保持低价，以此激发连带购买，提升整体销售额。

(四)服务定位

卓越且富有特色的服务，是超市脱颖而出的关键竞争力。超市致力于营造便捷、无压力的购物环境，让顾客自由浏览、亲手挑选商品，享受轻松愉悦的购物时光。此外，超市还提供详尽的商品信息、即食熟食、便捷组合菜等增值服务，全方位满足顾客多样化需求。同时，完善的进出通道、充足的停车位等基础设施，进一步提升了顾客的购物体验，彰显了超市对顾客体验的极致追求。

三、超级市场的特色经营与形象塑造

(一)超级市场的特色经营

超级市场要明确自己的经营特色,从而与竞争者形成差异化优势。一般,可以从以下方面塑造经营特色。

(1)塑造价格优势。通过合理定价,提供高性价比商品,吸引顾客,促进销量增长,加速资金周转。

(2)塑造绿色超市形象和特色。树立绿色超市形象,专注于环保、健康商品的经营,如有机食品、养生产品、无公害农产品等,满足消费者对健康生活的追求。

(3)强化生鲜处理技术与鲜度管理,确保商品新鲜度,提升顾客信任度。

(4)确保商品品种齐全,或在某些领域特别突出,以满足不同顾客的多样化需求。

(5)引入新鲜、稀有、特色商品,通过产地直销、进口商品、特殊口味食品等方式,以增加购物新鲜感。

(6)提供送货上门、免费停车、便民服务等额外服务,提升顾客购物体验。

(7)营造独特的卖场氛围,举办多样化的促销活动,吸引顾客眼球,增强购物乐趣。

(8)注重整体形象设计,提升超市档次,吸引高消费人群。

(9)提供商品知识及食用方法的指导,增加顾客黏性,提升品牌形象。

(10)根据顾客需求调整营业时间,如提前开门或延长闭店时间,方便顾客购物。

(二)超级市场的形象塑造

(1)刻意设计与塑造超市形象。如果不专门刻意设计与塑造,超市形象形成过程慢、不易于迅速而有效的传播,甚至可能使社会公众从某些局部或假象中得出不利于企业的结论。为此,要专门研究、系统总结超市形象设计,有计划地传播超市形象。

(2)塑造超市诚实、文明竞争的精神。诚实经营作风,是超市形象的根基,是赢得顾客的心的基础。顾客对商品不满意、要求退换货、或对服务不满意提出意见要求时,要遵照"顾客第一"的宗旨,予以妥善解决。在竞争中采用正当的手段开展竞争,尊重竞争对手,反对恶意中伤等不正当竞争手段。

(3)塑造超市精神,要靠管理者与全体员工共同努力。超市形象与每个员工的行为举止有密切的关系,每个人都是超市形象的传播者。要教育引导员工,心系超市,热爱超市,爱店如家,将自身行为与超市兴衰联系起来,树立追求"店兴我荣,店衰我耻"的荣誉感。塑造超市特色形象是一个长期的过程,要有长期的规划和活动安排,通过长期努力,才能得到消费者和社会公众的认同。

简要分析

问题一:结合材料分析,联华超市的自有品牌在其整体营销定位中起到了怎样的特色支撑作用。

分析:

结合材料可知,联华超市的自有品牌战略在其全面营销布局中扮演了至关重要的角色,多维度地塑造了品牌特色与市场定位。

首先,秉承"3LOVE"核心理念——爱健康、爱自己、爱生活,联华精心培育了优飨、UPSH、Tasy、农华四大自有品牌,它们共同铸就了"联华质造"的金字招牌,彰显了"质优、质感、质价比"的商品特质。这一精准定位精准捕捉了现代消费者对于高品质生活与理性消费并重的心理需求,成功吸引了那些既追求生活品质又注重性价比的消费者。具体而言,优飨品牌聚焦于健康食品领域,通过严选食材与创新工艺,为消费者带来美味与健康的双重享受;而农华品牌则深耕农产品市场,强调新鲜直供与源头品质,让消费者每一口都能品尝到自然的馈赠。

其次,联华超市通过海外直采、与老字号跨界合作、原产地溯源等多种创新手段,极大地丰富了自有品牌的商品线,不仅拓宽了供应链资源,还实现了商品的差异化竞争。特别是与老字号的联名产品,不仅融合了传统工艺与现代设计,更赋予了商品深厚的文化底蕴和独特的情感价值,成为吸引消费者眼球的亮点。

再次,自有品牌的发展也是联华超市品牌力提升的关键一环。随着消费者对自有品牌商品认可度与喜爱度的不断攀升,他们对联华超市的整体品牌形象与忠诚度也随之增强。这种正面的品牌联想与情感链接,进一步巩固了联华在零售市场中的竞争地位。

最后,从成本效益角度来看,自有品牌的开发为联华超市提供了更为灵活的定价策略与利润空间。相较于代理品牌,自有品牌在成本控制、生产流程优化等方面具有天然优势,这使得联华能够在保持商品品质的同时,以更具竞争力的价格回馈消费者,从而有力支撑其折扣零售的营销策略,实现市场份额与品牌价值的双重增长。

问题二:面对不断变化的消费者需求和市场趋势,联华超市如何调整零售定位和特色经营以保持竞争力?

分析:

面对消费者需求的日新月异与市场格局的持续演进,联华超市应积极采取包括但不限于以下策略,灵活调整零售定位并深化特色经营,以巩固并提升其在行业中的竞争力。

一是在零售定位调整方面。一方面,加速数字化转型步伐。深化大数据与AI技术的应用,构建精准用户画像,实现个性化商品推荐与营销策略的定制化。通过深度解析消费者行为数据,提供更加贴心、高效的购物体验,增强消费者黏性。另一方面,深化社区服务战略。紧抓社区商业发展的契机,将服务触角延伸至社区每个角落。通过增设社区配送、开展社区团购等活动,打造一站式社区生活服务平台,满足消费者多元化、即时性的消费需求。

二是在特色经营的持续优化方面。首先,全面升级生鲜品质,强化生鲜供应链的精细化管理,引入更多绿色、有机产品,确保食材的新鲜与安全。与本地优质供应商建立长期合作关系,构建生鲜特色优势,引领健康消费新风尚。其次,多元化拓展自有品牌,在现有品类基础上,积极探索家居、时尚、宠物等新兴领域,开发更多具有市场竞争力的自有品牌产品。通过差异化、特色化的产品线布局,吸引更广泛的消费群体。再次,深度打造体验式消费,在门店内设置多样化的体验区,如烹饪课堂、美妆试妆区、智能家居体验馆等,增强消费者的参与感与体验感。让购物不再仅仅是交易行为,而是成为一种享受与学习的过程。最后,线上线下无缝融合,充分利用线上平台优势,举办各类主题活动与会员专属优惠,吸引线上流量并引导至线下门店消费。同时，线下门店也可通过扫码关注、线上预约等方式，提升消费者便利性与服务效率，实现线上线下双向引流与协同发展。

综上所述，联华超市需紧跟市场步伐，不断创新经营策略与服务模式，以更加精准的定位、更加丰富的商品、更加优质的服务满足消费者的多样化需求，从而在激烈的市场竞争中脱颖而出，保持领先地位。

育人元素

本章通过介绍零售定位与特色经营相关理论知识与案例，讲授了新零售的经营理念以消费者为核心、以技术为驱动，推动消费升级，以相关案例为切入点，引导学生以消费者体验为中心，激励其掌握专业前沿和先进技术，保持不懈的奋进精神，以积极主动的态度勇敢面对接踵而至的各种挑战和困难，勇于担当，为消费者创造美好生活。同时，激发学生勇于创新意识，培养学生创新思维，能从多元的角度去深入思考问题、创造性地解决问题，为他们未来在充满机遇与挑战的新零售领域实现蓬勃发展打下坚实而稳固的基础。

第7章 零售组织

7.1 小型超市的组织结构诊断

材料

假设有一个小型超市——美满超市,其位于 A 市的繁华地段,虽然面积不大,但凭借其优越的地理位置,近年来成功扩展至三家分店,成为市民日常购物的好去处。然而,随着客流量持续攀升,美满超市却面临日营业额增长乏力与员工流失率高的双重挑战。具体表现为:连锁店客流量逐渐增长,可超市的日营业额却没有大幅度提升,营业员普遍反映工作强度太大而不断跳槽,导致该超市的营业人员处于长期招聘状态。

现阶段,美满超市三家连锁店共有员工 70 人,共设 7 个部门,其中采购部编制为 5 人,配送部 15 人,人力资源部 5 人,办公室 5 人,财务部 4 人,保安部 12 人,营业部 24 人。美满超市组织结构图如图 7-1 所示。为改善上述问题,美满超市精心策划了一系列改革措施,旨在优化管理结构,提升运营效率。

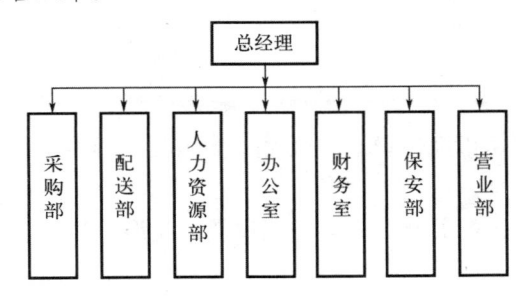

图 7-1 美满超市组织结构图

第一,重新设计美满超市的组织结构,将采购部和配送部合并为采购配送部,以更好地进行采购和配送的衔接;第二,将人力资源部、保安部和办公室三个部门合并为办公室统一管理,而财务部、营业部不变;第三,对各个部门的编制进行了调整,调整后采购配送部有 20 人,办公室 5 人,财务部 5 人,营业部 30 人,总数为 60 人。改进后的美满超市组织结构图如图 7-2 所示。

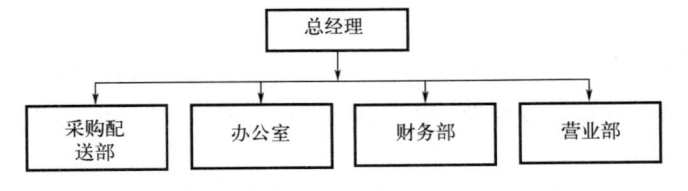

图 7-2 改进后的美满超市组织结构图

可见，从本质上讲，组织职能就是设计和维持一种有助于进行有效集体活动的组织结构，体现了组织各部分的排列顺序、空间位置、聚集状态、联系方式和相互关系。

资料来源：豆丁网.

案例使用说明

一、教学目的

本案例通过对小型超市的组织结构进行诊断分析，希望达到以下教学目的：

(1) 了解组织及组织结构的含义；

(2) 了解组织变革的内涵与原因；

(3) 熟悉小型超市的组织结构并能对相应零售组织展开分析。

二、涉及知识点

本案例主要涉及组织、组织结构等知识点。

三、课程思政

本案例通过对一个小型超市的组织结构进行诊断，引出零售企业组织结构理论知识，引导学生思考在零售企业的发展过程中要重点关注的问题，深入社会实践，关注现实生活，引导学生坚定制度自信、文化自信，提升其对组织设计与零售效益提升、促进新发展格局之间的关系认识，培养学生务实进取、开拓创新的职业品格。

思考题

1. 结合材料，从美满超市岗位设置角度看，美满超市的组织结构是否存在设计不合理现象？具体体现在哪里？

2. 超市的组织结构应该朝着什么方向进行调整，又应该进行怎样的调整？

理论解读

一、组织

组织，作为一个复杂的开放系统，根植于特定的环境之中，旨在通过既定的结构框架和活动准则，将两个或更多个体围绕共同目标紧密团结在一起，形成具备独特功能的集体。简言之，组织是两个或两个以上的人、目标和特定的人际关系构成的群体。其含义具有三层意思：

第一，组织必须是以人为中心，把人、财、物合理配合为一体，并保持相对稳定而形成的一个社会实体；

第二，组织必须具有为本组织全体成员所认可并为之奋斗的共同目标；

第三，组织需明确界定自身边界，以有效区分内部运作与外部环境的界限，确保组织的独立性和自主性。

这三条共同构成了组织存在与发展的基石。就组织类型而言，依据不同的划分标准可细分为：按人数可分为小型组织、中型组织和大型组织；按组织对成员的控制方式可分为强制组织(监狱)、规范组织(军队)和实用组织(工厂);按组织产生的依据可分为正式组织与非正式组织。

二、组织结构

组织结构是指一个组织内各构成要素以及它们之间的关系,涵盖了部门划分、岗位设定、权责分配、业务流程、管理路径,以及内部协调与控制机制等多个维度。对于零售企业而言,其组织结构的构建尤为关键,因为它必须紧密契合企业的竞争战略,确保战略意图能够有效转化为组织行动。

随着零售企业战略的调整与升级,管理者需具备前瞻视角,能灵活设计或重构组织结构,以最优姿态响应市场变化,捕捉竞争优势。这一动态匹配过程不仅是战略实施的基石,也是企业适应外部环境、保持竞争力的关键所在。零售企业的组织结构也会随着企业类型和规模的不同而变化。例如,一个只有一家商店的零售企业和一个在全国范围内拥有上百家连锁店的企业往往会用完全不同的组织结构。

组织结构的差异直接关联到企业的整体效能与可持续发展能力。现代管理研究认为,一个优秀的组织结构能够激发普通员工的非凡潜能,通过高效协同创造卓越业绩,实现"1+1>2"的协同效应。反之,若组织结构不合理,即便拥有顶尖人才,也可能因内耗而导致业绩平平,形成"1+1<2"的负面效果。这一现象的根源在于,不同的组织结构决定了资源要素的组合方式与协同效率。合理的结构能够促进信息流通、决策高效、责任明确,从而最大化地发挥每个成员的价值;而不合理的结构则可能引发沟通障碍、责任推诿、效率低下等问题,削弱整体战斗力。因此,对于零售企业而言,不断优化组织结构,确保其与企业战略、市场环境及内部资源相匹配,是提升企业竞争力、实现可持续发展的必由之路。

简要分析

问题一:结合材料,从美满超市岗位设置角度看,美满超市的组织结构是否存在设计不合理现象?具体体现在哪里?

分析:

结合材料,从美满超市岗位设置角度来看,美满超市的组织结构存在设计不合理的现象,具体体现在以下几个方面。

首先,在改革前,采购部和配送部分别设置且编制人数较多,分别为5人和15人,但两个部门的职能联系紧密,却未能有效整合,导致工作衔接可能存在不畅,效率不高。其次,人力资源部、保安部和办公室三个职能差异较大的部门合并为一个办公室统一管理,可能会导致管理混乱,难以做到专业化和精细化。再次,改革前营业员人数为24人,在人流量持续攀升、工作强度大的情况下,人数相对较少,这是导致员工流失率高的一个重要因素。最后,改革后虽然对部门和人员进行了调整,但采购配送部的人数大幅增加至20人,而办公室仅5人,可能会造成新的人力分配不均问题。

问题二：超市的组织结构应该朝着什么方向进行调整，又应该进行怎样的调整？

分析：

此题为开放题，结合材料与实际回答，言之有理即可。以下分析仅供参考。

以本材料中的美满超市为例，其组织结构调整应朝着职能专业化与协同化、增强灵活性与应变能力、加强信息化与数字化的方向进行。在职能专业化与协同化方面，要进一步明确各部门的核心职能，避免交叉模糊，比如采购配送部明确采购与配送环节职责，营业部按商品类别或顾客群体细分小组；在增强灵活性与应变能力方面，建立灵活的项目小组或跨部门团队应对特殊活动和突发情况，赋予基层员工一定决策权；在加强信息化与数字化方面，设立信息技术部门或岗位负责系统建设和维护，利用大数据分析优化采购和库存管理。通过以下措施可以向上述方向调整，包括：人员优化配置，根据客流量和业务需求重新评估各部门人员，增加营业部人手，储备关键岗位人才；优化流程，梳理核心流程减少环节，建立标准操作和服务规范；建立绩效考核与激励机制，将工作表现与薪酬晋升挂钩，设创新奖励机制；加强员工培训与发展，定期组织培训，提供职业规划和晋升通道；建立顾客反馈机制，成立顾客服务部门处理投诉和建议，以提高满意度。

7.2 京东组织变革：逐浪前行展新姿

材料

京东集团发展历程与成就

京东，由刘强东于 1998 年在中关村创立，起初是一个光碟、磁盘等产品的代理商。自 2004 年起正式涉足电商领域。2014 年 5 月，京东集团在美国纳斯达克证券交易所正式挂牌上市，是中国第一个成功赴美上市的综合型电商平台。2020 年 6 月，京东集团在香港联交所二次上市，募集的资金用于投资以供应链为基础的关键技术创新，以进一步提升用户体验及提高运营效率。2024 年 8 月 5 日，《财富》发布了 2024 年世界 500 强排行榜，京东集团排名较去年提升 5 位，居第 47 位，排名居国内同行业首位，京东已连续九年跻身世界 500 强。

同时，《财富》排行榜显示，京东集团 2023 年收入为 1532 亿美元，已为近 62 万人创造了高质量的就业岗位，2023 年，其全年的人力资源总支出达到了 1047 亿美元。京东始终将员工发展先于商业成功，通过为员工提供有竞争力的薪酬、多维度的福利关怀和人才发展机制，全方位关注员工的身心健康、职业成长、家庭幸福。无疑，这一系列的成就都离不开良好的组织结构设计。

京东零售组织变革

2023 年，京东零售内部开启了一场 5 年来最大的组织变革。在 2023 年 4 月 9 日举办的经营管理会上，京东零售确立了最新的组织架构变革框架，主要包含以下内容：取消事业群制，变为事业部制，原事业群负责人将担任事业部负责人；原事业群统管下的各事业部，将按照细分品类拆分为具体的经营单元，给予品类负责人更多的决策自主权，也包括人事任免等权利；此外，拆分后的经营单元内，将不再区分第三方商家和自营，二者全面打通，由统一的品类负责人管理，进一步实现流量"平权"。

这是继 2018 年京东零售将事业部升级为事业群制后，5 年来最大的组织架构调整，也是其自涉足 POP 业务以来，第一次打通自营和 POP，真正实现一盘货。此次调整主要涉及京东零售的经营业务部门，中台以及各职能部门将不参与其中，也不涉及人员优化。据知情人士透露，这场由刘强东亲自主持的高管会，保密程度极高，仅有京东集团、京东零售等的核心高管参与。这场组织变革从 2022 年年底刘强东重回业务一线就开始酝酿，并在 2024 年第一季度被密集讨论，最终于 2024 年 4 月 7 日正式落地。

此前阶段，京东零售旗下共包括家电家居、3C 数码、大商超、生活服务、大时尚等五大事业群，以及同城零售和企业业务等多个独立事业部。此次变革后，五大事业群负责人将统一变更为事业部负责人，继续向京东零售 CEO 辛利军汇报，各业务单元负责人将向事业部负责人汇报。重归事业部制背后，是管理层级的精简。有内部人士透露，调整完成后，京东零售普通员工与 CEO 的汇报层级最多只有三级，这将有效提高组织效率，激发组织活力。

变革背后的原因与"Big Boss"机制延续

这场巨大的组织变革，也是京东几年来一直推崇的"Big Boss"机制的延续，它由刘强东在 2019 年提出。其核心理念是，将每一个细小业务单元都视为一个经营实体，每一个实体管理者都是一个真正的"Boss"，把经营决策权交给离客户最近、最了解市场需求的人，提升业务部门对客户和市场的反应速度，提高作战效能。Big Boss 最早于 2020 年在京东物流试点。此次京东零售的组织变革，将是 Big Boss 在京东内部大规模推行的开始。随后，除京东零售外，京东物流对应的组织调整也将很快落地。

在内部人士看来，抛却对组织活力的激发，这一调整还有助于中层干部的培养，培养一批"少将团长"，完善人才梯队建设。

中台战略的兴衰与"去中台化"举措

2018 年年初，一直实行事业部制的京东零售，将七大事业部升级为三大事业群。刘强东在当年的内部信中强调，"希望能最大限度地提升资源使用效率，使相关联的业务产生协同效应"，这也是京东后来推行中台制度的雏形。那一年，京东的交易额得到超速发展。

在大中台、小前台的组织机制中，作为前台的一线业务会更敏捷，更快速适应瞬息万变的市场；中台将集合整个集团的运营数据能力、产品技术能力，对各前台业务形成强力支撑。中台战略帮助京东度过了 2018 年的组织危机，实现了连续 3 年的高速增长。但 5 年过去了，伴随组织的庞大和臃肿，继续依靠中台推动业务增长，已不再适应当下的竞争态势，这也是京东选择回归事业部制，压缩组织层级的重要原因。

从 2022 年 9 月开始，京东对中台的削弱就已经开始。一个表现是，生态业务中心技术团队被合并到了中台体系中。一位知情人士透露，"这是为了将中台打薄，避免重复造轮子的现象"。巅峰时期，京东零售的中台体系曾接近万人，但如今这一人数已大幅缩减。年报显示，截至 2022 年年底，京东集团的总员工数已超过 54 万（5 年时间，翻了近 4 倍），是员工数量最多的民营企业，如此庞大的团队规模，对组织管理和效率都提出了巨大的考验。

"去中台化"是最近 2 年各大互联网巨头组织变革的重点。2023 年 3 月底，阿里巴巴宣布将旗下六大子业务独立，实行 CEO 负责制，自负盈亏。这与京东此次的调整颇为相似，终极目的都是为了释放组织活力，以更灵活高效的组织方式应对竞争环境。

未来展望

京东的组织变革之路还在继续，未来或许还会面临新的挑战和机遇。但凭借着不断探索和创新的精神，以及对市场变化的敏锐洞察力，京东有望在日益激烈的竞争中继续书写辉煌篇章，为行业树立新的标杆。

资料来源：京东、封面新闻、腾讯网.

案例使用说明

一、教学目的

本案例主要介绍京东近年来最大的一次零售组织变革，希望达到以下教学目的：
(1) 掌握零售组织变革的定义及产生原因；
(2) 掌握事业部制的内涵及特点；
(3) 了解主要零售企业组织的变革历程。

二、涉及知识点

本案例主要涉及组织变革、事业部制等知识点。

三、课程思政

本案例通过对京东近年来最大的一次零售组织变革的探讨与学习，引出组织变革和事业部制等相关理论知识，培养学生积极适应变化、勇于创新的态度；鼓励学生要有长远的眼光和战略思维，要不断进取，以在竞争中立于不败之地；同时培养学生以人为本、果断执行的能力和品质，使其努力成为卓越高素质零售人才。

思考题

1. 结合材料，京东的调整有何独特之处和潜在优势？
2. 以京东为例，企业不断调整组织架构的原因是什么？
3. 零售组织结构设计的一般程序是什么？

理论解读

一、组织变革

组织变革是指组织根据内外环境变化，及时对组织中的要素（如组织的管理理念、工作方式、组织结构、人员配备、组织文化及技术等）进行调整、改进和革新的过程。企业的发展离不开组织变革，而内外部环境的变化、企业资源的不断整合与变动，都给企业带来了机遇与挑战，这就要求企业关注组织变革。组织变革管理，最重要的是在组织高管层面有完善的规划与实施步骤，以及对可能出现的障碍与阻力有清醒的认识。

组织变革产生的原因主要有以下三点。

第一，环境变化。企业经营环境变化，诸如国民经济增长速度的变化、产业结构的调整、政府经济政策的调整、竞争观念的改变、科学技术的发展等。企业组织结构是实现企业战略目标的手段，企业外部环境的变化必然要求企业组织结构做出适应性的调整。

第二，内部变化。企业内部条件变化主要包括三个方面：一是技术条件的变化，如企业实行技术改造，引进新的设备，要求加强技术服务部门以及技术、生产、营销等部门的调整；二是人员条件的变化，如人员结构和人员素质的提高等；三是管理条件的变化，如实行计算机辅助管理、优化组合等。

第三，成长要求。企业处于不同生命周期时对组织结构的要求也各不相同，如小企业成长为中型或大型企业，单一品种企业成长为多品种企业，大、中型企业成为企业集团等。

二、事业部制

事业部制是一种常见的组织结构形式，最早起源、应用于美国通用公司。事业部制结构又称分公司制结构。

事业部制是为了满足企业规模扩大和多样化经营对组织机构的要求，而产生的一种组织结构形式。具体的设计思路为：在总公司领导下设立多个事业部，把分权管理与独立核算相结合，按产品、地区或市场（顾客）划分经营单位，即事业部。每个事业部都有自己的产品和特定的市场，能够完成某种产品从生产到销售的全部职能。事业部不是独立的法人企业，但具有较大的经营权限，实行独立核算、自负盈亏，是一个利润中心，从经营的角度上来说，事业部与一般的公司并没有太大的区别。

事业部制的主要特点包括如下几点。

1. 专业化管理部门

按企业的产出将业务活动组合起来，成立专业化的生产经营管理部门，即事业部。如产品品种较多，每种产品都能形成各自市场的大企业，可按产品设置若干事业部，凡与该产品有关的设计、生产、技术、销售、服务等业务活动，均组织到这个产品事业部中，由该事业部总管；在销售地区广、工厂分散的情况下，企业可按地区划分事业部；如果顾客类型和市场不同，还可按顾客（市场）成立事业部。这样，每个事业部都有自己的产品或服务的生产经营全过程，为企业贡献出一份利润。

2. 政策与经营不同

在纵向关系上，按照"集中政策，分散经营"的原则，处理企业高级管理层与事业部之间的关系。实行事业部制，企业最高领导层要摆脱日常的行政事务，集中力量研究和制定企业发展的各种经营战略和经营方针，并把管理权限最大限度地下放到各事业部，使他们能够依据企业的经营目标、政策和制度，完全自主经营，充分发挥各自的积极性和主动性。例如，通用汽车公司当初按照斯隆模型改组后，除了各事业部出售的汽车价格必须在公司规定的价格幅度内，其他事务都是事业部自治的。

3. 利润独立核算

在横向关系方面，各事业部均为利润中心，实行独立核算。这就是说，实行事业部制意味着把市场机制引入企业内部，各事业部之间的经济往来将遵循等价交换原则，结成商品货币关系。

4. 职能制结构组织

企业高层和事业部内部，仍然按照职能制结构进行组织设计。从企业高层组织来说，为了实现集中控制下的分权，提高整个企业管理工作的经济性，要根据具体情况设置一些职能部门，如资金供应和管理、科研、法律咨询、公共关系、物资采购等部门。从事业部来说，为了经营自己的事业，也要建立管理机构。因事业部规模小、产品单一，故一般采用职能制结构。由此可见，事业部制与职能制结构相比，主要区别在于最高层领导下的一级部门，是按照事业部分设的还是按照职能分设的。

简要分析

问题一：结合材料，京东的调整有何独特之处和潜在优势？

分析：

相较于其他互联网巨头所经历的组织变革，京东的转型之路展现出了鲜明的特色与潜在的强劲优势。其独特之处，在于深度整合了自营与第三方商家两大业务板块，真正实现流量"平权"，这一举措在行业内堪称大胆且深刻的探索。同时，京东引入的"Big Boss"机制，将经营决策的权杖递交给那些更接近消费者与市场前线的团队，进一步彰显了其以用户为核心、快速响应市场需求的决心。

在潜在优势层面，京东的调整策略首先聚焦于管理层级的精简，构建了一个扁平化的组织架构，使得普通员工与 CEO 之间的汇报链路最多仅三级，此举极大地激发了组织内部的活力与创新能力，同时显著提升了决策效率，使得京东能够更加敏锐地捕捉市场动态并迅速做出反应。其次，这样的调整策略也为京东中层干部的培养与人才梯队的完善提供了肥沃的土壤，有助于形成一支既懂业务又具战略眼光的中坚力量，为企业的长远发展奠定坚实的人才基础。再次，京东多领域、多品类的业务特性，在这一轮调整中得到了更好的适应与支撑。通过灵活的资源配置与策略调整，京东能够确保各业务板块间的协同与互补，实现资源的最优配置与高效利用。最后，对中台体系的优化与整合，有效避免了资源的重复投入与浪费，使得京东能够集中力量办大事，进一步提升企业的整体运营效率与竞争力。

综上所述，京东的组织调整是一场深刻而系统的内部变革，它不仅仅是对组织架构的简单优化，更是对权力分配、决策机制、人才培养以及资源配置等多方面的全面升级。这一系列举措的实施，旨在推动京东实现更高效的运营与更敏捷的市场响应，从而在未来的市场竞争中占据更加有利的地位。

问题二：以京东为例，企业不断调整组织架构的原因是什么？

分析：

此题为开放题，结合实际与材料，言之有理即可。以下分析仅供参考。

企业不断调整组织架构的原因，可以从以下几个方面进行分析。第一，市场竞争环境变化。电商行业竞争激烈，新的竞争对手不断涌现，市场格局不断变化。为了保持竞争力，京东可能需要根据市场需要动态调整组织架构，以适应新的竞争态势。第二，业务发展的需求。随着业务的拓展和多元化，京东可能会进入新的领域或对现有业务进行重大调整。不同的业务可能需要不同的组织架构来支持其发展，从而促使京东进行相应的调整。第三，技术创新的引领。技术的快速发展，如人工智能、大数据、物联网等，可能会改变电商的运营模式和用户需求。为了充分利用新技术带来的机遇，京东可能需要调整组织，以更好地整合和应用新技术。第四，内部管理的优化需要。在运营过程中，可能会发现当前组织架构存在的问题，如沟通不畅、决策效率低下、部门协作不佳等。为了提高内部管理效率和协同效果，京东有必要进行组织架构的优化。第五，宏观经济环境的变动。经济形势的变化，如经济增长、通货膨胀、政策法规的调整等，可能会影响消费者需求和企业运营成本。京东可能会根据宏观经济环境的变化来调整组织架构，以实现成本控制和业务增长的平衡。

综上可知，由于多种内外部因素的影响，企业会根据实际情况不断对组织架构进行调整，以实现持续发展和保持竞争优势。

问题三：零售组织结构设计的内容和一般程序是什么？

分析：

在零售企业明确其经营愿景与战略目标后，构建与之相契合的组织结构就成为至关重要的下一步。组织结构，作为企业内部各元素及其相互关系的蓝图，涵盖了部门架构、岗位布局、权责界定、业务流程、管理路径及内部协调控制机制等多个维度。其设计远非简单的图表绘制或部门增减，而是旨在围绕企业的核心业务，打造一套高效、稳固的组织管理体系。

组织结构设计的内容主要有：一是按照企业战略目标要求，建立合理的组织架构，包括管理层次和各个职能部门；二是按照业务性质进行分工，确定各个部门的职责范围；三是按照所承担的职责赋予各部门、各管理人员相应的权力；四是明确上下级之间、个人之间的领导和协作关系，建立畅通的信息沟通渠道；五是设计企业的业务流程、管理流程和相应的组织文化，以保证所建立的组织结构能有效运转；六是根据企业内外部环境因素的变化，适时调整组织结构。

一个零售组织往往同时面临提高内部效率和增强外部适应性的要求，这就要求零售组织的结构设计必须满足三方面的需要：目标市场的需要、企业管理的需要、员工发展的需要。就目标市场而言，要关注顾客需求，确保提供的商品与服务既丰富多样又符合市场需求，同时注重顾客服务的细节与反馈机制，以提升顾客满意度与忠诚度。就企业管理而言，强调管理效率与效能，确保部门间权责清晰、信息流通顺畅、决策执行迅速，并具备足够的灵活性与扩展能力，以应对市场变化与业务拓展的需求。就员工发展而言，重视员工感受与成长，构建和谐的人际关系，明确岗位职责，提供畅通的沟通渠道与晋升机会，激发员工潜能与创造力，实现个人价值与企业目标的双赢。

零售组织的结构建设是一个系统性过程，旨在确保企业高效运作并满足市场需求。这一过程可精炼为四大关键步骤。

1. 明确核心商业职能

作为构建组织结构的逻辑起点，零售企业必须首先明确其需履行的核心商业职能。这些职能包括但不限于：采购，负责商品的选购及与供应商谈判；销售，执行商品销售策略，促进销售增长；仓储，管理商品库存，确保商品在销售前的妥善存储；运输，组织商品从仓库到店铺及至消费者的物流运输；加工，对特定商品（如生鲜）进行必要的加工处理；信息管理，建立并维护信息管理系统，收集、分析并应用市场信息。

值得注意的是，并非所有职能均需零售企业亲力亲为，而是应根据市场需求、成本效益及核心竞争力来决定是否外包部分职能。

2．细化与分解任务

在确定了核心商业职能后，零售企业需进一步将这些职能细化为具体的工作任务，如店址选择与布局规划、商品采购与谈判、价格策略制定与调整、营销活动策划与执行、商品陈列与库存管理、客户服务与投诉处理、财务管理与会计报告，以及员工招聘、培训及绩效评估等。这些任务构成了零售企业日常运营的基础，是组织结构设计的重要依据。

3．设立职务与明确职责

接下来，零售企业需将细化后的工作任务归类为不同的职务，并明确各职务的职责范围。职务的设立应考虑专业化分工的原则，以提高工作效率与管理质量。常见的职务划分方法有如下几种。

(1)按职能划分，如采购部、销售部、财务部等，有利于专业化管理，但需注意横向协调。

(2)按商品划分，即针对不同商品类别设立专门职务，以提升商品管理的专业性。

(3)按地区划分，这种划分特别适用于连锁零售企业，便于地区性管理与市场适应。

(4)综合划分，结合职能、商品、地区等多重因素，灵活构建职务体系。

同时，零售企业应编制职务说明书，明确各职务的名称、目标、任务、职责及所需技能，作为员工招聘、培训、考核的依据。

4．构建组织结构

最后，零售企业应基于明确的职务与职责划分，构建完整的组织结构。这包括确定各部门间的层级关系、沟通机制及协作流程，确保组织内部各要素能够高效协同运作。组织结构设计应以系统思维为指导，注重整体性与协调性。完成组织结构构建后，应绘制组织结构图，清晰展示企业所有部门及其相互关系。同时，针对关键业务流程，设计详细的流程图，以指导实际操作并优化流程效率。通过这一系列步骤，零售商将建立起一个健全、统一、高效运作的组织体系，为企业的持续发展奠定坚实基础。

育人元素

本章介绍了零售组织相关理论，帮助学生了解组织结构设计的相关知识与方法，引导学生坚定中国特色社会主义制度自信、文化自信，并使学生了解组织设计对流通效率提升、促进新发展格局的重要作用；培养学生遵纪守法、爱岗敬业、诚实守信的职业品格和务实进取、开拓创新的行为习惯；让学生明白团结合作、敢于突破传统、勇于尝试新方法和新途径的重要性。同时，通过学习不仅能够在思想上得到升华，更能够在行动上找到方向，成为有理想、有道德、有文化、有纪律的新时代青年。

第 8 章 零售采购与配送

8.1 麦德龙"独树一帜"的采购模式

材料

麦德龙（Metro）于 1964 年由 Otto Besheim 在德国成立，并以创新的"现购自运"模式，即现金交易、自选自运的新理念，打开了市场。历经约半个世纪的稳步发展，麦德龙如今已成为德国零售批发超市的领军者，位居欧洲第二、世界第三。它在全球 32 个国家运营着多种业态，包括现购自运制商场、超大型超市折扣连锁店和大型百货商场等。麦德龙拥有独特的商业模式，专门针对餐饮公司、中小型零售商以及集团，提供定制化产品组合和服务项目。通过广泛的商品种类，麦德龙可以满足客户"一站式购物"的便捷需求，其销售的进口商品占比相当可观，汇集了来自 20 多个国家的 3000 多种商品，为顾客带来丰富的商品选择。同时，麦德龙高度重视采购团队及其运作模式，确保采购过程的专业性和高效性，以充分保证产品的多样性和高品质。

麦德龙，作为零售业的佼佼者，其新型零售模式引领着零售业的发展，同时，其采购管理不仅涵盖了传统企业所包括的计划、组织、领导、控制等环节，更拥有自身独特的运作特点。麦德龙的产品线极为丰富，拥有 30 000 种食品和非食品商品，其中 40%是食品类，提供了从蔬菜、鱼类、肉类、奶制品、干货到饮料等一应俱全的选择，确保顾客能在同一地点满足多样化的食品需求；而余下 60%是非食品类，囊括了厨具、办公室设备及用品、电子产品、纺织品以及季节性商品在内的广泛的商品种类。总之，麦德龙的广泛产品布局完美契合了"一站式购物"的现代消费需求，其中 90%的商品实行本土采购，特别是大包装批量货品格外适合企业顾客采购。而在所有的采购管理中，麦德龙生鲜产品的采购策略最具代表性，具有如下采购特点。

1. 采购生鲜产品多样性低

麦德龙生鲜采购部包括蔬果、肉类、奶制品、鱼类以及冰鲜冻品等，确保客户能"一站式"购齐所需。麦德龙根据每次的购买量，将频繁消费的客户定位为专业客户；将每次购买数量少、大多都是随机消费的客户定位为散户。麦德龙主要为专业客户提供服务。特别是生鲜产品，由于保鲜成本高，麦德龙对其实行品牌路线，导致散户很少，所以麦德龙日常采购的生鲜产品多样性低，多为价格需求弹性比较高的品类。

2. 采购数量多、采购周期短

麦德龙的独特经营模式——现购自运，决定了其具有采购数量多、采购周期短的特点。它凭借自己的冷库以及成熟的冷链系统，确保生鲜产品从产地到客户手中时全程新鲜。而它的仓储式超市形式其实就是以零售的方式从事批发业务，客户定位精准，专门为短时间内购买量多、购买频率高的客户提供服务，如餐饮、企事业单位等专业客户，就像是这些专业客户的超级仓库。麦德龙采用中央集中采购策略，它对于生鲜类采购频率极高，且大都采用产地直采模式，极大缩短了供应链周期。以水果类为例，麦德龙大约每5天进行一次订货，而对于水产类，如冰鲜三文鱼，则是每周二和周五一周两次订货，先是总部汇总所有门店发来下周的需求订单，然后集中向供应商大批量进行采购，以保证新鲜供货、极少库存。

3. 采购的持续稳定性特点

麦德龙在中国已成功布局90多家门店，这些门店每日均保持运营状态，同时我们也注意到散客数量在稳步增长。尽管门店的专业客户群体变动不大，但他们对生鲜产品的需求却十分稳定，专业客户往往采取定期下订单的方式。所以生鲜产品时刻在售出，麦德龙若想保证安全库存或者生鲜产品的新鲜度，那么采购活动就必须持续稳定地进行着。

此外，麦德龙实行中央采购制，对生鲜产品的采购实施可追溯的基地管理和合作策略，构建了一套比较完善的追溯网络，并与区域供应商紧密合作，通过总部完成采购后，部分区域供应商直接向门店送货，节省了物流配送时间及成本。在中央采购制模式下，麦德龙的供应商只与总部采购部进行对接，确保了采购流程的集中管理和统一标准。麦德龙采购人员每天都会深入分析所有门店的销售数据，严格控制供应商的数量，确保供应链的高效运作。同时，有限的供应商数量，使麦德龙能够集中形成采购需求，形成大批量的采购订单，这不仅让总部采购能够获得规模优势和一定的优惠价格，还有效降低了整体的采购成本。

资料来源：苏宗荣.新零售下麦德龙生鲜产品采购管理优化研究[D]. 徐州：中国矿业大学,2019.

案例使用说明

一、教学目的

本案例通过介绍麦德龙零售采购管理的特点和中央采购制模式，希望达到以下教学目的：
(1) 了解零售业采购管理的特点；
(2) 了解商品采购的原则、方式与策略；
(3) 了解零售采购过程。

二、涉及知识点

本案例主要涉及商品采购、零售采购过程等知识点。

三、课程思政

本案例通过介绍麦德龙"独树一帜"的采购模式，引出商品采购、零售采购过程等理论知识，帮助学生树立服务意识，以专业的态度和行动，为社会、为他人提供优质的产品和服务；培养学生经世济民、诚信服务、合作共赢的职业素养；提升学生综合素质，培养其创新思维，注重学思结合、知行统一，增强创新精神、创造意识和创业能力。

思考题

1. 如何看待麦德龙的中央采购制方式？
2. 结合材料，请谈谈其他零售企业能从麦德龙"独树一帜"的采购模式中学到什么。

理论解读

一、商品采购

商品采购是零售商在深入市场调研的基础上，为满足消费者需要，选择商品并办理商品购买手续，取得商品所有权的一种经营活动。在商品采购的组织过程中，零售商需恪守三大基本原则，即需求导向原则、品质至上原则和经济核算原则。

（一）需求导向原则

需求导向原则强调根据市场实际需求来指导采购决策，确保所购商品与消费者需求相契合，实现快速销售。遵循需求导向，零售商能够避免盲目采购的风险，促进商品销售。然而，这并不意味着零售商的购销活动是完全被动的，相反，他们需要在动态中寻求与市场需求之间的平衡。为实现这一目标，零售商需结合企业实际和商品特性，深入研究市场需求趋势，灵活调整购销策略，以求得购销与市场需求之间的动态平衡。

（二）品质至上原则

品质至上原则要求零售商在采购过程严格把控商品质量，确保所购商品符合质量标准。商品质量直接关系消费者的切身利益，也关乎企业的声誉和经济利益。因此，零售商必须坚守质量第一的原则，加强商品质量检验工作，对不符合质量标准的商品坚决拒收，防止因商品质量问题给企业带来经济损失和信誉损害。同时，零售商还需提高识别真伪商品的能力，坚决抵制假冒伪劣商品流入企业，进入市场。其主要方法包括但不限于严格筛选供应商、加强商品验收和检测、建立质量追溯体系等。

（三）经济核算原则

经济核算原则的核心在于通过优化资源配置，实现劳动成果的最大化，从而确保零售商获得良好的经济效益。在商品采购过程中，涉及资金的合理运用，物质技术设备的充分利用，合理的商品储存、运输、人员安排等事项。为了实现这一目标，零售商可采取"勤进快销"策略，即加快商品周转速度，通过快速销售来保障进货的持续性和及时性。同时，根据不同商品的特点和市场需求，确定相应的经济合理的数量界限和进货间隔期，也就意味着在一定时期内，零售商需要适当增加采购频次，控制采购批量，并缩短进货间隔期，以确保库存量既能满足市场需求，又能降低采购和保管成本。总之，在采购适销对路的商品的前提下，零售商应通过精心策划和执行经济核算，选择最省采购费用和保管费用的采购批量，以及能确保库存量适销需要的采购时间，从而实现最大的经济效益和社会效益。

二、零售采购过程

采购过程是一个整合且系统的流程，涵盖了零售商从建立采购组织到定期评估与改进的一系列关键环节。在商品经营中，每个步骤都至关重要，具体包括：建立采购组织、制订采购计划、确定供应商与货源、谈判及签约、商品导入作业、再订购商品、定期评估与改进。

（一）建立采购组织

建立采购组织是商品采购过程的第一步。根据采购组织的特征范围，零售商的采购组织可以进行不同划分，使得零售商拥有多种选择。从正式水平出发，采购组织可划分为正式与非正式两种，两者的区别在于是否建立一个独立且专门的采购机构；从集中程度出发，集中化采购和分散化采购是两种常见模式,对其进行选择对于从事连锁经营的零售商而言尤为重要;从采购组织的宽度出发,可划分为通用型(一般型)和专业化型,一般小型零售商或经营品种/服务相对较少的商家更适合采用通用型,反之则倾向于专业化型;从员工来源出发,可划分为内部的采购组织和外部的采购组织,以及驻外采购办公室和合作采购组织;从经营理念出发,可分为专注于商品经营的和专注于采购管理的;从采购组织的人员配备出发,采购组织可划分为采购员、销售经理、商品采购执行者等职位。

(二)制订采购计划

制订采购计划不仅包括制订商品计划,还包括收集有关消费者需求信息。一方面,商品计划集中于四项基本决策:储存何种商品,即决定经营何种质量的商品以及商品的创新程度;储存多少商品,即决定经营品种的宽度与深度;何时储存,即零售商应确定每一种商品在什么时候储存;储存在哪儿,则意味着是在什么地方储存商品。另一方面,良好的商品管理离不开零售商对销售额进行精确预测的能力,有关目标市场的信息就成为其实现的必要条件,包括消费者、供应商、零售销售和展示人员、采购人员、竞争者、政府以及新闻单位等信息。

(三)确定供应商与货源

供应商,即那些向零售商提供货源的公司,其选择过程既复杂又关键。在选择供应商的过程中,零售商需遵循一系列核心准则,进而选择优质的供应商。这些准则包括:供应商应具备高度的可靠性,能持续稳定地提供商品,并始终如一地履行所有书面承诺;提供的商品应兼具优质与实惠,确保性价比;还需保证及时的送货服务,确保商品能够准时到达;而在某些情况下,独占权也是一个重要的考量因素;此外,提供多元化服务,如运输、储存和其他服务等,能进一步提升合作体验;最后,供应商应提供详尽的信息,帮助零售商更好地了解商品和市场动态等。与此同时,在确定货源时,可以通过检查、抽查和描述等方式对商品进行评估,而具体选择哪种方式,则取决于商品的成本、特征和购买规律。

(四)谈判及签约

一旦货源确定且购买前评估已完成,零售商将与供应商就购买条款及条件展开谈判。在谈判过程中,为确保谈判的顺利进行并达到双赢的效果,零售商应坚守一些策略原则:就事论事、坚持公正客观、寻求对双方都有利的解决方案、给予对方充分的话语权、明确谈判底线、保持谈判的灵活性、避免过早作出假设。而一次新的或特定的订货通常要求签一份经过谈判的合同,即采购合同,是指买卖双方为实现特定经济目标而依法订立的明确双方有关权利义务的一种书面协议,对双方都具有法律约束力。采购合同的主要内容包括:商品的名称、数量、质量、价格、结算方式以及验收方法;交货时间、地点和发送方式;违约责任及违约金;合同的变更与解除的条件;其他事项。

(五)商品导入作业

商品导入作业涵盖了决定购买和商品处置两大环节。就决定购买而言,不同规模的零售商其决策方式不同,大中型零售商,其购买决策是自动完成的;小零售商则通常是人工完成购买决策,但随着信息技术的蓬勃发展,小零售商也可以采用电子订货。就商品的处置而言,涉及接收商品(包括卸货、检验、收货记录等)、储存商品、打价签和存货标识、补货上架、陈列、清点现场商品数量和品种、完成顾客交易、安排送货或中途搭送、处理退货和损坏的商品、监视偷窃及商品交易过程的控制。

(六)再订购商品

对于零售商经常需要再次采购的商品,制订再订购的计划是不可或缺的。在制订这种计划时,有四个关键因素必须加以充分考虑:首先,较好地掌握订货和送货时间能避免商品脱销或商品积压;其次,存货流转率是零售商制订再订购计划需要考虑的一个重要指标,零售商需要努力保持其平衡,过高过低都可能带来损失;再次,财务支出对于不同的采购方案是不同的,零售商需权衡优惠与支付方式两方面的利益;最后,存货/订货成本,可以通过快速反应存货计划强化零售商与供应商之间的关系,以降低这两种成本。

(七)定期评估与改进

尽管商品采购和处置战略达到了完美的整合,但零售商仍应保持对执行策略的持续关注,并不时地进行战略再评估。这一过程中,管理人员需对采购组织进行评估,而采购组织则需对采购和处理的各个环节进行细致评估。整个过程如同处理单个商品和服务一样,应当处于不断的监控与调整之中,以确保战略与实际运营的持续匹配与优化。

简要分析

问题一:如何看待麦德龙的中央采购制方式?

分析:

麦德龙的中央采购制为其带来了诸多积极影响。

首先,中央采购制的核心目标在于实现采购成本的节约。通过中央采购制,麦德龙能够利用规模效应,实现采购成本的有效降低。这一模式赋予了麦德龙在与供应商谈判时拥有更强的议价能力,使其能够获得更优惠的采购价格,进而降低整体采购成本。同时,统一的采购模式避免了分散采购所带来的管理成本,如减少因多个采购部门而产生的额外开销,从而进一步降低企业的运营成本。

其次,中央采购制通过集中处理各分店的需求,显著提升了采购的规模效益。这不仅提高了采购效率,还减少了采购的审核时间,使得采购流程更加迅速和高效。此外,中央采购制还使麦德龙的商品信息系统得以实时、准确地掌握商品的进销存资料。基于丰富的历史资料和销售预测,系统自动生成采购计划和订单,确保商品的及时供应,极大地提升了供应链的响应速度和效率。

再次,中央采购制还在规范采购行为方面发挥着重要作用。规范采购行为,即遵循采购管理法规,公开透明地发布采购信息,以促进采购商品的竞争性,进而提升商品品质。通过中央采购制,采购人员得以遵循统一的采购流程和规则,确保采购活动的规范性和标准化。这一过程中,严谨规范的业务流程和审批流程确保了采购的公正、透明、公开和诚信,从而提升了采购商品的品质和效率。

最后,中央采购制对于供应商进行合理优选也具有重要意义。通过中央采购制,零售商能够打破供应商垄断,实现多个供应商之间的良性竞争。这不仅有助于挑选出质量上乘、价格合理的供应商,还能通过维护和拓展优质供应商关系,提升产品的竞争力和顾客满意度。此外,中央采购制还提供了对供应商进行评价的机会,进而建立起完善的供应商管理体系。优秀的供应商将享有相应优惠政策,不仅激励供应商的合作积极性,也提升整个供应链的稳定性和效率。

问题二：结合材料，请谈谈其他零售企业能从麦德龙"独树一帜"的采购模式中学到什么。

分析：

结合材料分析可知，麦德龙"独树一帜"的采购模式给其他企业带来了诸多启示。

(1) 目标客户定位与产品规划。麦德龙将客户明确区分为专业客户和散户，针对专业客户的高频、大量采购需求进行产品采购和供应规划。其他零售企业可以借鉴这种精准的客户定位方式，深入了解不同客户群体的消费习惯和需求，以此来优化采购的产品种类和数量；同时，启发其他企业根据自身目标客户特点，合理调整产品的多样性。

(2) 采购数量与周期管理。麦德龙的"现购自运"模式、大量集中采购策略以及采购周期短等措施，为其他企业提供了一个典范，启示其在条件允许的情况下，适度增加批量采购的比例，与供应商建立长期稳定的合作关系，争取更有利的采购条件，并通过优化采购流程实现采购周期的缩短。

(3) 采购的稳定性与持续性。麦德龙与专业客户建立稳定的合作关系，实现采购活动持续稳定进行，同时，每天分析门店销售数据，以控制供应量和采购需求。激发其他企业提高对于数据分析和应用以及客户需求的重视程度，实现企业的可持续发展。

除了上述启示外，麦德龙还有许多值得借鉴的成功经验，企业应结合自身实际情况选择适配经验，以提升自我发展。

8.2 中百物流：配送效率提升的物流标准化探索

材料

一、企业简介

武汉中百物流配送有限公司（以下简称"中百物流"）是2002年12月组建的专业第三方物流配送有限公司，是中百集团全资子公司，为中百集团旗下各业态（大卖场：中百仓储；标超：中百超市；便利店：中百罗森及中百好邦）提供仓储及配送一体化服务。

二、主要做法与成效

（一）物流配套设施设备标准化

中百物流大力推行物流配套设施设备标准化，使用的托盘、拆零周转箱、生鲜周转筐及相关配套设施设备基本实现标准化，以标准化助推城乡配送高效化。

中百物流以武汉的中央物流为中心，全部使用1200毫米×1000毫米标准化托盘、600毫米×400毫米标准周转箱及600毫米×400毫米标准生鲜周转筐，向湖北省内网点进行物流配送作业。目前，中百标准化托盘使用率从之前的90%提升至95%以上，租赁率从10%提升至30%，标准化周转箱、周转筐使用率达到100%，配套标准化运输车辆及设备使用率达到90%以上，配送门店的循环利用周转箱占发货总数的比例从15%提高到20%。现在已经与6家供应商开展了托盘共享业务。

（二）高效配送模式

1. 物流配送中心收货环节

中百物流开设带板运输收货绿色通道，采用以托盘为单位收货的模式。供应商的送货商品如使用与中百租赁的同一标准化托盘时，商品到达吴家山配送中心后，将安排专人将商品整托卸到收货月台上，收货员在无线手持终端上输入供应商整托下单的订单号，在托盘两端贴上托盘码，并扫描托盘码，在手持终端上录入托盘总数量，核对供应商的送货订单数量与系统自动汇总的供应商送货总件数无误后，完成收货结单。供应商将托盘送到物流配送中心后，托盘由物流配送中心保管使用，并在一定期限后，配送中心将托盘归还给托盘租赁商，循环使用。

通过推行物流标准化的循环运用、托盘共享后，不再需要人工翻板，不仅节省了人工卸货费用，还大大减少了装卸时间，从而提高操作道口的效率，降低产品的损坏率。原来供应商卸货一个托盘需半小时以上，采用带板运输后，叉车卸一个托盘只需 2~4 分钟，收货口效率提高 4 倍以上，收货口成本节约 0.2 元/托盘货物。测试数据显示，托盘化运输与人工搬运相比，一般可使产品破损率降低 61.5%，也加快了装卸时间和商品在配送中心与门店的周转时间。一辆 12.5 米厢式货车，人工装卸的等待及翻板时间一般在 5 小时左右，而托盘化运输直接走绿色通道，整托卸货的时间仅需 0.5 小时，加快了库存周转，降低库存缺货风险。

2. 推行带板运输，门店整托交接

中百物流在下游以托盘为载体，推进带板运输配送到门店，提高了物流配送中心配送效率和门店卸货收货效率。门店整托收货，将整托商品在门店内上货、上架，不需要进行再次倒板，让下游各门店验收、上架更便捷，有效提高下游门店卸货效率，从而提高门店经济效益，加快供应商、物流、门店的库存周转期，实现了产、供、销一体化的快速流通。

3. 生鲜、冷链不倒筐

中百物流在生鲜冷链配送采用不倒筐作业，全程作业分拣、分拨、装车、配送均使用 600 毫米×400 毫米标准化周转筐，从食品加工厂产出的产品，到门店上架商品，无须中途换筐作业，周转筐回收率达到 95%，收货效率提升 40% 以上，商品残次率下降 36%，分拣效率提升 35%。上游食品加工厂交货时间缩短，员工工作效率显著提高。

4. 加强信息化建设，实现供应链全流程透明化

中百物流在所有运作环节上基本实现了信息化。自 2003 年 8 月以来，先后上线了仓储管理系统、运输管理系统、订单管理系统、智慧园区管理等现代物流信息管理系统，在同行业中较早地运用了无线网络技术，确保了与上下游(业态总部、供应商、门店)之间业务数据实时交换，各工作场间信息的无缝对接，基本实现运作过程的全程透明化。依托自动分拣机、自动输送线、自动打包机等物流专业设备，实现"储存立体化、装卸机械化、分拣自动化"。通过全方位、立体化、可视化、可追溯的配送服务，为中百集团各业态经营网点的运营提供了强有力的支撑和保障。

资料来源：(微信公众号)中国仓储与配送协会.

案例使用说明

一、教学目的

本案例通过对中百物流配送效率提升的物流标准化之路的讨论，希望达到以下教学目的：
(1) 了解零售配送及物流标准化的内涵；
(2) 理解物流配送中心与物流标准化的作用与效果；
(3) 了解仓储与配送一体化在零售业中的应用。

二、涉及知识点

本案例主要涉及配送中心、物流标准化等知识点。

三、课程思政

本案例通过中百物流为推进物流标准化、提升配送效率采取的主要做法与成效的剖析,帮助学生理解配送中心、物流标准化等知识,激发学生探究的兴趣,思考如何在自己的专业领域内推动相应行业的标准化进程,并启发学生在学习和工作中保持创新思维,勇于探索新领域、新方法,使其深入思考作为新时代青年的责任与使命,培养学生有责任和担当的时代精神。

思考题

1. 结合材料,试分析中百物流通过运用标准化托盘、周转箱和周转筐等标准化设备,给中百物流的配送效率带来了怎样的提升。
2. 中百物流的做法可以给其他企业带来什么启示?请谈谈你的看法。

理论解读

一、配送中心

配送中心是指专门从事货物配送活动的经营组织或经营实体,其设立旨在优化物流体系中的配送环节。商品配送中心的核心任务是确保货物能准确无误、及时地送达目的地。为实现这一任务,配送中心除配送外,还必须进行一系列的收集信息、订货、储存等项活动。其主要功能有:集中、整理分类、运输、储存、装卸搬运、包装、流通加工及物流信息处理等。

配送中心有多种方法,根据建立配送中心的主体,其配送中心类型主要有:第一种类型,由制造商成立的配送中心;第二种类型,由批发商或代理商成立的配送中心;第三种类型,由货运公司成立的配送中心;第四种类型,由零售商向上整合成立的配送中心;第五种类型,由区域性的配送中心,负责特定区域的配送中心的业务;第六种类型,货品暂时存放的转运站,或为大车车辆转换成小车的中继站。

除此之外,配送中心的设施分为内部设施和外部设施。其内部设施一般是由信息中心与仓库构成,其中信息中心起着汇集信息并对配送中心进行管理的作用,仓库根据各部分不同的功能又可分为不同的作业区;而外部设施主要有停车场和配送中心内道路等。具体而言,配送中心作为实现配送业务的现代化流通设施,从事配送业务的物流场所和组织,应符合下列条件:

(1) 配送功能健全;
(2) 辐射范围小;
(3) 以配送为主,储存为辅;
(4) 主要为特定的用户服务;
(5) 多品种,小批量;
(6) 完善的信息网络。

二、物流标准化

物流标准化是指以物流系统为对象,围绕运输、存储、装卸、包装以及物流信息处理等物流活动制定、发布和实施有关技术和工作方面的标准,依据技术标准和工作标准的配合性要求,促使整个物流系统标准统一的过程。换句话说,物流标准化就是为物流活动制定统一标准并实施的整个过程,具体内容包括:制定物流系统内部设施、机械装置、专用工具等各个分系统的技术标准;制定系统内各分领域如包装、装卸、运输等方面的工作标准;以系统为出发点,研究各分系统和分领域中技术标准与工作标准、物流系统与其他相关系统等方面的配合性要求,进一步谋求物流大系统的标准统一。

相较于一般的标准化系统,物流系统的标准化具有更为广泛的涉及面和复杂性。它不仅涵盖了机电、建筑、工具等多个领域,还包括了工作方法的标准化。但由于缺乏共性,即使所有要素处于一个大系统中,仍然会出现标准种类繁多、标准内容复杂等问题,并给标准的统一性及配合性带来很大困难。经济性是标准化主要目的之一,能决定其生命力如何。此外,与深加工不同,物流过程通常不会带来产品的大幅增值,即使通过流通加工等方式,增值也相对有限。因此,物流费用的任何额外增加都会直接减少企业的效益,然而,物流过程又必须大量投入消耗,这就要求在标准化过程中必须注重经济性,片面强调现代科学水平,片面顺从物流习惯及现状,将会导致物流成本的增加,促使标准化失去生命力。

简要分析

问题一:结合材料,试分析中百物流通过运用标准化托盘、周转箱和周转筐等标准化设备,给中百物流的配送效率带来了怎样的提升。

分析:

结合材料可知,中百物流通过运用标准化托盘、周转箱和周转筐等标准化设备,给配送效率带来了多方面的显著提升,具体表现如下。

(1)收货环节效率提升。供应商使用与中百租赁的同一标准化托盘送货,到达配送中心后采用带板运输收货模式,使得原来卸货一个托盘需要半小时以上缩短至仅需2~4分钟,收货口效率提高4倍以上。同时,一辆12.5米厢式货车,人工装卸的等待及翻板时间一般在5小时左右,而托盘化运输整托卸货的时间仅需0.5小时,大大加快了装卸时间和配送中心与门店的周转时间。

(2)降低人力成本与收货成本。依托物流标准化的循环运用和托盘共享,使得中百物流不再需要人工翻板,节省了大量的人工卸货费用,收货口成本节约0.2元/托盘货物。

(3)降低产品损坏率。测试数据显示,托盘化运输与人工搬运相比,一般可使产品破损率降低61.5%,减少了货物在装卸过程中的损坏。

(4)提高设备使用率与循环利用率。中百标准化托盘使用率从之前的90%提升至95%以上,租赁率从10%提升至30%,标准化周转箱、周转筐使用率达到100%,配送门店的循环利用周转箱占发货总数的比例从15%提高到20%,提高了设备的使用效率和循环利用水平,减少了资源浪费。

(5)生鲜冷链配送效率提升。在生鲜冷链配送方面,中百物流采用不倒筐作业,收货效率提升40%以上,商品残次率下降36%,分拣效率提升35%,上游食品加工厂交货时间缩短,员工工作效率提高,减少加班作业,人力成本降低,效益得到明显提升。

综上所述,标准化托盘、周转箱和周转筐等标准化设备的运用,从多个环节和流程上全面提升了中百物流的配送效率，降低了成本，减少了货物损耗，增强了企业的市场竞争力和运营效益。

问题二：中百物流的做法可以给其他企业带来什么启示？请谈谈你的看法。

对于企业来说，如何提高物流工作效率，降低仓储配送成本，从根本上提高物流管理能力是每个公司都必须面对和解决的问题。仓储配送单独运行的局面也将逐步向仓储配送一体化方向发展。在数字化时代，中百物流通过其配送中心、仓储与配送一体化，启示其他企业在运营过程中，应注重建立和推行标准化体系、优化配送模式、信息化发展、合作共享以及成本效率管理等方面。具体来说如下所述。

（1）重视标准化建设。标准化有助于提高运营效率、降低成本、减少误差和提高质量，使企业在不同环节和场景下的操作更加规范和统一。例如，制造业企业可以对零部件、生产流程进行标准化；服务行业可以对服务流程、服务标准进行统一规划等。

（2）优化配送模式。探索优化自身业务流程和配送模式以提高运营效率和客户满意度，是电商企业自我发展的重要抓手。通过优化仓储布局和规划配送路线，并结合采用智能化的分拣和配送系统，能够提高包裹的处理和送达速度，实现电商企业的增盈创收。

（3）加强信息化建设。加大信息化方面的投入和建设，利用信息技术实现业务流程的数字化、智能化管理，能够提高决策的科学性和准确性。这一举措的实施，为传统零售企业的转型升级提供了可能，通过建立线上线下融合的销售系统和库存管理系统，实现对销售数据的实时监控和分析，优化库存管理和商品调配。

（4）发展共享合作。在适当领域开展共享合作有助于实现资源的优化配置和互利共赢。

（5）注重成本控制与效率提升。将成本控制与效率提升作为重要的经营目标，通过创新管理和技术手段，不断挖掘企业内部的潜力，能够提高企业的经济效益和市场竞争力。

8.3 良品铺子：仓储系统和智慧物流协同之路

材料

良品铺子，一家致力于通过数字化技术整合供应链管理与全渠道销售体系来开展高品质休闲食品业务的品牌运营企业。2006年8月，良品铺子在湖北武汉开设第一家门店，并于2020年成为上海证券交易所首家"云上市"企业，登陆A股市场，标志其正式成为国内"高端零食第一股"。截至2022年年底，良品铺子旗下拥有肉类零食、海味零食、坚果炒货等17大品类的产品，达到1655个SKU；截至2023年年末，其全国线下门店达到3293家，全年线下门店渠道收入达到42.94亿元，同比增长4.02%，全渠道总会员数达1.5亿人，是行业内唯一实现线上线下结构均衡且高度融合的全渠道销售网络的企业。

在仓储物流的关键领域，九州通达科技有限公司早在2015年便为良品铺子位于武汉的老仓进行优化布局与扩建，成功升级了其内部物流系统，使其库容能力提升40%、作业效率提升20%。进入2021年，良品铺子继续强化物流能力，于当年6月与霍尼韦尔达成合作。基于良品铺子的业务走向和流量需求，霍尼韦尔进一步为其物流中心精心打造了一套先进的订单分拣系统。这套系统具备惊人的分拣效率，每小时可达72 000件，订单完成效率高达每小时7000

单，且分拣几乎准确无误，准确率高达99.99%。霍尼韦尔提供的一站式仓储自动化解决方案，大幅减少了良品铺子分拣的人工需求，降低了人工成本，提高了分拣效率。为了进一步提升物流效率，良品铺子在全国范围内精心布局了三级仓储体系，包括中心仓、区域仓和门店仓；同时，为了满足线上业务的快速发展，良品铺子还在山东德州、陕西西安、湖北鄂州增设了3个线上业务城市仓。凭借强大的仓储系统和智能物流的完美结合，良品铺子能够迅速响应来自不同渠道的订单需求。如今，良品铺子的商品从生产线到消费者手中，其流转时间被缩短至15天以内。更值得一提的是，其首创的"7日鲜"模式，即通过"零库存+原产地"直发的方式，确保其一款坚果产品从炒制完成到消费者口中品尝仅需一周时间。

此外，良品铺子还与京东物流达成了深度的战略合作，借助京东先进的仓储物流系统，极大提升了其库存周转效率和现货率，特别是在"6·18""双十一"等重要购物狂欢节期间，良品铺子不断升级的仓储物流体系建设，使其存货周转始终快于业界其他企业。

在库存管理方面，良品铺子则采用了全渠道库存共享的模式，确保在收到订单后，可以根据距离分配到较近的仓库，对订单进行最佳的物流配送。并通过对企业采购、销售等关键数据的深入分析，实现线上与线下多渠道之间的无缝库存管理，进而最大化商品的周转效率。在库存管理的实际操作中，良品铺子严格遵循实际需求和既定程序进行上架、移库、盘点等操作，并依据订单管理系统中的有关数据进行调拨入仓。而在配送环节，客户下单后，订单会自动流转至扩展仓库管理系统，并自动分配到相应的仓库进行备货；出库后，按照订单通道的种类，利用扩展仓库管理系统的配置规则来实现物流的配送。良品铺子公开披露的数据显示，截至2022年年底，公司全年订单量达到2.32亿笔，订单平均处理时长为3小时；截至2023年年底，公司订单系统支持超过300万笔的线上单日交易，100万笔的线下单日交易，物流系统实现每日超过80万个包裹的快速发货，而会员系统则运营着千万级会员的积分、储值等功能操作。

数字化时代下，在食品工业迈向更高品质与效率的征程中，人工智能、大数据等新一代信息技术正成为其提质增效不可或缺的支撑力量。良品铺子作为行业先锋，已在"AI+食品工业"领域先行先试，其精心构建的智慧物流体系，赢得了央视大型纪录片《智造中国》的认可，成为其中发布的40多个智能制造标杆企业之一。从纪录片中可以看到：良品铺子通过引入破解了全球视觉工业难题的机器摇臂，实现了货品拣选自动化，再配合自动导引运输车、分拣机、立体仓等先进自动化设备，打造了一个高效的智慧物流系统。当系统接收到下单指令后，从分拣、装箱、打包、贴标再到包裹出库，直至送进货车厢，全流程仅需30分钟，最快12小时货物可抵达消费者手中，日出货能力也从之前的8万单提升到20万单……对良品铺子而言，数智化供应链不仅仅是一种生产和物流的组织方式，更是其面向未来、与时俱进的战略选择。借助已经形成的品质化、多元化和数智化的"三链同构"路径，良品铺子具备了强大的实力，能够应对市场周期的波动，通过差异化创新构建独特的竞争壁垒，抵御行业中的"不确定性风险"，真正让消费者感受到良品铺子"好吃不贵"。

资料来源：中国集体经济、现代商业、支点.

案例使用说明

一、教学目的

本案例主要介绍良品铺子有关仓储物流和库存管理等方面的优化措施，希望达到以下教学目的：

(1) 了解智慧物流的定义；

(2) 了解零售配送中心的业务流程；

(3) 理解仓储系统、智慧物流在零售行业中的具体运用。

二、涉及知识点

本案例主要涉及供应链管理、智慧物流、配送中心作业流程等知识点。

三、课程思政

本案例通过介绍良品铺子仓储系统和智慧物流协同配合实现其高品质休闲食品业务开展，引导学生理解智慧物流、配送中心的业务流程等相关知识点，认识到数字技术在零售行业中的重要性，激发学生勇于创新、敢于突破的精神，鼓励其积极探索新方法和新途径，同时培育学生秉持诚信、合作、创新品质，努力成为有理想、有道德、有文化、有纪律的高素质零售人才。

思考题

1. 简述良品铺子智慧物流配送的基本特点。
2. 结合材料，试分析良品铺子仓储系统与智慧物流协同发展的效果及启示。

理论解读

一、供应链管理

供应链管理，是指在满足一定客户服务水平的条件下，为了使整个供应链系统成本达到最小而把供应商、制造商、仓库、配送中心和渠道商等有效地组织在一起来进行的产品制造、转运、分销及销售的管理方法。供应链管理包括计划、采购、制造、配送、退货五大基本内容。

(1) 计划：这是供应链管理的策略性部分，需要有一个计划来管理所有的资源，以满足客户对产品的需求。好的计划是建立一系列的方法来监控供应链，使它能够有效、低成本地为顾客提供高质量和高价值的产品和服务。

(2) 采购：选择能为自己提供相应产品和服务的供应商，与供应商建立一套定价、配送和付款流程，并通过监督和改善管理，把供应商提供产品和服务的管理流程结合起来，包括提货、核实货单、转送货物到自己的制造部门并付款给供应商等。

(3) 制造：安排生产、测试、打包和准备送货所需的活动，其间需要很多测量工作，包括质量水平、产品产量和工人的生产效率等的测量。

(4) 配送：很多"圈内人"称之为"物流"，包括的工作有调整客户的订单收据、建立仓库网络、派送人员提货并送货到客户手中、建立货品计价系统、接收付款等。

(5) 退货：这是供应链中的问题处理部分，要建立服务网络接收客户退回的次品和多余产品，并在客户应用产品出问题时提供支持。

现代商业环境给企业带来了巨大的压力，不再仅是销售产品，还要为客户提供满意的服务，从而提高客户满意度，让其产生幸福感。科特勒表示："客户就是上帝，没有他们，企业就不能生存。一切计划都必须围绕挽留客户、满足客户进行。"要在国内和国际市场上赢得客户，供应链上的企业必须能快速、敏捷、灵活和协作地对客户的需求做出响应。面对多变的供应链环境，构建幸福供应链成为现代企业的发展趋势。

二、智慧物流

智慧物流是指利用物联网、大数据、云计算、人工智能等先进技术，实现物流各环节信息的实时采集、处理、分析和优化，以提高物流效率、降低物流成本、增强物流服务质量和满足客户需求的一种新型物流管理模式。它不仅涵盖了仓储、运输、配送等传统物流环节，还扩展至供应链管理、客户关系管理、数据分析等更广泛的领域，是物流行业数字化转型的重要方向。智慧物流的崛起，标志着物流行业正迈向一个全新的发展阶段。通过将前沿技术与物流业务深度融合，推动物流行业的创新和发展，为企业和客户带来更加便捷、高效、可靠和个性化的物流服务体验。

智慧物流主要包括以下几个方面。

1. 信息智能化

信息智能化是智慧物流的核心。通过物联网技术，实现物流信息的实时采集和传输，使物流各环节的信息能够实时共享和互通；同时，通过大数据和云计算技术，对物流信息进行深度分析和挖掘，为物流决策提供有力支持。信息智能化使得物流过程更加透明化、可控化，提高了物流效率和服务质量。

2. 管理网络化

管理网络化是智慧物流的基础。通过建立统一的物流管理平台，实现物流信息的网络化和共享化。管理网络化使物流资源能够得到更加合理的配置和利用，在提高物流效率和服务质量的同时，也为物流过程提供了更加可靠的物流服务保障。

3. 运营自动化

运营自动化是智慧物流的重要特征。通过自动化技术，如机器人、无人机、自动驾驶车辆等，实现物流作业的自动化和智能化。例如，智能仓库通过自动化立体货架、智能叉车等设备，实现了货物的自动化存取和搬运；智能配送通过无人机和自动驾驶车辆，实现了快速、准确的配送服务。运营自动化的实现，减少了人力成本，提高了物流效率。

4. 决策智能化

决策智能化是智慧物流的高级阶段。通过机器学习、深度学习等人工智能技术，对物流数据进行分析和预测，为物流决策提供科学依据。例如，基于历史和实时数据，预测货物的需求量和运输时间，以优化库存和运输方案；基于客户行为分析，预测客户的需求偏好和购买习惯，以提供个性化物流服务。决策智能化使物流决策更加科学、精准和高效。

三、配送中心的作业流程

配送中心的作业流程是其高效运作的基础。虽然配送中心种类各异，但其具有一致的核心作业流程。这些基本流程包括进货、搬运、储存、盘点、订单处理、拣货、补货、出货、配送，以及营运管理和绩效管理等环节。

通常，当配送中心向上游供应商发出订单后，供应商会迅速响应并组织供货，配送中心在接到通知后，则会组织有关人员接货。一旦供应货车抵达码头，且经"进货"确认进货品后，商品就将被"储存"入库，为确保在库商品受到良好的保护管理，会定期或不定期地进行"盘点"检查。当配送中心收到和汇总门店的订货单后，会首先进行"订单处理"，明确所需配送的商品种类和数量，并查询配送中心现有库存以确认是否有足够的现货。若库存充足，则进入"拣货"环节；若拣货区现货数量不足，则须从储存区进行"补货"。若整个储存区的存量也低于标准，配送中心则要及时通知总部采购部门，由采购部门向供应商发出订单进行补货。对拣选出的商品经过整理后，即可进入"出货"阶段，等一切出货工作就绪，司机便可将商品装上配送车，"配送"到各个客户点交货。值得注意的是，在整个作业流程中，"搬运"作业贯穿始终，是确保流程顺畅运行的关键环节。

简要分析

问题一：简述良品铺子智慧物流配送的基本特点。

分析：

结合材料可知，良品铺子智慧物流配送具有以下基本特点。

(1)快速高效。良品铺子通过引入先进的信息技术和高效的管理模式，实现了从采购、仓储到配送的高度自动化，大大提升了物流效率。快速高效的物流配送系统确保了商品能够迅速、准确地送达消费者手中。

(2)全程可追溯。良品铺子的智慧物流配送系统实现了对商品的全程跟踪和追溯，通过订单号等信息，客户可实时查询商品的配送状态，信息的透明化增强了客户对商品的信任感。

(3)智能化决策。通过大数据分析，良品铺子能够精准预测市场需求，优化库存管理，并根据历史数据和实时数据制订配送计划，实现智能化决策。

除了上述特点，良品铺子智慧物流配送还具有全渠道库存共享、合作拓展与资源整合等特点。结合材料或实际进行分析，言之有理即可。

问题二：结合材料，试分析良品铺子仓储系统与智慧物流协同发展的效果及启示。

结合材料，良品铺子仓储系统与智慧物流协同发展的效果如下。

(1)运营效率显著提升。通过优化仓储布局、引入先进的分拣系统以及建立三级仓储体系，良品铺子的作业效率大幅提高。例如，订单分拣系统每小时可达 72 000 件，订单完成效率每小时 7000 单，从接收到下单指令到包裹出库全流程仅需 30 分钟，商品流转时间缩短至 15 天以内，"7 日鲜"模式更是将坚果产品从炒制到消费者手中的时间控制在一周内，这些都大大缩短了业务流程的时间，提高了运营效率。

(2)有效控制成本。霍尼韦尔为良品铺子提供的一站式仓储自动化解决方案大幅减少了人工需求，降低了人工成本；同时，高效的库存管理和物流配送模式，减少了库存积压和仓储成本，提升了资源利用效率。

(3)市场竞争力增强。快速的物流配送和高效的库存管理，使良品铺子能够快速响应市场需求，更好地满足消费者的期望，提升了消费者的购物体验，增强了品牌的市场竞争力。且其全渠道库存共享模式和精准的物流配送，使其存货周转快于业界其他企业，有助于在市场竞争中占据优势。

(4)销售网络拓展与业绩增长。完善的仓储与智慧物流配送支持了良品铺子线上线下全渠道销售网络的发展，促进了业务的拓展和销售业绩的增长。线下门店渠道收入的增加以及全渠道可触达会员数量的增长，都得益于协同发展的仓储与智慧物流系统。

此外，通过分析上述良品铺子仓储系统与智慧物流协同发展的效果，可以给其他企业带来一些启示，包括：重视技术创新与合作，通过积极与行业内先进技术供应商合作，不断引入创新技术，提升自身的运营水平和竞争力；构建完善的仓储物流体系，根据自身业务特点和市场需求，合理规划仓储布局，建立多层次、多区域的仓储物流体系，能提高物流配送的速度和准确性；实行数据驱动的库存管理与决策，企业应重视数据的收集、分析和应用，以数据驱动库存管理和物流决策，提高库存周转率和物流配送效率，降低运营成本；持续优化战略规划，以适应市场的动态变化，构建竞争优势等。

育人元素

本章通过国内外典型案例对零售采购与配送背后蕴含的知识加以介绍，结合企业实际帮助学生了解零售业采购与配送的业务流程、策略和管理方法，启示学生们在未来的学习和工作中，要积极拥抱新技术，勇于创新；同时，引导学生深入社会实践、关注现实问题，培育学生经世济民、诚信服务、德法兼修的职业素养，增强学生的社会和环境责任，引导学生关注国家发展，为实现中华民族伟大复兴的中国梦贡献自己的智慧和力量。

第 9 章　商店布局与商品陈列

9.1　线下门店里的"秘密"

材料

材料（一）

名创优品万象城店所在的商场是由华润新鸿基房地产有限公司投资建设的，它打造了集购物、餐饮、娱乐、旅游、办公等于一体的现代化"购物公园"。那么，名创优品万象城店是通过怎样的店铺布局和商品陈列实现这一目标的呢？

首先，我们来看看名创优品万象城店的店铺布局。

(1) 店铺整体布局。

名创优品万象城店的整体布局形式采用直线形布局，这是空间利用率最高的一种布局形式，不仅能够陈列展示较多的商品，便于顾客拿取商品，还方便顾客一目了然地选购商品。同时，由于店铺面积小，所以通道的设计把进口处和收银处设在一起，并设置较低的卖场中岛货架和较高的边墙货架，使顾客对商品一览无余。此外，店铺通道的设计遵循了平坦、无障碍物的原则，保证顾客提着购物篮能顺利地擦肩而过。

名创优品万象城店卖场被划分为 A 区（前场）、B 区（中场）和 C 区（后场）三个区域。A 区作为黄金销售区域，陈列最具吸引力的产品，如彩妆产品和盲盒玩具等，以吸引顾客的注意力。B 区则陈列热销产品和有一定认知度的产品，如洗脸巾、电子产品、香氛等，旨在引导顾客消费。C 区陈列生活必需品，包括杯子、毛巾等，并利用色彩鲜艳的货品吸引顾客深入店铺。

(2) 货架布局。

一般来说，货架布局有格子式布局、岛屿式布局、自由流动式布局和斜线式布局等四种布局方式。名创优品万象城店的货架布局结合了格子式布局与岛屿式布局，卖场 C 区和 B 区主要采用格子式布局，使商品分布有序，方便顾客寻找。而入口处 A 区则主要采用岛屿式布局，通过不同形状的货架装饰和美化店铺环境，同时吸引顾客进店。这种结合既充分利用了卖场空间，又提升了顾客的购物体验。

(3) 磁石点布局。

名创优品万象城店还巧妙地运用了磁石点布局策略。店铺的第一磁石点陈列有美妆台和盲盒展示台，美妆台的入口处陈列有香水和香水试用装，能够吸引女性顾客进店试用。盲盒展示台是由亚克力盒与长展桌组合而成，位于店铺左侧入口处，长展桌上陈列有名创优品与其他品牌联名的各种盲盒玩具，亚克力盒内展示的是对应商品的样品，可以吸引男性顾客及儿童进店购买。店铺的第二磁石点一般陈列有新品、连裤袜、手套等季节性商品或者店铺之间 PK 的商品，这些商品不断变化，会吸引顾客走入门店的最里面。店铺的第三磁石点则利用端架商品刺激消费，主要陈列高利润或购买频率高的商品，包括洗脸巾、牙刷、耳机、香薰包等。店铺的第四磁石点主要是在门店副通道的两侧，比较容易引起顾客的注意，所以店铺在这个位置陈列了热门商品,有香薰蜡烛、玩偶、收纳用品等。店铺的第五磁石点则是收银区旁边的促销架,一般陈列收银台可以连带销售的产品或者根据季节进行调整的季节性产品。

其次,名创优品万象城店除了凭借完善的店铺布局、优质的商品和低廉的价格,其独特的商品陈列方式也是一大亮点。该店在商品陈列上主要遵循八个原则,分别是分区定位原则、易见易取原则、丰满有序原则、先进先出原则、垂直集中原则、关联性原则、黄金销售区域陈列原则、颜色排列原则,以确保顾客能够便捷、愉悦地选购商品。

(1) 分区定位原则。

在这八个原则中首先要遵循的是分区定位原则。分区定位原则要求每一类别、每一项商品都有一个相对固定的陈列区域。名创优品万象城店根据商品功能,将商品分为美妆工具、季节性产品、生活百货、创意家居、数码电器、饰品系列、精品包饰等十三大类,并根据顾客的购买习惯,将整个门店划分为三个区域,分别陈列这些商品,再根据商品细类具体陈列。

(2) 易见易取原则。

易见易取原则强调商品易被顾客看见且方便拿取。名创优品万象城店确保所有商品正面朝外,不被其他商品遮挡,同时准确摆POP牌,及时向顾客传达店铺信息。同时,店铺内所有陈列货架的高度适中,都非常适合亚洲人身高,方便拿取。在商品陈列时,每层商品与上面一层商品之间的间距合理,既保证货品紧凑,又不影响拿取。在陈列儿童用品、玩具等商品时,店铺还考虑到儿童的身高,将陈列位置设置得较低,且没有遮挡物,方便儿童拿取。

(3) 丰满有序原则和先进先出原则。

丰满有序原则要求商品陈列应饱满有序,以增加商品表现力,刺激消费欲望。名创优品万象城店通过合理布局和紧凑陈列,实现了商品丰满有序的效果。同时,遵循先进先出原则,确保食品和彩妆等易过期商品的新鲜度。在上货时,按照生产日期将较早生产的商品往外移,以提高商品周转率,降低损耗。

(4) 垂直集中原则和关联性原则。

名创优品万象城店垂直集中原则大多用于边墙陈列。它将上层商品纵向陈列,减少顾客拿取的难度。对于种类较多的商品,如食品、饰品等,一般都会采用垂直集中原则,按颜色或系列从上到下陈列,增强商品的层次感。关联性原则则是将具有相关性的商品组合在一起陈列,如化妆工具与指甲油、美甲贴等,以促进互补销售和延伸消费。

(5) 黄金销售区域陈列原则和颜色排列原则。

黄金销售区域陈列原则强调在货架的黄金位置陈列主推产品或新品。名创优品万象城店会根据货架高度和顾客视线习惯,确定边墙和中岛货架的黄金销售区域,并在此区域陈列最具吸引力的商品。颜色排列原则则要求按照颜色顺序陈列商品,如袜子和杯子等颜色丰富的商品,按照从浅到深、从彩虹色系到黑灰白的顺序排列,以符合人体视觉流动规律,提高商品吸引力。

资料来源:商场现代化.

材料(二)

2020年国庆期间,中国知名体育用品品牌安踏在上海南京东路步行街的翻新路段正式开设了其首家第十代形象店铺。这家旗舰店以奥运为主题,融合了安踏"永不止步"的品牌理念,巧妙地将健身房和脉动光的元素融入设计中,为顾客营造出一个进步、积极、动感的购物空间。

安踏上海南京东路旗舰店不仅展现了高科技风范的现代美学理念,还巧妙地保留了19世纪外滩建筑的独特风格。作为安踏设计团队与全球知名设计公司Gensler合作设计完成的结晶,消费者从主入口步入门店，将迎来焕然一新的安踏世界体验。店内悬挂着安踏作为北京 2022 年冬奥会和冬残奥会官方体育服装合作伙伴的联合标识，彰显了品牌的荣耀与实力。

橱窗中以发光的线条勾勒出充满动感的冬季滑雪道场景

照明设计在优化商品展示效果方面发挥了重要作用。店内采用直接照明突出商品，同时利用环境照明和不同的色调与渐变设计营造出动感的视觉效果，吸引顾客深入探索。此外，门店橱窗以活力四射的冬季运动为主题，与北京冬奥会的宣传活动巧妙呼应。通过发光的线条勾勒出充满动感的冬季滑雪道场景，让人联想起安踏的品牌标识。滑雪道上的三个人体模型分别呈现了滑雪以及长短道速滑的场景，鲜活的运动气息扑面而来。橱窗设计格外注重层次感与通透性，力求吸引途经此处的消费者，让他们将目光从橱窗转入门店，并投向店内的不同区域。

数字化和照明设计成为整个门店设计的关键所在

为强调"永不止步"的品牌宣言，安踏在这家旗舰店中特别注重数字化和照明设计的运用。店内的高科技风范在橱窗的动感设计和天花板上得到了充分体现。天花板上以"数字"图案呈现的灯具是安踏视觉设计的全新元素，灵感来源于体育锦标赛和奥运会上的数字秒表，闪烁的灯光营造出时间的紧迫感和动感效果。

灯光装置展示了安踏历代的 KT 球鞋

作为安踏的经典系列，KT 球鞋由篮坛巨星克莱·汤普森（Klay Thompson）代言。在这家旗舰店中，Gensler 与安踏携手打造了一个惊艳的灯光装置，展示了历代 KT 球鞋。600 多只球鞋被点亮后组成的图案经过精心编排，不断变换以突出特定的 KT 款型，展现了安踏球鞋的时尚传承与动感形态。这一简约而美学的设计将安踏球鞋转化为真正的艺术作品，与年轻、时尚的市场产生了强烈的共鸣。

资料来源：SOHO 设计区.

案例使用说明

一、教学目的

本案例通过对名创优品、安踏等品牌线下门店的布局、商品陈列方式与橱窗设计的介绍，希望达到以下教学目的：

(1) 了解商场布局的基本方法及考虑因素；
(2) 掌握商品陈列的基本方法和技巧；
(3) 理解商品陈列方式、橱窗展示要求。

二、涉及知识点

本案例主要涉及商店布局、商品陈列、橱窗展示等知识点。

三、课程思政

本案例通过介绍名创优品、安踏等品牌线下门店的布局、商品陈列方式与橱窗设计等，让学生掌握商店布局的主要形式与商品陈列的基本方法，帮助学生理解零售业的行规与经营策略，引导学生理解创新和适应市场变化的重要性，树立正确的价值观，培育学生在未来学习与工作中一丝不苟、全面发展的素养和责任感。

思考题

1. 结合材料分析名创优品万象城店和安踏上海南京东路旗舰店在整体店铺布局形式上有何不同？分别是基于什么因素考虑选择这种布局的？
2. 对于其他线下门店而言，名创优品万象城店和安踏上海南京东路旗舰店在购物体验的营造上有哪些值得借鉴的地方？

理论解读

一、商店布局

商店布局是对货架、柜台、陈列橱窗等营业设备的摆放以及销售空间的合理分配，其重点在于如何利用有效的空间以及商品，引导并帮助顾客寻找自己所需购买的物品，为消费者创造舒适惬意的购物环境，从而最大限度地利用好每一块地方的价值。根据尼尔森的调查，2/3 的消费行为都是顾客在店内做出的决定，并且这种决定一般只需要 20 秒，这就意味着商店可以通过布局和陈列影响顾客的购买行为。

通常而言，商店布局会考虑如下因素。①如何有效利用空间。合理设计货架摆放和通道，既不会因过于拥挤而造成顾客以及工作人员的不便，也不会因过于宽敞而浪费空间，增加运营成本。②如何进行商品摆放。商品摆放既要满足不同人群的多样化需要，又要突出一些特殊商品，以刺激顾客的购买欲望，增加其购买的冲动。③如何更方便地进行商店管理。商店管理需要考虑诸多事宜，如收银台以及相关设备的摆放、商品的回收、理货员的补货、满足特殊人群的需要等。

此外，商店在布局设计时还应注意以下问题。①顾客的购买习惯。一般来说，顾客进商店时大多数人习惯拿取右边的东西，但到达一个新的区域时会倾向于先向左边看，因此商店一般都喜欢在顾客的左边陈列促销产品，而将利润高的商品陈列在右边。同时，顾客的走动方向多半是逆时针方向，因此，可以在逆时针方向的入口处摆放一些购买频率较高的商品，而挑选性较强的商品则可以摆放在较远处。②商品的盈利能力。在进行商品布局时，应事先对商品的盈利能力进行了解，将获利高的商品摆放在商店最好的位置，占较大的空间，从而促进其销售。③磁石点理论。磁石点是零售卖场中最能吸引顾客眼光、最能引起其购买冲动的地方。根据磁石点理论，在进行布局陈列时，要在零售卖场最优越的位置摆放最合适的商品，以促进销售，引导顾客顺畅地逛遍整个卖场，进而刺激顾客产生购买行为。商店磁石商品类型划分及布局如表 9-1 所示。

表 9-1 商店磁石商品类型划分及布局

磁石点	商店布局	商品类型
第一磁石点	分布在顾客进入卖场的必经之路：主通道两侧	销售量大的商品，主力商品，进货能力强的商品
第二磁石点	穿插于主通道中	前沿品种，引人注目的品种和季节性销售商品
第三磁石点	货架两头的端头位置	特价产品、大众品种、自有品牌、流行产品、促销产品
第四磁石点	卖场副通道的两侧	廉价品、大量陈列、大规模宣传的商品、热销品
第五磁石点	收银台附近	特卖品、节假日促销品、非主流商品

二、商品陈列

商品陈列是管理者以产品为主体，运用一定的方法和技巧将其有规律地展示在顾客面前。好的商品陈列不仅方便顾客的购买，而且会使其感到舒适惬意，进而不自觉地延长在商店的逗留时间。因此，商品陈列又被称为"无言的推销员"。

商品陈列需要遵循以下原则。①醒目陈列。吸引顾客，激发其购买欲望是商品陈列的目的。因此，要避免商品的互相遮挡，尽可能做到商品陈列醒目、商品摆放正面朝外等，以引起顾客的注意，进一步增加其销售机会；同时，对于货架底层的商品，由于不易被顾客看清，所以在摆放时可以考虑将商品倾斜陈列以突出商品。②丰满陈列。货架上丰满的商品陈列往往能够激起顾客的购买欲望，若货架商品不丰满，不仅会降低空间的利用率，还会使顾客认为这是别人挑剩下的商品，从而失去购买兴趣。因此，销售人员应及时补货，一旦没有库存，应立即在空缺的地方放置相应的标志或者用其他相关产品填补。③方便原则。商品陈列要便于顾客的选购，应将商品摆放在最明显、最易选购且易拿取的位置，以节省顾客的购物时间，迅速完成交易。当可供选择的对象繁多时，顾客在购买过程中就需要反复地思考，并冷静地做出决策，因此，应将这类商品陈列于相对安静、光线良好的位置上，以方便顾客挑选。

三、橱窗展示

商店橱窗是商店的第一展厅。因此，橱窗设计是商店陈列设计的重点。它是指以商品为主体，通过布景、道具和装饰画的背景衬托，并配合灯光、文字等说明，对商品进行介绍和宣传的一种商业展示空间。

橱窗设计的分类方式有：按照展示时期划分，可以将橱窗分为定期展示橱窗、节令展示橱窗以及临时展示橱窗；按照设计表现手法划分，橱窗被细分为环境型橱窗和抽象型橱窗。

此外，橱窗的设计还需遵循一定的要求。①橱窗位置要适宜。位置适宜的实现需要充分考虑其陈列高度和橱窗在零售店里所处的地理位置。一方面，从高度来说，同人身高相当为宜，以便使整个橱窗内陈列的商品都在顾客的视野中；另一方面，从地理位置来说，需要放在能够吸引顾客注意的地方。②橱窗设计要突出商品。商品是橱窗的焦点，因此橱窗在设计时需要突出商品，其背景则需要简约且能引人注目，同时还不能喧宾夺主。③橱窗设计要富于变化。商家要经常对橱窗商品的陈列进行调整，给顾客新鲜的感觉，从而维持顾客对商家的关注；若长时间不变动陈列，则会让顾客熟视无睹，甚至产生厌倦的情绪。

简要分析

问题一： 结合材料分析名创优品万象城店和安踏上海南京东路旗舰店在整体店铺布局形式上有何不同？分别是基于什么因素的考虑选择这种布局的？

分析：

结合材料分析，名创优品万象城店和安踏上海南京东路旗舰店在整体店铺布局形式上有如下不同。

就名创优品万象城店而言，其采用的是直线形布局，是空间利用率最高的一种布局形式。同时，还将店铺划分为 A 区（前场）、B 区（中场）和 C 区（后场）三个区域。在货架布局上，C

区和 B 区主要采用格子式布局，入口处 A 区则主要采用岛屿式布局。此外，店内还巧妙地运用了磁石点布局策略，设置了五个磁石点，不同磁石点陈列不同类型的商品，如第一磁石点有美妆台和盲盒展示台，第二磁石点陈列新品、季节性商品等。

就安踏上海南京东路旗舰店而言，其采用的是主题式布局，以奥运为主题，并融合健身房和脉动光的元素。店铺从外观的橱窗展示到店内的照明设计以及产品的陈列都围绕运动主题展开。同时，橱窗以发光线条勾勒冬季滑雪道场景，店内则通过直接照明突出产品，并且利用环境照明和色调渐变营造出动感的视觉效果。此外，店内有展示安踏历代 KT 球鞋的灯光装置，还有天花板上类似数字秒表的灯具设计。而最值得一提的是，店铺还巧妙地保留了 19 世纪上海外滩建筑的独特风格。

通过上述分析，可以发现它们不同的布局是出于不同的考虑因素。从名创优品万象城店角度出发，其布局是出于对空间利用和商品展示需求、引导消费心理，以及商品陈列有序性与吸引力相结合的考虑；而从安踏上海南京东路旗舰店来看，其布局则是出于品牌理念的体现、目标客户群体的吸引以及地域文化的融合等方面的考虑。

问题二：对于其他线下门店而言，名创优品万象城店和安踏上海南京东路旗舰店在购物体验的营造上有哪些值得借鉴的地方？

分析：

此题为开放题，结合材料与实际回答，言之有理即可。以下分析仅供参考。对于其他线下门店而言，名创优品万象城店和安踏上海南京东路旗舰店在购物体验的营造上均有诸多可借鉴之处。

名创优品万象城店在购物体验营造方面表现出色。其直线形布局与合理的分区规划，让顾客进店后能迅速对商品布局有整体认知，减少了寻找商品的迷茫感。例如，将卖场划分为 A、B、C 三区，不同区域陈列不同类型商品，A 区放置吸睛的彩妆和盲盒，有效吸引顾客目光并激发其探索欲望。在商品陈列上遵循的八大原则更是一大亮点，易见易取原则确保商品正面朝外、货架高度适宜且间距合理，无论是成人还是儿童都能轻松拿取商品，极大地提升了购物的便捷性；丰满有序原则使商品陈列饱满，给顾客以丰富的视觉感受，刺激消费欲望；关联性原则将相关商品组合陈列，如化妆工具与指甲油等，方便顾客搭配购买，促进了互补销售。此外，其磁石点布局策略巧妙地引导顾客在店内流动，各个磁石点依据商品特性和顾客心理设置，如第一磁石点的美妆台和盲盒展示台，精准地吸引了女性顾客和儿童等不同群体，使顾客在店内的停留时间延长，增加了购买机会。

安踏上海南京东路旗舰店同样在购物体验营造上独具匠心。店铺以奥运为主题的布局设计，使顾客一进店就仿佛置身于运动的世界，橱窗中以发光线条勾勒的冬季滑雪道场景以及展示的运动人体模型，生动地传递出品牌的运动属性和活力，强烈地吸引着运动爱好者。此外，店内的照明设计也独具特色，直接照明突显商品细节，环境照明与色调渐变相结合则营造出动感的视觉效果，不仅优化了商品展示，还为顾客带来了独特的视觉享受，让顾客更愿意深入探索店铺。天花板上以"数字"图案呈现的灯具灵感源于体育锦标赛的数字秒表，闪烁的灯光营造出时间的紧迫感和动感氛围，进一步强化了品牌的运动精神和科技感，使顾客在购物过程中产生情感共鸣。而特别打造的展示安踏历代 KT 球鞋的灯光装置，则将商品转化为艺术作品，在展示经典产品系列的同时，彰显了品牌的历史传承与时尚动感，提升了品牌在顾客心中的形象和吸引力，也为顾客提供了一种独特的购物记忆点。

综上所述，其他线下门店可以从名创优品万象城店学习其布局规划与商品陈列的精细化管理，从安踏上海南京东路旗舰店借鉴主题式设计与特色照明、展示装置的运用经验，以此来提升自身的购物体验营造水平，增强顾客的满意度与忠诚度，从而在激烈的市场竞争中脱颖而出。

9.2 宜家卖场的动线设计

材料

宜家，1943年由17岁的英格瓦·坎普拉德在瑞典的斯马兰创立。1948年，英格瓦开始售卖家具，宜家产品系列的历史就此开始。发展至今，宜家一直秉持着"低价格、高品质"的发展理念，旨在"为大多数人创造更加美好的日常生活"。为此，宜家精心布局卖场，致力于为顾客提供优质的购物体验。

作为家具零售业的佼佼者，宜家独特的蓝色方形建筑外观已成为其卖场外观的象征，而醒目的宜家黄色字体则如同指引灯塔，为顾客提供了清晰直观的"导航"信息。卖场的空间导向系统作为人流和物流有序流动的指挥官，设计精妙且目的明确。步入宜家店内，一套完善的卖场空间导向系统随机展开其引导魅力，该室内环境引导系统包括楼层总索引和平面标识，各楼层索引和平面标识，各区域主要功能标识和位置引导标识，公共服务区标识和位置引导标识，各单元功能区标识和位置引导标识。这些导引标识，融合了文字、图形符号、颜色等单个或多个元素，向顾客提供特定信息以引导顾客流动。在设置方向引导识别系统时，宜家深谙"主动引导"之道，确保标志系统能够智能地引导人流，实现空间利用的最大化与顾客体验的最优化。此系统的设计遵循了一系列核心原则，如注重醒目性、规范性与国际性，确保信息传达的简洁、高效与准确无误，让顾客在白纸黑字的清晰指引下，轻松找到所需商品。

尤为值得一提的是，宜家在空间布局上融入了无障碍设计理念，这一人性化举措将关怀延伸至每位顾客。通过现代科技与环境改造的完美结合，无障碍设计确保了残疾人、老年人及儿童等行动不便的群体能够独立、安全、便捷地完成购物之旅，充分体现了宜家以人为本、关怀备至的品牌精神。

资料来源：商业文化.

此外，在宜家，顾客根本不需要担心会迷路，这是源于宜家"一线式"动线设计对人流高效的引导和分隔，并且这种"一线式"能让顾客在不知不觉中逛遍卖场的每个角落，无形中接受着宜家独特的消费文化熏陶。沿途，宜家在每个节点都设立了醒目的路标，其下面是整个卖场的动线平面图和"捷径至"指示板，这在无形中方便了顾客的选购。依托宜家的动线设计，家居"样板间"、宜家餐厅、二楼的家居用品大厅、提货区都被有条不紊地串联了起来。这样的动线设计，有助于顾客发现家居需求，激发购买灵感。

先在样板区看商品、记货号，再到提货区提货，已经成为宜家的一大购物特色。顾客记下要购买的商品货号后，都直接从宜家的仓库提货。高达十多米的仓储空间分门别类地"躺放"着宜家"平板式"包装的每类商品，而每类商品旁边都放了一个样品，非常直观。仓库外紧跟着收银台，付款后顾客可以到送货处申请送货。在送货区，顾客在走出卖场之前还可以得到各项设计服务，如办公室设计、厨房设计等。

综上所述，宜家卖场的动线设计赢得了商业卖场设计师的赞叹，这种"动线"看似简约，实则蕴含了深厚智慧与对顾客心理的精准洞察。随着动线的延伸，产品排布的巧妙变化不断触动着顾客的心弦，引导他们一步步深入探索，最终收获满满的购物乐趣。

资料来源：百度文库.

案例使用说明

一、教学目的

本案例通过对宜家卖场的动线引导设计的介绍，希望达到以下教学目的：
(1) 掌握卖场布局的主要形式；
(2) 了解动线设计的类别；
(3) 熟悉卖场布局设计的原则和类型。

二、涉及知识点

本案例主要涉及卖场布局、布局形式、动线设计、卖场环境等知识点。

三、课程思政

本案例通过对宜家卖场的动线引导设计的介绍，引导学生意识到拥有明确目标和规划的重要性，通过无障碍设计中蕴含的以人为本理念，培养学生的社会责任感和人文关怀精神；同时引导学生深入社会实践，探索新的零售行业服务模式和布局设计，激发学生创新思维，提高学生的零售素养，以及运用零售理论观察、分析、解决问题的能力。

思考题

1. 宜家如何通过卖场动线引导顾客走向卖场深处？
2. 宜家的这种动线设计可以给其他零售企业带来什么启示？

理论解读

一、布局形式

通常而言，卖场的布局形式主要有三种：直线式布局、岛屿式布局和自由式布局。

(1) 直线式布局。作为传统店面布局的代表，直线式布局是一种将货架呈纵向或横向平行排列，形成多条直线，以充分利用店面空间的布局形式。在这种布局中，主通道与副通道宽度保持一致，刚好可供顾客和购物车通过，经常被应用于超级市场和便利店中。

(2) 岛屿式布局。岛屿式布局是一种富有创意的布局形式，其将营业场所中间布置成各不相连的岛屿形式，并在岛屿中间设置货架摆放商品。这种布局通常会形成圆形、矩形、三角形及各种不规则形状的岛屿分布。一般情况下，岛屿式分布会摆放相关联的商品，使之看起来更像某一品牌的专卖店。

（3）自由式布局。一些商家将直线式布局和岛屿式布局的优缺点进行综合，发展出了更加舒适惬意的自由式布局。顾客可以在不同的货架和柜台之间自由穿梭，可以随心所欲地浏览商品，销售氛围非常和谐，但这种模式对卖场管理提出了更高的要求。

二、动线设计

卖场的动线即顾客在商店内移动的线路，顾客的购物路线在很大程度上受到商场动线设计的影响。好的动线设计对卖场的流通、品牌的展示和顾客的体验都有很强的促进作用，反之，则会影响卖场的正常运营。因此，卖场可以根据商品的销售情况，结合顾客的购物习惯，充分利用陈列技巧，设计出合理有效的动线规划，避免出现卖场死角。

动线设计一般分为四类：后场动线、员工动线、水平动线和垂直动线。

（1）后场动线，又称后勤补给动线，这是从停车卸货开始经过商品管理、上货梯到进入卖场仓库的过程。这条动线一般要让顾客看不见、走不到。

（2）员工动线，即员工每天上下班进出动线，如从门卫处到卖场，再到工作岗位的动线。

（3）水平动线，即卖场每层以电扶梯为中心引导客人走向的动线。这是引导顾客消费最主要的动线，一般分为主要动线和次要动线。

（4）垂直动线，是从地面层借助电扶梯、电梯、楼梯来运送顾客到上下楼层的动线。在百货卖场中常见的动线设计是"井"字形、"回"字形和九宫格形的。

卖场的动线设计需要注意以下几点。

（1）设计良好的商业动线。商业动线指的是在商业项目中客流的运动轨迹。一个良好的商业动线设计，能够在错综复杂的商业环境中，为客流提供一整套可辨、清晰的脉络，可以让顾客在商业体内部逗留的时间更长，在购物过程中尽可能经过更多有效区域。

（2）避免动线设计陷阱。做卖场动线设计若一味追求丰富的空间效果，将动线和空间设计得太过复杂，则更容易产生混乱感。因此，卖场空间动线设计应追求简单而丰富。

（3）坚持动线设计原则。动线设计需遵循三个基本原则：可见性、可达性、识别性。可见性在卖场动线设计中是一个非常重要的内容，一个卖场被看见的机会越多，位置就越好。在可见性的基础上，经过最少道路转换的路径可达性最高。这就对动线设计的识别性提出了要求，即需要提高动线系统的秩序感，从而提高顾客的位置感。

（4）关注中庭动线设计。卖场的中庭动线设计目标要清晰明确，空间比例要适宜，并具备统一性，利用好外部自然采光，从而消除空间给顾客带来的不良视觉反应。同时，中庭空间的划分应具有特色的层次变化和个性空间的设计，充分考虑动线、视角、人流等多个方面，从而使卖场更具流动性和观赏性。

三、卖场环境

卖场环境是指商家通过灯光、音乐、颜色及气味等设计一种环境，以刺激顾客的直觉和情感，并最终影响其购买行为。一种好的卖场氛围往往会达到事半功倍的效果，既可以补充卖场或商品在设计上的不足，又可以给顾客带来愉快的购物体验。其中，灯光照明在卖场中发挥着重要的作用，其不仅能够消除商品的陈列阴影，展现商品的陈列魅力，还能够营造卖场氛围，为顾客提供舒适的购物环境。同时，音乐也是影响顾客购物体验的重要因素，恰当地设置背景音乐通常能够提高销售,如在定位较高的精品店中可以播放典雅的音乐,而在休闲服饰店铺则可以播放流行、轻快的音乐。

简要分析

问题一:宜家如何通过卖场动线引导顾客走向卖场深处?

分析:

结合材料分析可知,宜家巧妙地运用了两大策略规划卖场动线,有效引导顾客走向卖场深处。

一是"一线式"动线设计。宜家精心铺设了一条引导之路:从顾客下车的那一刻起,醒目的"入口"标志就会出现在他们面前;上"入口"扶梯,数万平方米的宜家则将映入眼帘。宜家在每个角落,都精心设置了明确的路线指引与区域标识,地面上还会有箭头指示给予引导,确保顾客能轻松定位并找到所需商品。这种"一线式"动态设计,不仅让顾客能虚拟地走遍商店的每个角落,更在不知不觉中接受了宜家精心编排的消费旅程。依循宜家的动态路线,数十间精心布置的家具样板间、宜家餐厅、家居用品厅和送货区,都井然有序地连接在一起,为顾客打造了一站式购物体验。即便在购物之余,顾客也可以在附近的餐馆或休息区找到片刻的放松与享受。

二是宜家打破了传统的按产品类别划分区域的做法,转而采用了一种更为贴近消费者生活需求的展示方式。宜家深知,单纯的商品分类虽能提供便利,却往往忽略了商品在实际使用场景中的关联性。因此,宜家根据人们的生活需求,将同一类产品按照不同场景进行分类展示,确保每种类型的产品在特定区域内只出现一次,而不同类型的产品则被巧妙融合在同一区域,共同诠释产品的多样功能与家居生活的无限可能。这种布局不仅让顾客在购物过程中能够更直观地感受到产品的实际应用效果,还激发了他们对更多家居用品的购买欲望,从而延长了顾客在卖场内的停留时间,增加了消费机会。

问题二:宜家的这种动线设计可以给其他零售企业带来什么启示?

分析:

宜家独特的动线设计为零售业界在商店布局上树立了典范,其成功经验为其他零售企业提供了宝贵的启示,包括但不限于以下方面。

首先,强化产品优势,提升商品曝光率。动线设计的首要目的是促进顾客与商品的广泛接触,刺激顾客的消费欲望。故而零售店需要打造自身的产品优势,否则再好的动线设计也是枉然。宜家的动线设计成功的很大一部分原因是其产品本身就具有很强的竞争优势,归根到底,零售企业成功与否的关键还是取决于其产品本身。

其次,注重顾客体验,融入人文关怀。在动线设计中,深入洞察并关注顾客需求至关重要。宜家巧妙地将餐厅融入购物流程之中,正是考虑到顾客的生理需求,这种贴心的设计极大地提升了顾客满意度与忠诚度。对于其他零售企业而言,特别是定位为家庭提供消费的场所,更应注重在动线中融入休息区、咖啡店、奶茶店等休闲设施,为顾客提供舒适的购物环境,让购物之旅成为一次愉悦的休闲体验。

最后,确保动线设计的合理性与科学性。动线设计需遵循科学原则,确保走道宽度要符合一定的标准,要提供一整套可辨、清晰的脉络,要让每个板块都可见、可达、可识别。只有这样才能让顾客在商业体内部停留的时间更久,在购物过程中尽可能经过更多有效区域并且不会觉得枯燥。宜家"一线式"动线设计在每个节点都设立了醒目的路标,并配有相应的平面路线图,可以时刻让顾客知道自己在何处,接下来去往何处。这启示其他零售企业,要通过优化动线布局,提升顾客体验感与在店内的流动效率,确保顾客在享受购物乐趣的同时,也能有效光顾更多商品区域,避免枯燥感。

9.3 商品关联陈列的魅力

材料

材料(一)

20世纪90年代,美国沃尔玛超市管理人员在分析销售数据时,发现了一个令人难以理解的现象:在某些特定的情况下,"啤酒"与"尿布"两件看上去毫无关系的商品会经常出现在同一个购物篮中。这种独特的销售现象引起了管理人员的注意,经过后续调查发现,这种现象出现在年轻的父亲身上。在美国有婴儿的家庭中,一般是母亲在家中照看婴儿,年轻的父亲前去超市购买尿布。而父亲在购买尿布的同时,往往会顺便为自己购买啤酒,这样就出现了啤酒与尿布这两件看上去不相干的商品经常出现在同一个购物篮的现象。如果这个年轻的父亲在卖场只能买到两件商品中的一件,则他很有可能会放弃购物而到另一家商店,直到可以一次同时买到啤酒与尿布为止。沃尔玛发现了这一独特的现象,开始在卖场尝试将啤酒与尿布摆放在相同的区域,让年轻的父亲可以同时找到这两件商品,并很快地完成购物;而沃尔玛超市通过让这些顾客一次购买两件商品,而不是一件,从而获得了很好的商品销售收入,这就是"啤酒与尿布"故事的由来。

当然"啤酒与尿布"的故事必须具有技术方面的支持。1993年美国学者Agrawal提出了一种关联算法,该算法通过分析购物篮中的商品集合,找出商品之间的关联关系,并根据商品之间的关联关系,推测出顾客的购买行为。Agrawal从数学及计算机算法角度提出了商品关联关系的计算方法——Apriori算法。沃尔玛从20世纪90年代尝试将Apriori算法引入POS机数据分析中,并最终获得了成功,于是产生了"啤酒与尿布"的故事。

此外,沃尔玛超市数据统计员通过对顾客购物清单里的物品、具体购买时间、购买当天的天气等数据分析,发现一个有趣的现象:每当季节性飓风来临之前,不仅手电筒销量会增加,而且蛋挞的销量也会增加。因此,当季节性飓风来临时,沃尔玛会把库存的蛋挞放在靠近飓风用品的位置,以方便行色匆匆的顾客购买,从而增加销量。

资料来源:百度文库.

材料(二)

一位女高中生在7-Eleven的店铺中打工,由于粗心大意,她在进行酸奶订货时多打了一个零,使原本每天清晨只需3瓶酸奶变成了30瓶。按规矩应由那位女高中生自己承担损失——意味着她一周的打工收入将付诸东流,这促使她只能想方设法将这些酸奶赶快卖出去。冥思苦想的高中生灵机一动,把装酸奶的冷饮柜移到盒饭销售柜旁边,并制作了一个POP牌,写上"酸奶有助于健康"。令她喜出望外的是,第二天早晨,30瓶酸奶不仅全部销售一空,而且出现了断货现象。谁也没有想到，这个小女孩的创新性实践给 7-Eleven 带来了新的销售增长点。从此，在 7-Eleven 店铺中，酸奶的冷藏柜便同盒饭销售柜摆在了一起。由此可见，商品陈列对于商品销售的促进作用是十分明显的。

资料来源：百度文库.

材料（三）

永辉超市就是用一种把生鲜商品场景化的模式进行销售的，该模式告诉顾客每种食材的使用场景，并向顾客展示使用这些食材时的场景。其场景化销售的三种表现形式如下。

（1）做菜时所需产品的连带销售场景预想

当顾客走进永辉超市时，第一眼就看到了西瓜的货架上面做了可以陈列水果刀的货架，基本上每种需要切的水果周围都陈列了水果刀；五谷杂粮区域都摆放了储存罐；而糖果上面都摆放了塑料盘子，会客的时候可以拿出来用；生鲜食材的冷藏柜上面摆放了厨房用品，如厨房用纸巾、餐具蔬果清洗剂等。

这种场景的设置，更多是为了提升连带的销售，很多时候一个产品和另一个产品间是会有关联的，但如果你不提醒顾客，他可能想不起来买。比如说买水果，如果没看到这个陈列，可能就不会想起需要一把水果刀；或者说看到餐具蔬果清洁剂时，就会想顺手带一瓶也不错。

（2）烹饪一道菜所需食材场景预设

这种场景下的陈列，更多是在向顾客展示某种菜的建议做法，通过把一种主食材的做法场景化而触发连带销售的可能性。以永辉超市摆放的牛排冷藏柜为例，牛排上面的货架陈列了丁香、酱油、蚝油、芝麻油、椒盐、牛肉调味料等烹饪牛肉所需要的调味料。对顾客来说，也许他路过牛肉冷藏柜时本没想买牛肉，但看到牛肉和蚝油组合在一起，可能引导他不仅买了牛肉，还连带买了蚝油。

除牛肉以外，永辉超市还帮买蔬菜的顾客预设了做菜场景，如蔬菜沙拉。蔬菜上面的货架也是永辉超市特制的。一般超市蔬菜陈列区就是单独的蔬菜，但永辉超市额外为蔬菜开辟了摆放沙拉的货架。这种食材很多时候会多次出现，比如沙拉，就出现在很多不同的食材场景里。

（3）大家共同分享食物时的场景预设

还有一种就是在下酒菜的区域上面摆放了 RIO 鸡尾酒。这就是一个明显的消费场景预设：你买这些下酒菜回家的应该是和两三好友或家人小饮对酌，这时候你还需要一瓶 RIO 鸡尾酒。

资料来源：搜狐.

案例使用说明

一、教学目的

本案例通过介绍世界零售巨头沃尔玛超市的商品陈列设计、7-Eleven 店铺中酸奶冷藏柜与盒饭销售柜摆一起的缘由，以及永辉超市关联陈列场景化销售的三种表现形式，希望达到以下教学目的：

（1）了解关联陈列的定义与适用范围；

（2）了解货物布局的几种主要形式及相关的布局知识；

（3）熟悉商品布局的基本方法及考虑因素。

二、涉及知识点

本案例主要涉及陈列、生动化陈列、商品关联陈列、商品关联分析等知识点。

三、课程思政

本案例通过对沃尔玛超市陈列设计的介绍和对 7-Eleven 便利店的一个小故事的讲述,以及永辉超市三种场景化销售的具体表现形式的阐述,引导学生深入社会实践,善于观察和发现生活中的现象,培养学生的创新思维和解决问题的能力,帮助学生意识到细节的重要性。

思考题

1. 结合上述材料,我们可以得到什么启示?
2. 如何有效进行商品关联陈列?商品关联陈列有何意义?

理论解读

一、陈列

商品陈列要做到以消费者为中心,以消费者满意为原则,根据消费者选择商品的习惯,结合企业客观条件及经营者的目标,采用科学的方式和方法,展示商品的特性,从而达到树立形象、吸引客流、刺激消费、增加销售的目标。

二、生动化陈列

生动化陈列是指通过最佳的陈列地点、陈列位置、陈列形式,以及活泼醒目、有创意、有冲击力的助销品,吸引消费者的眼球,激发他们的购买欲望,让商品通过陈列的形式就可以提升销售量。在冲动型消费中,90%的冲动购买兴趣 10 秒后减退,消费者一般停留在货架前不超过 2 分钟,而真正的决策,可能就在 1 秒钟的时间,做好生动化陈列能够大大提升消费者的购买冲动。

做好生动化陈列需要注意以下六个要素。

(1)正确的商品。在实施生动化陈列时,商品是最重要的要素。商家应抓住重点,将回转率高、利润高及重点品项放在最佳位置,明确陈列的主打商品。

(2)正确的地点。生动化陈列实施的地点应该是高人流区,且陈列位置要符合消费者购买习惯,能够有效地对竞争品牌的类似产品进行拦截。

(3)正确的时机。生动化陈列往往在季节性购买时刻、尖峰购买时间、周末购物或者配合广告和促销活动的时候能发挥出最大的作用。

(4)正确的数量。生动化陈列的实施既要考虑是否有足够的库存来满足陈列带来的销售增长,又要考虑是否有足量的存货以配合达到陈列的效果。

(5)正确的价格。实施生动化陈列,价格对于同类商品而言应该有明显的竞争优势,在陈列促销时,价格上应有折让。

(6)正确的陈列形式。在陈列时应有足够的空间,符合或者大于商品的市场占有率,陈列应做到四个容易,即容易看到、容易比较、容易选择和容易拿取。

生动化陈列还需遵循七大原则。

(1)保持商品的清洁,包装完好且摆放整齐。商家应时刻注意商品的美观整洁,以提升商品在消费者心中的美誉度。

(2)商品的正面朝向消费者,并有明显的价格标签。将商品正面朝向消费者,可以完美展现包装效果、商标品牌,而价格标签则便于消费者选择自己可接受的商品,这样可以有效增强商品的销售能力。

(3)将商品陈列在货架的最佳视线范围内。最佳视线范围一般指从人的眼睛到腰之间伸手可及的范围,这样可以吸引消费者的注意,从而增加购买行为。

(4)将销售情况较好的商品陈列在较好的货架位置,并给予较多的陈列面。大流通量商品及重点推销商品应陈列在最佳位置上。

(5)适当的焦点广告。常见的海报、横幅等广告宣传品有及时提醒消费的作用,但张贴必须整齐美观,并及时更换破损、资讯过时的广告宣传品。

(6)货架陈列遵循"先进先出"原则,符合易拿易取原则。剩余保质期短的商品陈列在货架最外面,能减少临期品产生,这也符合消费者易拿易取的原则。

(7)商品陈列紧靠竞争品牌。将商品陈列在相同品类旁,消费者易见,且紧靠指定的同类竞争品牌,通过竞争呈现的方式更容易吸引消费者。

三、商品关联陈列

关联陈列是指在一个中央双面陈列货架的两侧来陈列相关联的商品。消费者沿货架的陈列方向行走并挑选商品,关联性商品应陈列在通道的两侧,或陈列在同一通道、同一方向、同一侧面的不同组别的货架上。其目的是使消费者在购买 A 商品后,顺便也购买陈列在旁边的 B 商品或 C 商品。

通常而言,关联陈列的适用范围包括以下几种。

(1)用途上的关联,如床单、被罩、枕头等。

(2)附属上的关联,如刮胡刀、照相机、望远镜等旅行用品。

(3)年龄上的关联,如助听器、按摩椅等老年用品。

(4)商标上的关联,如同一品牌系列的洗发水、沐浴露等。

有效落实商品关联陈列需要做好以下几点准备工作。

(1)确定合作卖场,如甄选相关门店、打造样板门店。

(2)选定陈列区域和品项规划,根据卖场定位和消费群体,确定适合的陈列区域和关联产品。

(3)关联陈列形象设计,通过对关联产品陈列区域的设计将关联陈列落到实处。

(4)制定关联陈列的推广方案,如可以针对中国不同的节假日策划特别的活动方案。

(5)进行人员管理和培训,对卖场工作人员进行培训,包括推荐标准用语、产品知识、关联产品使用等。

(6)完善现场管理,包括关联区域地推的形象维护、补货、活动物料等的维护。

四、商品关联分析

关联反映的是某个事物与其他事物之间相互依存的关系。商品关联分析是指通过对消费者的购买记录数据库进行某种规则挖掘，最终发现消费群体的购买习惯的内在共性。

数据分析的目的就是找到数据之间的关联和联系，而对于产品或商品来说，数据分析的目的就是要找出消费者购买行为的模式。比如，消费者买了 A 商品，是否会对 B 商品产生什么影响；消费者今天的购买行为，会不会对明天的销售量带来影响；不同的消费者是否具有不同的购买模式等。

简要分析

问题一：结合上述材料，我们可以得到什么启示？

分析：

此题为开放题，结合材料回答言之有理即可。以下分析仅供参考。

首先，数据分析在当今社会有着至关重要的作用。沃尔玛通过对销售数据的细致分析，成功发现了"啤酒与尿布"以及飓风来临前特殊商品销量变化的奇妙现象。这让我们明白，在商业活动乃至各个领域中，都应高度重视数据的收集与分析。通过对大量数据的挖掘，我们能够洞察消费者的行为模式、把握市场的发展趋势等，进而为决策提供坚实依据，实现产品布局的优化及营销策略的精准制定。

其次，创新思维的力量不容小觑。7-Eleven 的女高中生在遭遇困境时，凭借灵机一动创新了商品陈列方式，不仅成功化解难题，还为店铺创造了新的销售增长点。永辉超市以独特的场景化模式销售生鲜商品，巧妙预设各种消费场景，极大地提升了连带销售。这深刻地启示我们：在面对问题与挑战时，绝不能被传统方法所束缚，而要勇敢地发挥创新思维，从不同的视角去思考问题，积极探寻新的解决方案。总之，创新往往能够带来意想不到的成果，为个人的成长和企业的发展开辟崭新的道路。

再次，我们必须时刻关注消费者的需求和行为。"啤酒与尿布"的故事源于对年轻父亲购物行为的敏锐观察与深入理解。沃尔玛和永辉超市的成功销售策略皆是以满足消费者需求、引导消费者行为为核心展开的。这提醒我们，无论是从事何种工作，都要深入了解消费者的实际需求、习惯偏好和心理状态，以消费者为中心进行产品的设计开发、营销推广等活动。只有真正满足了消费者的需求，才能在激烈的市场竞争中赢得一席之地，进而获得消费者的高度认可。

最后，团队合作与持续学习的能力不可或缺。在企业的发展过程中，无论是数据分析的有效实施、创新策略的顺利推行，还是满足消费者需求的各项举措，都离不开团队成员之间的紧密合作。同时，随着科技的飞速发展和市场的不断变化，我们需要保持强烈的学习欲望，不断学习新的知识和技能，持续提升自己的适应能力和创新能力，以便更好地应对各种复杂多变的挑战。

问题二：如何有效进行商品关联陈列？商品关联陈列有何意义？

分析：

实施有效的商品关联陈列策略，首要步骤是深入分析商品间的关联性。这不仅涉及识别那些基于传统认知或市场习惯的关联产品，更需借助现代大数据分析工具，深入挖掘销售数据背后的内在联系。大数据技术的应用虽极大地提升了数据分析的效率和精准度，但我们在利用这些数据时，必须保持审慎态度，确保所发现的关联具有实际的经济意义，避免陷入单纯数字关联的误区。

在明确商品的关联性后，关键在于如何将这种关联巧妙地体现在商品的陈列布局中。此时，需严格遵循关联商品陈列的基本原则，如醒目、丰富、方便等；同时灵活运用集中陈列、整齐陈列等手法，以最优化的视觉呈现来吸引顾客。尤为重要的是，关联商品的陈列位置需精心挑选，确保它们能在消费者的自然流动路径中有效触达，避免因无效陈列导致资源浪费。

此外，商家应始终铭记关联陈列的核心目标：通过精准捕捉消费者需求，打造一个既吸引眼球又舒适宜人的购物环境，从而激发消费者的购买欲望，最终实现销售量的稳步增长。因此，在规划关联陈列时，务必深入分析消费者的行为模式与消费心理，确保陈列策略能够精准对接消费者需求，从而促进销售转化。

综上可知，商品关联陈列具有重要意义，可以从消费者和商家两个角度考虑：一方面，就消费者而言，进行商品关联陈列可以方便其在同一个地方就能够购买到所需要的多种商品，节省寻找所需商品的时间和精力，并且在某些情况下，消费者会遗忘所需要购买的相关商品，而关联陈列能对其起到提醒的作用；另一方面，就商家而言，进行商品关联陈列可以有效地进行商品的组合销售，它能够引导消费者购买整套商品，刺激消费者的购买欲望，促进商品的销售数量。但进行商品关联陈列，首先要保证商品的关联是符合消费者需求的，其次关联陈列的方式也要符合陈列原则。

育人元素

本章通过对商店布局与商品陈列相关知识的学习，丰富学生的学识、增长其见识，让学生了解商店布局与商品陈列中的策略和技巧，培养学生的观察力、分析力和创新思维能力，鼓励学生增强综合素质，培养学生创新思维与分析解决实际问题的能力，争取成为复合型人才，积极应对时代发展变化。

第10章 商品规划

10.1 商品组合：不一样的精彩

材料

材料（一）

宝洁，一家源自美国的跨国消费日用品公司，创立于1837年，1988年进入中国市场，是全球最大的日用消费品公司之一。凭借其卓越的品牌影响力和广泛的产品线，宝洁在日化市场上赢得了极高的声誉，其产品覆盖了洗发护发、护肤美容、个人清洁、口腔护理、妇女保健、婴儿护理、织物与家居护理、纸巾，以及食品等多个领域，全方位满足消费者的多元化需求。宝洁拥有清晰而坚定的企业使命，即致力于生产和提供世界一流的产品，旨在美化并丰富全球消费者的日常生活。

从产品组合的广度，即从公司有多少条不同的产品线来看，宝洁横跨六大产品线，分别是洗发护发、护肤美容、个人清洁、口腔护理、妇婴保健和家居护理（含食品），展现了其多元化的业务布局。从产品组合的长度，即从产品组合中的产品品目总数来看，宝洁共有19个不同的产品品目，每个品目下又细分出众多具体产品，彰显了其强大的市场覆盖力。从产品组合的深度，即从产品线中每个产品的品种来看，宝洁在单个产品上同样追求极致。以佳洁士牙膏为例，宝洁通过提供三种规格与两种配方的选择，让佳洁士牙膏的深度达到6，满足了不同消费者的个性化需求。从产品组合的关联度，即从产品组合中各产品线之间在最终用途、生产技术、销售渠道及其他方面的相关程度来看，宝洁公司的产品关联度很强，除食品以外，其他的产品几乎都是洗化护理行业的产品。

资料来源：百度文库.

材料（二）

所谓品牌组合就是不同品牌进行合理的搭配，最大化地减少资源浪费，从而降低运营成本，增加渠道控制力与利润的一种策略。为了找到合适的产品组合，我们可以尝试以下方法。

1. 一线品牌和非品牌产品组合

有的店只做品牌产品，有的店只做非品牌产品。一线品牌销量不错，但利润相对较低。因此，在销售一线品牌的同时，可分销暂时不是品牌的优质产品，从而通过提升渠道利润来促进销售。通过品牌产品所建立的渠道，逐步提高非品牌产品的销售水平。名牌产品一般都能聚集人气，可以借这些产品"带货"，以知名度和价格敏感的品牌产品在产品组合中吸引消费者，从而促进利润率较大的非品牌产品的销售，提高经销商的平均利润水平。

2. 跑量产品和高利润产品组合

流动速度快、资金周转快、利润低的产品是跑量产品，其可能是知名品牌也可能是非品牌产品。这种产品的利润很低，但销售量很大，主要通过薄利多销来赚钱，与二批和终端是分不开的，它可以疏通渠道，建立客户关系。

3. 淡季+旺季品牌产品组合

通过实施淡旺季产品的有效组合，企业可以调整产品结构，利用知名品牌产品吸引客流，带动利润空间较大的产品销售，提升整体盈利水平，这不仅有助于减少资源浪费和运营成本，更好地应对市场波动风险，保证总销量和资金流的正常运转，更有助于提升渠道的控制力和企业的品牌形象，提高市场占有率，增强企业满足顾客产品的需求能力，实现"淡季不淡、旺季更旺"的良好效果。

4. 核心产品+辅助产品组合

核心产品也被称为"金牛"产品，能够代表经销商个人品牌，支撑经销商日常现金流。核心产品越多，经销商利润状况就越好。没有核心产品的经销商往往规模小、实力弱。在经销商销售的产品中，那些被暂时销售，但销售趋势非常好的产品是辅助产品。这些产品只要被不断推广，就有可能成为核心产品。

5. 高中低价格组合

高中低产品组合是指企业提供不同价格区间和功能定位的产品组合。其中，高端产品具有较高的价格和性能，能满足高端消费者的需求；中端产品一般价格适中，性能和功能较均衡，适合大众消费者；低端产品则价格较低，功能简单，适合预算有限的消费者。

资料来源：知乎.

📖 案例使用说明

一、教学目的

本案例通过对宝洁公司产品组合的广度与深度及品牌组合的一般方法的介绍，希望达到以下教学目的：

(1) 了解零售商如何确定其商品经营范围；
(2) 了解商品组合的定义与结构；
(3) 了解品类管理与单品管理的内容和程序。

二、涉及知识点

本案例主要涉及商品分类、商品组合、商品结构等知识点。

三、课程思政

本案例通过对宝洁公司产品组合和品牌组合的一般方法的介绍，引申出商品组合和商品结构等知识点，引导学生保持理性、辩证的思考，培养学生的学习和创新精神，提升学生对商品组合进行有效调研和分析的能力。

💡 思考题

1. 阅读上述材料并结合实际，谈谈你对商品组合的理解。
2. 结合实际，谈谈零售企业的商品组合策略有哪几种，并列举出相应的零售业态。

理论解读

一、商品分类

目前市场上所流通的商品种类繁多，据不完全统计，现流通品种已有上百万种之多。为了使消费者购买便捷，并提升零售企业商品流通，提高企业管理效率，零售企业就必须对商品进行分类。商品分类是指为了某种目的，选择合适的分类标志，将商品集合总体科学地、系统地逐级划分为门类、大类、中类、小类、品类，以及品种、花色、规格的过程。

在我国零售企业，为了更加清晰地进行管理、提高管理效率，目前商品分类一般采用综合分类标准，即将所有商品划分成大分类、中分类、小分类和单品四个层次。具体来说，以超市为例，我国零售企业商品层次划分如下。

(1) 大分类。大分类是超市最粗线条的分类，大分类以生产来源、方式、处理和保存方式等商品特性为主要依据，如畜产、水产、果蔬、日配加工食品、一般食品、日用杂货、日用百货、家用电器等。为方便管理，超市的大分类一般以不超过30个为宜。

(2) 中分类。中分类是对大分类的进一步细化。各中分类间属关联性分类，商品关联性不强，但陈列配置上最容易被使用。具体细分方法为：按商品功能与用途划分，如在日配加工食品这个大分类下，可分出牛奶、豆制品、冰品、冷冻食品等中分类；按商品制造方法划分，如在畜产这个大分类下，可细分出熟肉制品的中分类，包括咸肉、火腿、香肠等；按商品产地划分，如在果蔬这个大分类下，可细分出国产水果与进口水果的中分类。

(3) 小分类。小分类是单品管理中最小、最细的分类管理单位，是控制单品数量的前哨站。但在管理上少有零售企业使用，因易造成混淆且繁杂，令人有不切实际之感。其分类标准包括功能用途、规格包装、商品成分、商品口味及品牌等。

(4) 单品。单品是商品分类中不能进一步细分的、完整独立的商品品项。比如，"355毫升听装可口可乐""1.25升瓶装可口可乐""2升瓶装可口可乐"就属于不同的单品。

需要注意的是，并非所有的商品都必须按照一成不变的标准来进行分类，零售企业也可以依据自己的实际情况和市场的需要来对商品进行分类。但是，商品的分类应该以便于消费者购买、便于商品管理和提高管理效率为目标。

二、商品组合

商品组合是指一个零售企业经营的全部商品的结构，即各种产品线和商品项目的组成方式。商品组合的两个维度分别是商品组合的宽度和深度，可以直接反映零售企业满足各个不同细分子市场的程度。在商品分类的基础上，零售企业需要根据商店的业态和商店规模、商店的目标市场、商品的生命周期、竞争对手情况、商品相关性等因素确定自己的商品组合。

零售商品组合的结构包括以下四个维度。

(1) 商品组合的宽度，又称产品组合广度，是指一个零售企业销售的产品中所包含的产品线，即产品大类的数目。所包含的产品大类越多，其产品组合的广度就越宽；反之，其产品组合的广度就越窄。比如，百货商店所经营的商品种类较多，其商品组合的范围也较宽；但是，专业的珠宝首饰企业所经营的产品组合的广度就比较窄。

(2)商品组合的长度,是指零售企业经营的各大类商品所包含的商品项目的总数量。商品组合的项目数越多,商品组合的长度就越大。

(3)商品组合的深度,是指零售企业经营的某类商品的花色、规格、品种等商品项目的数量。商品的花色、规格、品种等越多,商品组合的深度就越大。

(4)商品的关联性,是指每大类产品之间在营销各环节的相关性,主要有三层含义:一是指零售企业所经营的各大类商品和各商品系列彼此之间相关的程度;二是指在卖场中,每个商品区之间的关联度,关联度高的区域应当相互联系起来;三是指在相同的商品区内,具有较高相关性的商品的货架应该靠得更近。

三、商品结构

商品结构是零售企业在一定的经营范围内,按一定的标志将经营的商品划分成若干类别和项目,并确定各类别和项目在商品总构成中的比重。零售企业经营的商品结构是否合理,对于零售企业的发展具有重要意义。合理的商品结构不仅能够提高商品管理效率和经济效益,而且也是实现企业经营目标,满足消费需求的基础。零售企业商品结构主要包括主力商品、辅助商品和关联商品的配备及高、中、低档商品的配备两个方面的内容。

(1)主力商品、辅助商品和关联商品的配备。主力商品也称拳头商品,是指那些周转率高、销量大,在零售经营中,无论数量还是销售额均占主要部分的商品;辅助商品是指在价格、品牌等方面对主力商品起辅助作用的商品,或以增加商品宽度为目的的商品;关联商品是指同主力商品或辅助商品共同购买、共同消费的商品。辅助商品和关联商品在商品结构中的比重小一些,约占20%~30%,并且关联商品应确实与主力商品具有很强的关联性。在运营过程中,若商品结构发生了改变,应快速地对其进行调整,让其更趋于合理。

(2)高、中、低档商品的配备比例取决于企业目标市场消费阶层的需求特征。在以高收入消费者为主的区域,应该以高档商品为主;而对于以低收入消费者为主的区域,就应该以低档商品为主要卖点。高、中、低档商品结构的配备,受消费结构的制约。当消费结构发生变化时,企业应相应调整高、中、低档商品的比重。

简要分析

问题一: 阅读上述材料并结合实际,谈谈你对商品组合的理解。

分析:

商品组合是指对商品计划进行调整,这是一个关乎企业人力物力的问题。如果企业未达到商品组合调整的能力,仍然坚持商品组合,可能给企业带来损失,且引起员工的不满。频繁地更换位置也会使消费者无法适应,导致他们花费大量时间寻找目标商品、不断询问,不但会增加销售人员的工作量,而且很难提高消费者的忠诚度。因此,需要对商品组合的时间进行测量和控制。为找到合适的商品组合,可以从以下方面进行分析:消费者吸引力、消费者需求、商品组合方式。

合理地搭配商品既能吸引消费者,又能增加销售价格、营业额和利润。比如餐饮业,火锅店通常搭配解腻的酸梅汤;麦当劳、肯德基的合理套餐,以及与游戏等其他领域频繁联动的组合销售等。同时,商品组合可根据消费需求进行调整。比如,华联婴儿房在服务上是为有需要的人而设计,并销售相关商品,这使销售额大幅增长。合理的商品组合能大大提高资源利用率,使渠道控制增加,运营成本降低,从而带来利润的提升。

在寻找合理的商品组合时,一般可以尝试以下几种方式:一线品牌与非品牌商品组合,大批量产品与高利润商品组合,淡季品牌组合,成熟品牌与新品牌组合,核心产品与辅助商品组合,渠道兼容性和品牌兼容性组合,高、中、低毛利商品组合。不断改变商品组合也能给老客户带来新奇感,使其获得不同的产品体验,进而愿意尝试不同的产品。这样不仅能够挖掘潜在客户,还可以通过不断更新的方式获取更多的信息和利润。

此题为开放题,结合材料与生活理解,分析出商品组合在商品销售中的作用,探究如何找到最好的商品组合,言之有理即可。

问题二: 结合实际,谈谈零售企业的商品组合策略有哪几种,并列举出相应的零售业态。

分析:

一般而言,零售企业的商品组合策略有以下几种。

(1) 广而深的商品组合策略。该策略是指一家零售企业选择经营的商品种类较多,且每种商品中选择的产品种类也较多。这种策略一般被较大型的综合性商场、超市或购物中心所采用。由于它们的目标市场是多元化的,常需要向消费者提供一揽子购物,因而商品类别和品种必须广泛。

(2) 广而浅的商品组合策略。这种策略是指零售企业选择经营的商品种类多,但在每个种类商品中选择的花色品种较少。在这种策略中,商店提供广泛的商品种类供消费者购买,但对每类商品的品牌、规格、式样等给予限制。这种策略通常被廉价商店、杂货店、折扣店、普通超市等零售商所采用。

(3) 窄而深的商品组合策略。这种策略是指零售企业选择经营的商品种类较少,但在每个种类商品中选择的花色品种丰富,这种策略反映了零售企业专业化经营的原则,一般被专业商店、专卖店所采用。一些专业商店通过提供精心选择的有限商品种类,在商品结构中配有大量的商品花色品种,吸引偏好选择的消费群体。

(4) 窄而浅的商品组合策略。这种策略是指零售企业选择经营的商品种类较少,且在每个种类商品中选择的品种也较少。这种策略主要被一些小型商店,尤其是便利店所采用,也被售货机和电话购物等无店铺零售业态所采用。这种策略的成功依赖于两个关键因素,即地点和时间。在契合消费者想得到商品的地点和时间,采取这种策略方能成功。

10.2 屈臣氏:驾驭品类"逐鹿"市场

材料

屈臣氏,创立于 1828 年,是亚洲最大的保健及美容产品零售商之一,业务遍布亚洲及欧洲市场,经营超过 3500 家店铺、900 家药房,拥有中国最大的保健及美容产品零售连锁店。屈臣氏的成功在很大程度上得益于其出色的品类管理。对零售企业来说,品类管理无疑是其所有管理与策略中的重中之重。

屈臣氏的品类管理历经了几个关键时点：2006年、2008年、2010年、新时代的探索。正是通过这一次次的蜕变及不断创新发展，屈臣氏获得了高速且健康的长远发展。

2006年：女士化妆品品牌黄金之年

2005年，屈臣氏国内第100家分店落成。屈臣氏对其品牌形象做了公众调查，结果大部分的目标消费者选择了"售价偏高"这个选项。来自一线城市的消费者反馈：去屈臣氏购物并不能很"随意"，只有过年过节，屈臣氏闻名业界的"加一元多一件"和"买一送一"促销活动开始时，才会进去疯抢一番。

高价商品固然会为企业带来高额利润，但伴随着店面的高速扩张，并不是所有消费者都能承受得起这样高额的消费。在继续守护高额利润和争取更广泛市场份额的抉择中，屈臣氏明确了其对市场份额的决心：必须引进更多中低档的品牌，改善定价偏高的商品体系，让更多的目标消费群体能够成为屈臣氏的忠实顾客。

2006年，屈臣氏先后引进了美即面膜、里美、相宜本草三个品牌，它们虽看似不起眼，但屈臣氏判定，这三个品牌会在未来闪耀整个国内零售业。在美即面膜引入之前，屈臣氏除了像玉兰油、露得清这类在当时属于高档的专柜品牌，最实惠的面膜就是像可采这类的国内产品，但其单片售价也一直在30元以上。而美即面膜的引入，成功地把面膜的售价直接拉到了15元附近的价格带，并通过灵活的"买赠机制"迅速获得了市场青睐，为屈臣氏带来了大量的消费者和可观的销售收入。另外，对于品牌建设来说，品牌初期的宣传投放力度是最大的，而国内化妆品品牌普遍无力支撑巨额广告投放，屈臣氏的出现让他们得以"借力"，借势屈臣氏的快速扩张，这些品牌都得到了超预期的成长。

这一切成果的取得，来源于屈臣氏对消费者的清晰认知，以及采购策略对品类的有效管理。如果屈臣氏没有放弃高额利润，也许就没有2006年后，众多国内品牌一幕幕神话的开始，也无法成就今日屈臣氏在国内零售业的王者地位。

2008年：男士护理和自有品牌腾飞之年

在对市场做了全面调查和论证后，屈臣氏在2008年改造了原有的G4（第四代）店铺，在广州中旅商业城的店铺中率先引进G5概念店，在形势大好的"女士护理专区"硬生生开辟出一块宝贵空间，增设了"自有品牌专区"和"男士护理专区"。

2008年，男士护理产品在屈臣氏全品类份额中不超过10%，增设的男士护理专区，无疑成了G5概念店中最耀眼最核心之处：全黑色六米陈列面男士护理专区在整体以纯白为背景的G5概念店中分外抢眼。2009年年初，屈臣氏宣布：全面改造现有G4店铺，计划在2010年把男士护理专区拓展到全国所有店铺。

但这一决定却引起了多方质疑。面对质疑，屈臣氏高层管理者对改造男士护理专区这一决策提出了几点重要支持依据。

第一，屈臣氏核心品类已获得现代渠道绝对的领先地位：护肤品的销售增速3倍于现代渠道增速，美发护理品的销售增速2倍于现代渠道增速。

第二，2008年屈臣氏的男士品类获得51.7%的增长，面对这一新兴市场，屈臣氏致力于建立完整的一站式男士护理解决方案。

第三，屈臣氏的品牌策略决定其需要强化"独特性"，建立区别于"超市""大卖场"定位的"个人护理专家"的品牌形象。

G5 概念店的全面落成，让男士护理专区焕发出强劲的蓝海生命力，男士护理品类也正式成为继护肤、美发、化妆及保健品后的第五大重点品类，赢得了市场先机，奠定了屈臣氏男士护理专家的地位。如屈臣氏所预见，其女士护理品的表现并未因男士护理专区的推广而受影响，依然在大幅增长的同时稳固着屈臣氏护肤专家的地位。

这次的品类管理革命，使屈臣氏进一步优化了店内空间和单品销售产出，让每寸陈列面都得到了更充分更有效的利用。

2010 年：全面品类管理之年

在品类管理方面，继 2008 年完成自有品牌专区及男士护理专区测试后，屈臣氏的核心品类增长速度从 2008 年的平均 2 倍于现代渠道，变为 2010 年的 3.4 倍于现代渠道。至此，屈臣氏找到了从品类管理通向业绩增长的"道"，后续则表现为更多品类"中心"的面世，品类集中陈列以及优化产品结构与购物体验成为店内品类布局的趋势。

2010 年，屈臣氏在全国各地的网点里选点建立了彩妆中心、口腔护理中心、女性护理中心，以及不同形式的自有品牌中心和个人护理店。在贯彻"发现式陈列"与"体验式购物"的经营理念时，屈臣氏不断鼓励供应商提供更多的独家和优先上市的产品，开设更多创新和突破性的产品专柜，开展更多的独有促销和合作推广活动，从而使其核心的五大重点品类进一步得到丰富和强化。

在完成近 5 年的市场洗礼后，屈臣氏的品类管理已深植于其内部的采购、管理、运营的方方面面，如同人要不断地新陈代谢，并通过均衡的饮食达到内在良性循环和健康发展一样，屈臣氏也通过逐步完成品类管理，成就了自己"零售之鹰"的市场主导地位。

新时代："O+O" 品类运营管理

基于多年零售沉淀，截至 2023 年，屈臣氏已成功汇聚超过 2 亿个 "O+O"（Offline and Online，线下线上相结合）用户，拥有 6000 万个以上付费会员，覆盖 9 成 18～45 岁都市女性群体。面对消费者日益增长的多元化渠道体验与消费需求，屈臣氏创新性地推出了 "O+O" 零售模式，在产品引入上也更紧贴"人"的需求，提供更具吸引力的产品。

屈臣氏中国顾客增长及采购部总经理聂薇表示，屈臣氏的 O+O 品类运营策略是全方位的，它贯穿于品类洞察、精细化选品及 O+O 运营货品的全生命周期管理。通过充分利用"线上无限货架+线下极致体验"的双重优势，屈臣氏实现了从货品简单分销到一站式运营增长的华丽转身。在核心品类的打造上，屈臣氏引入纯净美妆，重塑彩妆区体验并倡导健康新美学，其中在选品上以"超值""新""奇""试"为核心，提供超值产品及价格，引入更多年轻消费者喜爱的品类及品牌，并结合线下线上多元试用触点，为顾客创造更多价值。

此外，屈臣氏还勇于突破传统消费体验的边界，精心打造了大型线上"产品种草体验场"——"新奇试物所"，为消费者提供了海量新品尝鲜的机会。借助消费者体验后的真实口碑传播，并通过社群等二次触达方式，屈臣氏有效推动了产品销售的转化，进一步释放了跨品类增长空间，开展了"超级品类"活动，并在 2024 年初举办了健康跑，让消费者在融合场景的体验中加深对于"健康新美学"生活方式的体会，也助力了众多健康品牌在 OPTIMO 品牌创新增长中心的优势下，实现跨品类、跨场景的精细化私域运营，成功沉淀了宝贵的品牌流量。

资料来源：百度文库、观察者网、雪球.

案例使用说明

一、教学目的

本案例通过对屈臣氏品类管理的思考分析，希望达到以下教学目的：
(1) 了解品类的概念和要点；
(2) 了解商品结构优化管理的主要内容；
(3) 能够灵活运用本章知识对零售企业的品类管理提出自己的思路和建议。

二、涉及知识点

本案例主要涉及品类、商品结构优化等知识点。

三、课程思政

本案例通过对屈臣氏在不同时期对品类管理的策略调整的学习与思考，帮助学生认识到品类管理对零售业起到的重要作用，激发学生勇于创新、敢于突破的意识，培养学生积极进取的态度、团队协作的精神和大局意识，教导学生在未来的工作中，要始终以消费者为中心，关注消费者的需求和感受，只有真正满足了消费者的需求，才能赢得市场和消费者的认可。

思考题

1. 结合材料，谈谈屈臣氏品类管理的四个重要时间段及其特点。
2. 零售商进行品类管理的意义是什么？

理论解读

一、品类

品类，作为市场细分与消费者认知的基石，是指那些基于共同特征而易于被区分开来，并便于商家进行有效管理与分类的一组产品或服务。这些特征可能涵盖了产品的功能、用途、设计风格、目标客户群体、价格区间或是服务的形式与内容等多个维度。在消费者心中，同一品类下的产品或服务被视为在满足特定需求时具有高度相关性和可替代性。

具体而言，品类不仅是产品或服务的简单集合，更是一种市场认知的反映，是消费者根据自身需求、偏好及购买习惯，对市场上琳琅满目的商品进行的一种心理归类。比如，在快消品领域，饮料这一大品类又可细分为碳酸饮料、果汁、茶饮料、功能饮料等多个子品类，每个子品类的产品虽各有千秋，但在消费者寻求解渴或特定健康效益时，这些产品均被视为具有高度相关性和可替代性。

对于企业而言，深入理解并精准定位自己的品类归属，是制定营销策略、优化产品组合、提升市场竞争力的重要前提。通过明确品类边界，企业可以更好地理解目标消费者的需求与期望，进而开发出更符合市场需求的产品或服务，实现差异化竞争。同时，有效的品类管理也有助于企业优化资源配置，提高运营效率，促进品牌形象的塑造与提升。

二、商品结构优化

对零售企业而言，由于经营环境的不断变化，商品结构是一个不断优化的过程。要优化商品结构的前提是完全有效地利用商店空间。不能过分追求商店的单位产出而舍弃很多辅助商品，因为这样可能导致商店的货架陈列不丰满、品种单一，进而造成整体销售下滑。所以，对于商品的结构调整首先是在商店商品品种极大丰富的前提下进行的筛选。

零售企业经营的商品存在着销售周期，可分为新品试销期、成熟期和衰退期。通常而言，新品试销期由于价格可比性较差，毛利相对较高，商品的商业利润较为可观；成熟期价格敏感度增加，这个阶段的商品一般毛利相对稳定，费用支持透明化，商业毛利处于一般水平；衰退期的商品由于销售一直处于不良状态，经营这类商品的商业毛利是非常低的，甚至亏损。此外，结合商品生命周期的特点，零售企业商品结构优化包括新产品的引入、滞销品的淘汰及畅销品的培养。

简要分析

问题一：结合材料，谈谈屈臣氏品类管理的四个重要时间段及其特点。

分析：

结合材料可知，屈臣氏的品类管理之路经历了 2006 年的女士化妆品品牌黄金之年、2008 年男士护理和自有品牌腾飞之年、2010 年的全面品类管理之年，以及新时代的全新探索四个重要的时段。

在 2006 年的品类管理中，屈臣氏对公众调查的结果采取了相应的措施，为解决消费者提出的售价偏高问题，引进了更多中低档的国内品牌，改善了定价偏高的商品体系。这为屈臣氏带来了大量的顾客和可观的销售收入，也促进了国内化妆品品牌的快速扩张。

在 2008 年的品类管理中，在对市场做了全面调查和论证后，屈臣氏增设了"自有品牌专区"和"男士护理专区"，尤其是当时男士护理在屈臣氏全品类份额不超过 10%。尽管开设男士护理专区遭到了巨大的质疑，但屈臣氏仍然紧紧抓住了这一新兴市场，致力于建立完整的一站式男士护理解决方案，并取得了良好的成果。

在 2010 年的品类管理中，屈臣氏找到了从品类管理通向业绩增长的"道"，后续则表现为更多品类"中心"的面世，品类集中陈列和优化产品结构与购物体验成为店内品类布局的趋势，并始终贯彻其"发现式陈列"与"体验式购物"的经营理念。

在新时代的品类管理中，屈臣氏开创了"O+O"品类运营管理，在面对消费者多元化的渠道体验和消费需求时，创新性地推出了"O+O"零售模式。其品类运营策略贯穿品类洞察、精细化选品及货品全生命周期管理。通过引入纯净美妆等新趋势，打造"新奇试物所"等线上体验场，推动产品销售转化，释放跨品类增长空间，开展"超级品类"活动，并举办健康跑等融合场景体验活动，屈臣氏实现了跨品类、跨场景的精细化私域运营。

问题二：零售商进行品类管理的意义是什么？

分析：

品类管理是指产品供应商和零售商以品类为业务单元的管理流程，通过对消费者进行研究，以数据为基础，对一个品类做出以消费者为中心的决策思维。它是高效消费者回应的重要策略之一,是扩大需求、最大化利用店内资源的主要手段。换言之,可以把品类管理简单地理解为集约的零售管理,它涵盖了采购部和运作部的主要工作内容,有时还涉及人事管理,如品类经理的设置。从实施的角度来讲,品类管理则是充分地利用数据进行更好的决策。

在传统商业活动中,供应商的运营以品牌为核心,一切的运营活动都围绕着品牌营销展开,从产品的开发、定价到促销等,甚至是对销售情况的分析和市场调查,也都围绕着品牌展开。零售商的经营则是以其店铺的销售情况来决定商品组合及陈列摆设的调整。供应商和零售商都以品牌及店铺为中心来决定其经营策略,因此在收集产品信息时难免会有所遗漏,而品类管理为供应商和零售商提供了另一个经营方向,即通过品类管理主导经营活动。这要求供应商和零售商必须密切合作,打破以往各自为政甚至互相对立的情况,以追求更高利益的双赢局面。

在品类管理的经营模式下,供应商收集消费者对于商品的需求情况,零售商通过 POS 系统掌握消费者的购物情况,两者通过对品类需求的分析,共同制定品类目标,如商品组合、存货管理、新产品开发及促销活动等。

如今,品类管理多半是由具有领导能力的供应商辅助零售商共同执行的。初步规划以货架管理为主,零售商通过 POS 系统及计算机,对每个货架上摆设的产品进行销售数量及成本分析,通过分析所得的数据判断此产品是否需要增加或减少上架空间。与此同时,零售商会利用货架管理来确定商店适当的库存量及安全存量,并且在一定时间后,就可获得成长率及固定销售量等信息,再将商店销售数据回传给供应商,并将其有效地反馈给制造商,进而对生产与制造进行适度的控制,以减少库存量、缩短库存周期等,而这些都是执行品类管理所希望进一步达到的目标。

10.3　新零售时代超市自有品牌发展

材料

1. 什么是自有品牌

零售企业建立自己的生产基地或选择合适的生产企业加工生产,最终以自有商标注册并通过自己的销售网络渠道销售的商品是自有品牌商品。

2. 自有品牌的利润究竟有多大

自有品牌的发展不需要支付品牌使用费。厂家生产的产品直接送到销售企业的配送中心或门店,可以节省大量的广告和推广费用,不仅使中间环节的供应商数量减少,还让其摆脱供应商的控制;并且,得益于超市庞大的销售网络,自有品牌的销售规模会迅速形成。因此,降低成本、提高利润的有效路径之一就是发展自有品牌。

据灵兽传媒创始人陈岳峰介绍,华润万家举行了一次自有品牌品鉴,在品鉴会上展示和销售的产品均为华润万家旗下的自有品牌产品,包括"润之家""惠买""简约组合""乐购"等品牌产品。品鉴类别包括水果、食品、生鲜食品和日用品等多种类别,单品数量约 1400 种。苏果超市是华润万家旗下重要品牌,2004 年华润控股苏果超市后,将其改名为"华润苏果"。2015 年,苏果自有品牌商品的销售额与 2008 年相比增长超 4 倍,苏果豆油的销售额更是高达 3.75 亿元。据苏果超市负责人表示,苏果自有品牌包括干货、针织、果蔬、水产和日杂等九大类商品，到 2019 年，苏果自有品牌品种已拓展至粮油、粮食、家居、日杂等十余个品类，共计约 1500 个单品，年销售额近 7 亿元。

据了解，欧美发达国家的零售巨头拥有的自有品牌商品多达上千种，销售额占比为 30% 左右，而在英国这一比例更是高达 45%。中国连锁经营协会信息部主任杨青松认为，自有品牌出现的深层原因是"我国商品经济已经进入零售商主导时代，其希望直接进入上游，通过自身影响力获取利润"。

3. 产业跨界为制造企业提供发展机遇

张家港东海粮油相关人员表示，市场上当前食用油品牌的集中度很高，自有品牌的成本巨大而收益缓慢。他们为苏果贴牌，可以节省大量的营销成本，同时还能消化自身巨大的产能。与沃尔玛长期合作的青岛惠都食品有限公司总经理骆滨对此深有同感，企业如果要自主生产品牌，至少要增加不少于一百人的营销队伍，但如果企业为沃尔玛直接制造贴牌产品，可以零成本进入沃尔玛全球体系。江宁一家生产花园用具的企业，给超市做贴牌产品后，所有产品都能够进入家乐福的全球销售网络，企业销售额连年翻倍。

4. 自有品牌的风险

以家乐福为例，其曾一度叫停食品类的自有品牌，主要原因是担心自有品牌产品的质量问题，为单个产品押上整个超市的企业形象需要冒很大的风险，一旦产品尤其是食品出现质量问题，对企业品牌形象造成的损失将不可估量。

灵兽传媒创始人陈岳峰介绍，在自有品牌高度发达的欧洲，零售企业从设计、原材料、生产到分销，对代工自有品牌的企业进行全程控制，这在中国很难实现，国内的本土超市更多是对制造企业的选择进行把关。事实上，这种风险也逐渐被沃尔玛、家乐福等连锁超市意识到，并开始规避风险。沃尔玛的自有品牌共有 13 个系列，包括 2400 多个品类，但在国内市场上却采取集中发展的策略，仅重点培育三个品牌，即惠宜、Mainstains 和 Simply Basic，而不是直接以沃尔玛冠名的自有品牌。家乐福选择了定制化产品的形式，如买断的欧式色彩床上用品系列，其产销模式与自有品牌相同，但商标并非家乐福所有，这就在很大程度上避免了单一品牌绑架超市声誉的风险。

5. 如何把自有品牌变成自有名牌

所有试图建立自有品牌体系的大型连锁超市都面临着鱼与熊掌难以兼得的尴尬局面，不仅要考虑关系到超市未来的核心竞争力，还要注意难以控制的质量风险。沃尔玛提供了一条经验：集中精力把自有品牌打造成自有名牌。沃尔玛超市人员表示，利用门店卖场终端优势，在陈列上突出展示不同商标的自有品牌商品，再凭借质量和价格建立自有品牌的良好市场口碑，将自有品牌打造成经得起市场考验的自有名牌，这便是沃尔玛模式的核心。而金好来超市的自有品牌是以发展为基础的，强调开发一个、做好一个。目前，除了品牌成熟度较高的副食调料类的商品，金好来超市正在努力地打造以生活快销为核心的商品。

6. 自有品牌开发需谨慎

质量不仅是自有品牌的生命线，还是超市等制造企业必须要过的"雷区"。在实践中，现代商贸流通业发展到一定程度后，必然会出现零售企业由物流渠道向产销渠道延伸的产业融合现象。在这一过程中，虽然超市凭借终端优势占据主导地位，但必须兼顾制造企业、消费者和自身利益的平衡，只有实现三方共赢，才能走得更远。

虽然自有品牌的利润空间很大，但部分自有品牌产品的销售并没有达到预期效果。有的产品库存严重超标，仓储成本高且损耗大，甚至给零售商带来不必要的损失。因此，要充分做好市场调研，只有生产适销对路的产品，才能确保收益。

资料来源：搜狐.

案例使用说明

一、教学目的

本案例通过对新零售时代零售企业如何做好自有品牌的介绍，希望达到以下教学目的：
(1) 了解自有品牌的定义与动机；
(2) 了解零售自有品牌的开发途径、原则及优势；
(3) 了解新零售时代零售企业如何做好自有品牌。

二、涉及知识点

本案例主要涉及自有品牌等知识点。

三、课程思政

本案例通过对超市如何做好自有品牌的研究学习，引导学生在未来学习和生活中要勇于创新、积极进取，让学生认识到发展自有品牌有利于提升零售企业的市场地位和盈利能力，保证商品质量和资源稳定性；提升零售企业的知名度和顾客信任度，形成差异化竞争优势，助力零售企业竞争力提升。

思考题

1. 结合材料，分析发展自有品牌的价值、应规避的风险及如何规避。
2. 零售企业发展自有品牌，对其他企业有何影响？应该如何应对这种挑战？

理论解读

自有品牌，指的是零售企业通过搜集、整理、分析消费者对某类商品的需求特性的信息，提出新产品功能、价格、造型等方面的设计要求，自设生产基地或选择合适的生产企业进行加工生产，最终由零售企业使用自己的商标对新产品注册并在本企业内销售的品牌。与自有品牌商品相对应的是使用生产企业商标、面向全国市场销售的全国品牌商品。自有品牌商品兴起于西方发达国家，已有几十年的历史，并日益受到商业企业尤其是大型零售企业的重视。

零售商开发自有品牌主要有以下几个方面的动机。

1. 追求利润

零售商的利润一般来源于购销差价和渠道利润。创建自有品牌，能够摆脱生产商的约束，策划出更高满意度的产品，节省交易费用和流通成本，为消费者提供更具有竞争力的价格。在获得全部商业经营利润的情况下，还能够赚取部分生产利润。

2. 树立良好的企业形象

从消费者角度看,能够开发自有品牌被认为是零售商有经营实力的表现。由于自有品牌是商家自身所特有的,与其他零售企业的品牌形成差异,所以自有品牌商品能树立一个与众不同的企业形象,从而获得消费者的青睐。

3. 形成零售企业的竞争优势

自有品牌商品的开发不仅仅是为了与制造商品牌商品竞争,更是为了形成门店经营的差异化,从而获得一定的竞争优势。

简要分析

问题一:结合材料,分析发展自有品牌的价值、应规避的风险及如何规避。

分析:

结合材料可知,发展自有品牌在带来诸多益处的同时,也带来了风险。

首先,就发展自有品牌优势而言,自有品牌成为零售商与制造商合作的桥梁,促进双方优势互补。对制造业企业而言,可借由零售企业的品牌力量进入成熟市场;对零售企业而言,则能进一步放大品牌效应,实现双赢。零售商通过推出自有品牌,能够有效提升自身企业品牌形象,增强市场辨识度,减少商品流通的中间环节,直接降低采购成本,从而提升企业的利润空间。特别是对于大型零售企业而言,自有品牌能显著地提升市场竞争力,拓宽市场份额。

其次,就应规避的风险而言,自有品牌的声誉与其零售企业的声誉融为一体,如果自有品牌出现质量问题,对企业的影响是巨大的。至少,品牌形象的下降会导致企业经济效益的下降,严重的甚至可能是品牌形象的彻底坍塌,进而对企业自身产生毁灭性的打击。另外,自有品牌的发展需要相当多的资金,如果涉及多种产品的开发,而不是有计划、有重点地选择一些产品,并且与其他产品没有差异化优势,那么自有品牌很难弥补企业的投入。

最后,就如何规避发展自有品牌的风险而言,可以从以下角度进行分析:自有品牌差异化、质量和成本。第一,自有品牌产品要有差异化才能发展,并非多就是好,而是贵在精。如拥有13个系列囊括2400多种自有品牌单品的沃尔玛超市,在国内市场上却只采取集中发展的策略,仅重点培养三个自主品牌:惠宜、Mainstains 和 Simply Basic。第二,自有品牌产品的质量关系着零售企业本身的品牌声誉,因此,零售企业必须在制造商的选择上严格把关,在生产端上把控产品设计、原料等,保证产品质量。第三,计算好自有品牌的成本,清楚企业自身的实力是否可以发展自有品牌。

问题二:零售企业发展自有品牌,对其他企业有何影响?应该如何应对这种挑战?

分析:

在零售业的竞争格局中,发展自有品牌对零售企业而言无疑是一把双刃剑,它既赋予了企业掌控产品供应链全链条的能力,但同时也对非终端企业构成了显著的挑战与冲击。

对非终端企业的双重影响具体表现在以下两点。一是市场竞争力削弱。零售企业通过其终端销售网络的强大影响力,往往优先推广自有品牌产品,这使其他制造商即便采用多种合法竞争手段,也难以轻易撼动其市场地位,从而面临市场份额被挤压、竞争力下降的困境。二是产业链整合风险。零售企业一旦构建起涵盖上中下游的完整产业链,其议价能力就会显著提升。然而,这种整合趋势若缺乏有效监管,可能会逐步演变为市场垄断,挤压其他上中游企业的生存空间,甚至导致部分企业破产倒闭,破坏行业的生态平衡。

面对上述挑战,非终端企业需积极寻求转型与创新,以应对自有品牌带来的冲击。

一方面,多元化销售渠道布局。非终端企业应积极拓展多元化销售渠道,如 B2C 电商平台、B2B 批发平台等,减少对单一销售渠道的依赖,以增强市场适应性和抗风险能力。通过多渠道散货,拓宽市场覆盖面,提升品牌影响力。

另一方面,打造自营店与下游产业链。借鉴零售企业的成功经验,非终端企业同样可以探索建立自营店模式,构建自己的下游销售网络。这不仅有助于提升品牌控制力和市场响应速度,还能在一定程度上缓解对零售终端的依赖,形成更加稳定的供应链体系。同时,通过自营店的建设,非终端企业可以更加直接地触达消费者,收集市场反馈信息,为产品创新和优化提供有力支持。

育人元素

本章介绍了商品规划相关理论与知识,以及如何加强商品规划的有效管理。作为行业未来的年轻从业者,其应当具有经世济民、胸怀天下的担当,具备以人为本、服务人民的责任感和使命感,因而不仅要帮助学生了解相关理论知识,更要培养学生掌握零售运行基本方法,引导学生关注社会,了解国情、民情,使其具备对商品组合进行有效调研和分析的能力,培育学生经世济民、诚信服务、德法兼修的职业素养,并始终以服务社会、造福人民为宗旨,以高尚的道德标准和严格的法律规范约束自己的行为,为推动零售行业健康发展贡献自己力量。

第11章 零售定价

11.1 苏宁易购：更便宜的"6·18"

材料

1990年12月，苏宁易购在南京宁海路60号以一家专营空调的200平方米小店起家，经过数十年的不懈努力，发展至今已成为中国领先的智慧零售服务商。在互联网零售时代，苏宁易购紧跟时代步伐，持续推进智慧零售、场景互联战略，全品类拓展，全渠道在线，全客群融合，并通过开放供应云、用户云、物流云、金融云、营销云，实现了从线上到线下，从城市到县镇，从购物中心到社区全覆盖，为消费者提供无处不在的1小时场景生活圈解决方案，全方位满足消费者的生活所需。

2024年5月10日，苏宁易购宣布以"5·17"抢空调活动率先开启"6·18"大促，后续还将推出"抢冰洗"等活动。更值得一提的是，苏宁易购不仅在时间上抢跑，且积极加入线下市场的竞争，"6·18"期间在全国落地超20家大店，以"大店攻略"争夺线下标签。可见，作为重要的家电销售渠道商，重心回归线下的苏宁易购也想为"6·18"贴上低价的标签，刷新"全网最低价"，为消费者带来实实在在的优惠。

众所周知，"6·18"作为消费者期待的购物狂欢节，促销与低价一直是其关键词。为了在这场盛大的电商战役中占据有利地位，苏宁易购坚定地将目光投向"全网最低价"。据悉，"6·18"期间，苏宁易购携手美的、海尔、西门子、格力、卡萨帝、小天鹅、东芝、索尼、TCL、方太、老板、A.O.史密斯等头部家电品牌，刷新了全品类人气爆款单品的全网最低价，消费者无论是选择苏宁易购线上平台主会场，还是全国范围内的苏宁易购线下门店，都能轻松选购到心仪的家电产品。为确保此次大促的成功，苏宁易购展开了一系列具体行动，聚焦打造了一场"更便宜的'6·18'"。

(1)承诺活动期间空调不涨价。面对空调原料市场价格上涨的现状，苏宁易购环境商品事业部总裁徐仲明确表示，苏宁易购联合品牌方承诺"5·17"抢空调活动期间产品不涨价，全面让利消费者，真正实现保价"6·18"。

(2)加码补贴力度切实让利消费者。为满足用户提质换新需求，苏宁易购联合品牌方推出众多新品，加码补贴力度，提升场景与服务体验，切实让利消费者。其中，苏宁易购联合头部品牌推出百万台家电免费试用活动，重点覆盖了厨卫、空调、冰洗等品类，并为消费者提供支付再减10%的优惠。在此基础上，苏宁易购还联合各地政府、企业、工厂、银行等合作伙伴，打造"政企厂银"四重补贴，进一步加码以旧换新。

(3)空调产品打头阵。苏宁易购全面参战"6·18"大促，空调产品成为主力。奥维云网的数据显示，2023年空调市场零售额为2117亿元，同比增长7.5%，该增速不仅高于行业整体增速，更是在众多家电品类中脱颖而出。为了打响2024年"6·18"大促第一枪，苏宁易购对抢空调活动花了不少心思。"5·17"抢空调活动期间,苏宁易购准备了多重促销活动,包括以旧换新、爆品一口价、套购满减等三大主力活动,同时还安排了庆祝国际米兰拿下意甲20冠、免费领空调红包和国际米兰官方周边等多项特别活动。另外,苏宁易购同步针对空调换新推出多项服务举措,包括百万台空调免费清洗、万台空调免费试用和免费设计、即买即装、免费检测保养及10项免费安装服务等。

(4)重点发力"大店攻略"。2024年伊始,苏宁易购加速实体零售布局,这也成为其角逐"6·18"的强大助力。针对线下市场,苏宁易购重点发力"大店攻略",扎实推进"百店百亿"计划,推出全新升级的大店业态——苏宁易家超级体验店(Max)和苏宁易购超级旗舰店(Pro)。比如,在"五一"假期前夕,苏宁易购在福州、南京、北京等13个城市落地17家大店,新增营业面积超25万平方米;在北京市场,4月17日,苏宁易购签约中塔公司,拿下北京重要地标商业体——北京中央电视塔项目,用于打造面积超2万平方米的北京首家苏宁易家Max;并于"6·18"期间,在重庆、合肥、武汉等10多个城市,落地超20家苏宁易家Max及苏宁易购Pro等大店。

综上,苏宁易购回归线下、加码布局大店的举措,赢得了业内专家的广泛认可。零售电商行业专家、百联咨询创始人庄帅表示,苏宁易购能够大举开店,是其核心业务的回归和造血能力提升的有力体现,对于市场来说无疑是一个积极信号。

资料来源:中国商报、苏宁易购.

案例使用说明

一、教学目的

本案例通过对苏宁易购为巩固家电零售企业地位抢夺2024年"6·18"低价市场案例的介绍,希望达到以下教学目的:

(1)掌握零售定价的基本目标;

(2)掌握零售定价的基本方法;

(3)掌握零售定价的基本技巧。

二、涉及知识点

本案例主要涉及零售定价、零售定价的影响因素、零售定价方法、定价策略等知识点。

三、课程思政

本案例通过对2024年苏宁易购于"6·18"期间争夺线下低价市场的学习和探究,引出关于零售定价的基本策略和方法,让学生了解和掌握零售企业主要的定价政策,将价值塑造、知识传授和能力培养三者融为一体,培养其爱岗敬业、善于经营的职业品行,使学生具备基本的零售定价和零售企业运营管理的能力。

思考题

1. 结合材料,请谈谈你从中学到的定价策略及对它们的认识。
2. 苏宁易购向"全网最低价"看齐给我们带来了什么启示?

理论解读

一、零售定价

零售定价是指零售企业直接向消费者出售的商品的价格。国家只是通过规定各类商品的批零差率,来控制各种商品的零售价格,而不具体规定每种商品的零售价格。农村集市贸易价格和城市农贸市场价格也属于零售价格,它是由买卖双方自行议定的。

零售定价目标包括四个方面:保证企业生存、追求利润最大化、最大化市场占有率和最优化商品质量。此外,零售企业可以通过需求导向定价法、成本导向定价法和竞争导向定价法等方法来进行定价。

二、零售定价的影响因素

对于零售企业而言,价格是营销的利器,合理的定价能帮助零售企业招徕消费者、增加销量、提升企业形象,而不合理的定价则可能自损其利。在市场经济条件下,零售企业享有自主定价权,但需综合考虑多重因素,包括零售企业自身经营特点、商品特性、消费需求及来自市场和环境方面的影响因素,以制定出既符合消费者预期又适应市场环境的价格。

1. 零售企业自身经营特点

零售企业在经营过程中,其市场定位、店铺选址、定价目标、促销策略及内部管理水平等因素均会对商品定价产生显著影响。同一商品在不同零售企业处可能因上述差异而呈现截然不同的价格。一般而言,同款商品在高档百货商店的售价将比在普通超市的售价高许多倍。

2. 商品特性

商品本身的特性同样是定价过程中不可忽视的重要因素。

(1)商品成本。成本是影响商品定价最主要的因素,也是价格制定最主要的依据。当价格严重高于成本时,就很可能会在激烈的市场竞争中被淘汰;远低于成本,则无利可图。

(2)商品自身特征。商品自身的外观、质量、功能、商标、包装等同样会对商品价格产生重要影响。比如,不同面料的衬衫的价格可能相差甚远,不同品牌的衬衫的价格可能差异更大。

3. 消费需求因素

消费需求因素包括以下几个方面。

(1)消费者的收入。消费者的收入水平在很大程度上决定了其消费能力和消费选择。例如,高收入群体往往更倾向于在高端大型百货商店消费,像北京的 SKP,这里汇聚了众多国际一线大牌,如 Gucci、Prada 等;中等收入消费者可能更多选择光顾超市,如沃尔玛、家乐福等,在这些超市里,他们能够以相对合理的价格购买到各类生活必需品及一些大众品牌商品,以满足日常家庭消费需求;对于低收入群体来说,他们可能会更倾向于在平价商店、集市或者线上的一些低价促销平台购物,如拼多多,以寻找性价比高的普通商品,在有限的预算内维持生活开销。

(2)消费需求心理。一般来说,消费者的需求心理对购买行为有着重要影响,如消费者的价格心理。常见的消费者价格心理有习惯性价格心理、敏感性价格心理和倾向性价格心理等。其中,习惯性价格心理是指许多消费者对于经常购买的商品会形成一种习惯性价格认知,即习惯于参考过去的价格或同类商品的价格;敏感性价格心理则是指消费者对价格变动非常敏感,尤其是对一些日常消费品;倾向性价格心理是指消费者在购买商品时,可能会受到品牌、包装、广告等因素影响，对某品牌或某类型的商品产生偏好。以敏感性价格心理为例，由于汽油是汽车运行的必需品，价格上涨会直接增加车主出行成本，因此汽油价格的波动就会引起广大车主的高度关注。当汽油价格上涨时，很多车主会减少不必要的驾车出行，或者转而选择公共交通工具。

（3）消费习惯。地域文化和市场惯例也会影响消费者的购买行为。以服装市场为例，在一些传统的服装批发市场，讨价还价是一种常见的消费习惯。商家在给商品定价时，通常会预留出一定的议价空间。一件标价 200 元的衣服，其实际成本可能只有 80 元左右，商家故意标高价格，就是为了应对消费者的讨价还价。消费者在购买时，会与商家进行一番讨价还价，最终可能以 120 元左右的价格成交。这样既让消费者觉得自己得到了实惠，满足了他们讨价还价的心理预期，又保证了商家能够获得一定的利润。

4．市场与环境因素

零售企业在定价时，还需密切关注市场与环境的变化，主要包括以下几个方面。

(1)市场供求状况。市场供求关系是影响价格波动的直接因素。供过于求，零售企业最好是选择降价来提高市场占有率；反之，供不应求，可以考虑适度提价来争取更高的利润。

(2)市场竞争状况。良好的市场竞争环境有助于零售企业了解行业动态并熟知竞争对手的基本情况，以制定有效的价格，进而在竞争中取得优势地位。

(3)政府的法律法规。尽管商品的定价权掌握在零售企业的手中，但也要遵守国家相应的法律法规来进行定价。

三、零售定价方法

在零售定价的广阔领域中，企业常常运用一些方法来确保商品的合理定价，主要有需求导向定价法、成本导向定价法和竞争导向定价法等。

1．需求导向定价法

需求导向定价法是基于消费者对商品价值的感知和需求差异来制定价格的方法，即相同的商品可能因消费者的不同需求和认知而采用不同的价格。在商品供过于求的市场环境下，需求导向定价法能够更有效地发挥作用。该方法主要包括以下三种定价方法。一是理解价值定价法，是指以消费者对商品价值的感受和理解程度作为定价的基本依据进行定价的方法。二是需求差异定价法，是指以不同时间、地点、商品及不同消费者的消费需求强度差异为定价的基本依据进行定价的方法。用此方法定价至少要满足如下条件，即市场能够按照需求强度细分，细分后的市场在一定时期内相对独立、互不干扰，高价市场无低价竞争者，且价格差异适度，不会引起消费者反感。三是反向定价法，是指在商品设计之前，零售企业先测定消费者能接受的价格，进而确定商品的市场零售价，再逆向推出商品的进货成本的定价方法。

2．成本导向定价法

成本导向定价法是以商品成本为核心来确定商品销售价格的方法。该方法主要包括成本加成定价法、损益平衡定价法和目标贡献定价法等具体方法。成本加成定价法是指零售商将单位商品成本、零售运营费用及期望利润相加，得出的价格即为商品销售价格，其关键在于根据单位成本加上一定百分比的加成来确定售价；损益平衡定价法是基于既定的固定成本、单位变动成本和价格条件，旨在确保公司能够达到收支平衡的产(销)量；目标贡献定价法又称为可变成本定价法，即以单位变动成本为基础，结合单位商品贡献，来确定商品的最终售价。

3. 竞争导向定价法

竞争导向定价法侧重于市场上相互竞争的同类商品价格，它的特点是根据竞争状况的变化确定和调整价格水平，主要有通行价格定价法、主动竞争定价法、密封投标定价法等具体方法。通行价格定价法是竞争导向定价法中广为流行的一种，指的是零售企业根据市场上竞争者的平均价格来设定自己商品的价格；主动竞争定价法与通行价格定价法不同，它不是追随竞争者的价格，而是根据零售企业商品的实际情况及其与竞争对手商品的差异来自主设定价格；密封投标定价法主要用于投标交易，其中投标价格是零售企业根据对竞争者的报价估计确定的，而非仅基于自身的成本费用或市场需求来制定的。

四、定价策略

一般认为，定价方法是用来具体确定商品价格的，而定价策略则是提供一种定价思路或谋略。定价策略主要包括以下几方面的策略。

(1) 新商品定价策略。新商品上市的定价关系到其能否顺利进入市场、占领市场，从而实现营销目标。新商品的定价策略通常有以下几种：①高端市场渗透（吸脂定价），是指在新商品上市之初，将商品价格定得很高，从而迅速从市场上赚取高额利润；②快速占领市场（渗透定价），与吸脂定价策略恰好相反，是指在新商品上市之初，将新商品价位定得很低，以便迅速占领市场，取得较高的市场占有率，获得较大的利润；③中庸之道（温和定价），是指在新商品上市之初，将销售价格定得适中，兼顾各方的利益。

(2) 心理定价策略。心理定价策略是零售企业为满足消费者购买时的心理特点而制定促进消费者购买行为的价格时所采用的策略。常用的心理定价策略有尾数定价策略、整数定价策略、吉利数定价策略、招徕定价策略、错觉定价策略和习惯定价策略等。

(3) 折扣定价策略。折扣定价策略是指零售企业根据商品的销售对象、成交数量、交货时间、付款条件等因素的不同，给予消费者不同的优惠折扣以鼓励其购买的价格策略。折扣定价策略主要有数量折扣策略、现金折扣策略、季节折扣策略、限时折扣策略、会员卡或积分卡累计折扣策略等。

(4) 促销品定价策略。促销品定价策略也称特卖商品定价策略，是指零售企业每隔一段时间选择一些特价商品，以大幅度的降价或者提供赠品的形式给消费者以较大实惠和优待，来招徕消费者、扩大销售的定价策略。常见的促销品定价策略主要有特殊事件定价策略、提供赠品定价策略、特卖商品定价策略和商品组合定价策略等。

简要分析

问题一：结合材料，请谈谈你从中学到的定价策略及对它们的认识。

分析：

结合材料分析，可见苏宁易购为抢占"6·18"线下低价市场采取了一系列措施，包括保价策略、补贴策略、促销品定价策略等。

(1) 保价策略。苏宁易购联合品牌方承诺"5·17"抢空调活动期间产品不涨价，真正实现保价"6·18"。这一策略能够消除消费者在价格波动方面的顾虑，增强消费者的购买信心。比如，消费者在活动初期购买空调，不用担心后续价格下降而导致自己吃亏，从而更愿意在活动期间下单。

(2) 补贴策略。苏宁易购联合品牌方推出众多新品，加码补贴力度，并联合各地政府、企业、工厂、银行等合作伙伴，打造"政企厂银"四重补贴，进一步加码以旧换新。这种补贴策略直接降低了消费者的购买成本，刺激了消费需求。比如，消费者在购买厨卫、空调、冰洗等品类时，能够享受支付再减 10%的优惠，以及以旧换新的补贴，这使消费者能够以更实惠的价格购买到心仪的产品。

(3) 促销品定价策略。苏宁易购利用"6·18"购物狂欢节，将目光投向"全网最低价"，携手众多头部家电品牌，刷新全品类人气爆款单品的全网最低价。这一策略旨在吸引价格敏感型消费者，通过提供极具竞争力的价格，在众多电商平台中脱颖而出。比如，消费者在比较不同平台的同一款家电产品的价格时，苏宁易购的低价可能成为他们选择在此购买的关键因素。

总的来说，这些策略都是为了在激烈的市场竞争中吸引消费者，增加销售额。保价策略给予消费者安全感，补贴策略降低了实际支付价格，促销品定价策略则直接迎合了消费者追求实惠的心理。通过综合运用这些策略，苏宁易购能够更好地满足消费者的需求，提升自身的市场竞争力。但同时，这些策略的实施也需要企业具备强大的供应链管理能力、成本控制能力和合作伙伴资源整合能力，以确保在提供低价的同时，仍能保证产品质量和服务水平，实现可持续发展。

问题二：苏宁易购向"全网最低价"看齐给我们带来了什么启示？

分析：

结合材料简要分析，苏宁易购向"全网最低价"看齐能给我们带来诸多启示，包括但不限于以下方面。

(1) 消费者需求至上。这表明企业要始终把满足消费者对于价格优惠的需求放在重要位置。消费者普遍希望能够以更低的价格获得优质的产品和服务，苏宁易购的做法强调了企业必须关注并回应这一核心需求。比如，消费者在购买家电时，价格往往是影响决策的重要因素，苏宁易购的低价策略能够吸引更多消费者选择其平台。

(2) 价格竞争的重要性。在竞争激烈的电商市场中，苏宁易购向"全网最低价"看齐的策略，体现了价格竞争在电商行业中的重要性。价格，作为吸引消费者的关键因素，其竞争力直接影响着电商平台的用户选择、销售额及市场份额。苏宁易购通过提供极具竞争力的价格，能够吸引更多的消费者，从而增加销售额和市场份额。这一策略的成功，也启示其他行业，在市场竞争中，价格优势始终是赢得市场的关键。

(3) 供应链的优化与管理。要实现"全网最低价"，苏宁易购必然需要对其供应链进行优化与管理，包括：与供应商建立更紧密的合作关系，获取更优惠的采购价格；优化仓储和物流系统，降低运营成本；提高销售预测的准确性，减少库存积压等。这些举措不仅帮助苏宁易购实现了低价策略，更提升了其整体运营效率和竞争力。对其他行业而言，供应链的优化与管理是降低成本、提升竞争力的关键所在。

(4) 品质与服务的双重保障。在追求低价的同时，苏宁易购并未忽视品质与服务的保障。它严格筛选商品，确保每件商品都符合质量标准；严密监控物流环节，确保商品能够准时、安全地送达消费者手中；同时提供完善的售后服务，解决消费者的后顾之忧。这种品质与服务的双重保障，让消费者在享受低价商品时，也能获得良好的购物体验。这告诉我们，在价格竞争中，品质与服务同样重要。只有在保证品质与服务的前提下，零售企业才能在激烈的市场竞争中占据优势地位。

（5）营销策略的多样化。苏宁易购在营销策略上展现出了高度的灵活性和创新性，它不局限于价格策略，而是采用了多样化的手段来吸引和留住消费者。比如，通过社交媒体和直播平台进行广泛宣传、邀请网红和明星进行带货直播等。多样化的营销策略不仅能提高零售企业的知名度和影响力，还能增加消费者的购买意愿和忠诚度。

（6）合作共赢的理念。苏宁易购在此次促销期间，始终秉持着合作共赢的理念，积极联合品牌方、政府、企业、工厂、银行等合作伙伴共同打造优惠活动。通过整合各方资源，实现优势互补，为消费者带来更多实惠，同时也拓展了自身的发展空间。

综上所述，苏宁易购向"全网最低价"看齐的举措，不仅是其对市场价格竞争的敏锐洞察和积极响应，更是其以消费者为中心，不断创新和优化策略的具体体现；并在一定程度上，为其他企业带来了相应启示，使其不断优化完善自我，适应市场变化，实现可持续发展。

11.2　永辉超市：超市生鲜的定价玄机

材料

永辉超市成立于 2001 年，2010 年在 A 股上市，是中国企业 500 强之一，是国家级"流通"及"农业产业化"双龙头企业。永辉超市是中国大陆首批将生鲜农产品引进现代超市的流通企业之一，被国家七部委誉为中国"农改超"推广的典范，并通过农超对接，以生鲜特色经营及物美价廉的商品受到百姓认可，被誉为"民生超市、百姓永辉"。

自创办以来，永辉超市持续保持高质量发展。截至 2024 年 8 月，永辉超市已在全国发展 891 家连锁超市，业务覆盖 29 个省份，近 500 个城市，经营面积超过 800 万平方米。

在发展中，永辉超市自己拥有一套与生鲜产品相关的定价策略。

首先，在定价之前，市场调查是重要工具之一。经过市场调查，会发现门店对生鲜产品早上、中午、下午的定价都是不同的，价格也会随时间做出相应的浮动：早起晨练的人往往是第一批顾客，而此时商品的新鲜度很高，自然销售价格及当日的拟定收益额也会偏高一点；到了中午会卖掉商品的三分之一或者三分之二，这时经营者已经把成本赚回，开始收益；到了下午，商品的价格会微微下调，来吸引更多的顾客。到了下午五六点，剩下的商品出现了一天的最低价格，以便门店早点收工。所以商品的价格从早晨到下午一直处于下跌的状态。

其次，生鲜定价还要考虑商品结构，包括：毛利带的结构；价格带的结构；商品的库存位置，储存量有多少，周转期有多长；把商品定位成什么样的角色，是促销品，是毛利来源的商品，还是结构性商品。要充分考虑这些因素，然后再制定商品的价格。

此外，天气的变化、不同的地理位置、商圈不同，生鲜商品的定价也会不一样。比如今天下大雨，商圈内门店的客流量就会因为天气原因而减少，这时候商品的价格就会下跌，因此要减少库存。而社区的商超门店客流量会增加，其价格也会相应上调，从而赚取丰厚毛利。

在遵循上述生鲜产品定价策略的基础上，永辉超市针对生鲜的各品类实行了差异化定价。

1. 蔬菜

因为蔬菜是顾客基本需求的商品，价格一定要低，但在有自采优势的保障下，营运毛利率应该保持在 15% 左右。要注意一点，蔬菜商品去掉损耗后最高加价率不应超过 50%。很多生鲜营运人员常常把某些销售量不大的菜加上几倍的价格，这会严重影响顾客对一家店的印象。

例如，新鲜的指天椒，采购价平均为每斤 3 元，很多生鲜管理人员会卖每斤 8 元或 10 元，更有人卖到每斤 18 元甚至 20 元，顾客会感到很纠结：不买吧，还很想吃；买吧，肯定有被宰的感觉。反过来，竞争对手的店卖高价，而你长期只卖每斤 4~5 元的价格。这既保证了你的毛利，又让顾客购买时很开心，觉得很实惠，而你的店指天椒的销量也会增长几倍。门店销售量大了，采购进货也更有优势。

2. 水果

水果的毛利率应控制在 15% 左右，不能过高。水果的经营重点应为品质的管理，其定价和加价率应遵循和蔬菜一样的原则。

3. 水产和肉类

水产和肉类的经营应更多地做到品种丰富和对质量的控制，除了恶性竞争，价格一般不会有很大差别。只要采购环节不出问题，毛利率控制在 12%~15% 是正常的，这样应该就有竞争优势了。

以碎肉或肉馅为例。一般的鲜肉部门是把分割下来的碎肉和不好卖的肉拿来做肉馅的，这无可非议，但要讲职业道德。很多店会存在肉都不清洗就打成肉馅的情况，希望从业人员和管理者加强职业道德培训做好细节管理。正确的做法是：把需要做肉馅的原料经过清洗再经过冷库冷冻后才能加工成肉馅，不然顾客如果知道自己买的肉馅是用洗都没洗过的肉加工的，购物体验肯定很差。

4. 面包

面包的合理毛利率应该控制在 50% 左右。面包的经营重点在于花样的开发和品质的管理。面包的管理重点在于控制好原料的采购，绝不能用低档和不正规厂家的原料，这也是采购管理的重点。

5. 熟食

熟食的毛利率控制在 25% 是正常的，因为是自营产品，毛利率控制在 25%，价格上是很有竞争优势的。管理的重点还是品质管理和产品的开发。在熟食经营中，各品类的毛利率也是不同的。比如面点和凉菜，面点的毛利率最高可达 70%，事实上不需做这么高毛利。面点和凉菜的毛利率一定要控制在 50% 以下，肉制品的毛利控制在 20%，这样的价格在同行中肯定很有优势。

下面以馒头和花卷为例进行说明。以一包 25 千克的面粉加工 350 个馒头或花卷为标准，这样的馒头和花卷的大小是正常的，其原料成本是多少呢？一包优质面粉的价格大约为 65 元，每个馒头或花卷的原料成本就只有 0.18 元，再加上蒸熟的费用，每个馒头或花卷的成本也只有 0.2~0.22 元。而现在大多数超市馒头和花卷的售价为每个 0.6~0.8 元。如果面点的毛利率控制在 50% 以内，馒头和花卷的售价定为每个 0.4 元，这个售价在同行业中肯定是比较低的，再加上经常能做特价和惊爆促销，卖一元钱 3 个甚至 4 个，这样门店的客流就有了基本保障。

永辉超市在生鲜定价策略上的精心布局和精准把控，使其在竞争激烈的市场中脱颖而出。未来永辉超市将继续秉承以顾客为中心的理念，不断优化和创新生鲜定价模式，适应市场变化和顾客需求，持续引领生鲜零售行业的发展潮流。

资料来源：永辉超市、（微信公众号）零售眼界.

案例使用说明

一、教学目的

本案例通过对永辉超市对生鲜产品的具体定价的详细分析,希望达到以下教学目的:

(1)了解高周转商品的定价策略;

(2)熟悉零售企业的定价过程;

(3)熟悉零售价格调整的策略。

二、涉及知识点

本案例主要涉及高周转商品的定价策略、差异化定价等知识点。

三、课程思政

本案例通过对永辉超市生鲜定价策略的介绍,引出差异化定价等相关知识,让学生熟悉产品定价的大致过程,激发学生对零售学探究的兴趣,提高学生的自主思考能力和综合素质,增强学生勇于探索的创新精神、善于解决问题的实践能力,培育学生诚实守信、经世济民的职业素养,努力成为有道德、有担当、有创新精神的新时代人才。

思考题

1. 结合材料与实际,分析永辉超市的生鲜定价策略,在不同消费水平的地区是否需要做出调整,如果需要,应如何调整。

2. 假设您是一家新开业的超市的管理者,您会如何借鉴永辉超市的生鲜定价经验来制定适合自己的策略?

理论解读

一、高周转商品的定价策略

高周转商品,顾名思义,是指那些生命周期短暂、消费者需求频繁,且商店能够快速流通销售的商品。这类商品大多贴近人们的日常生活,如日常消耗品和必需品,超市中的生鲜产品、日常用品等。鉴于其高频次的购买特性,消费者对这类商品的价格变动尤为敏感,往往倾向于选择性价比更高的商品。

针对这类高周转率的商品,商家可采取灵活的价格策略,如以略低于竞争对手的价格吸引消费者。这一策略看似牺牲了单件商品的利润,其实不然,它是基于这样一个逻辑:高周转商品的盈利点并不单一依赖于高价,而是通过大量销售带来的规模效应和快速现金流周转来实现的。换句话说,销售量的显著提升能够直接促进整体利润的增长,并加速资金循环,提升企业的运营效率和财务健康度。因此,对于追求市场占有率和现金流稳定的商家而言,针对高周转商品实施价格优势策略无疑是一种明智之举。

二、差异化定价

差异化定价是指企业在提供产品或服务时,不是对所有消费者均提供相同的价格,而是根据不同的消费者、市场需求、产品特点等因素,谨慎行使产品价格浮动权,提供有针对性的、不同的价格。这种定价策略旨在最大限度地提高企业的收益，同时满足消费者需求。

差异化定价的前提通常包括两方面：一是市场细分，即先对市场进行细分，识别出不同的消费群体和市场需求；二是价格细分，在市场细分的基础上，对不同消费群体或市场需求制定不同的价格策略。

差异化定价的类别主要包括以下四种。

(1)消费者差异化定价：服务行业经常采用这种策略，即通过识别不同消费者的价值感知和支付意愿，为不同类型的消费者提供不同的价格。

(2)渠道差异化定价：对于相同产品，当经过的渠道不同时，价格也会有所不同。这反映了不同渠道的成本结构和市场竞争力。

(3)产品差异化定价：产品差异化大致可以分为两类，即同类产品不同品牌和同类产品不同质量。企业可以根据产品的品牌知名度和质量水平来制定不同的价格。

(4)时间差异化定价：由于时间具有不可逆转的特殊性，每个人对于时间的要求也不尽相同。企业可以利用消费者对时间上的需求差异，如季节性、促销期等，来实现差异化定价。

实行差异化定价至少需要满足几大条件：其一，产品有两个或两个以上被分割的市场；其二，不同市场的价格弹性不同；其三，付低价的细分市场不得将产品转手给付高价的细分市场；其四，细分和控制市场的成本不应超过差异化定价所获得的额外收入；其五，实行这种定价法不能引起消费者的反感和敌意；其六，差异化定价的特定形式应该是合法的。

简要分析

问题一：结合材料与实际，分析永辉超市的生鲜定价策略，在不同消费水平的地区是否需要做出调整，如果需要，应如何调整。

分析：

结合材料与实际，在考虑定价影响因素的基础上，永辉超市的生鲜定价策略在不同消费水平的地区确实需要做出调整，具体如下。

在消费水平较高的地区，消费者对于生鲜产品的品质、种类和服务可能有更高的要求，同时对于价格的敏感度相对较低。永辉超市可以适当提高部分生鲜产品的品质和档次，引入一些高端、特色的生鲜品类，并相应提高其定价。比如，进口水果、有机蔬菜等，可以将毛利率适度提高到20%甚至更高。但同时也要注意保持一定比例的平价生鲜商品，以满足不同层次消费者的需求。

对于消费水平较低的地区，消费者更注重价格的实惠性。永辉超市应加大低价生鲜商品的供应，增加特价商品的数量，提高促销活动的频率。比如，在蔬菜品类中，进一步降低常见蔬菜的价格，可将毛利率控制在10%左右。水果的定价也应更亲民，可将毛利率控制在10%～12%。同时，可以减少一些高端、高价生鲜产品的供应，或者降低其陈列比例。

在调整过程中，永辉超市需要充分考虑当地的市场竞争情况。如果当地有其他超市或生鲜市场以低价为主要竞争策略，永辉超市就需要更加突出价格优势，通过优化供应链、降低采购成本等方式，在保证品质的前提下，降低生鲜产品的定价。

此外，永辉超市还可以根据不同地区消费者的消费习惯和偏好，调整生鲜产品的种类和组合。比如，在一线城市的核心商圈，永辉超市可以推出精品包装的生鲜礼盒，以满足高消费人群的送礼需求，定价也可以偏高；而在三四线城市的社区门店，应以散装、实惠装的生鲜产品为主，价格要更亲民。

问题二：假设您是一家新开业的超市的管理者，您会如何借鉴永辉超市的生鲜定价经验来制定适合自己的策略？

分析：

此题为开放题，可结合材料与实际回答，言之有理即可。以下分析仅供参考。

假设我是一家新开业的超市的管理者，我认为永辉超市的生鲜定价经验在很多方面都值得借鉴。第一，开业前深入调研周边市场，了解消费者习惯、价格接受度和竞争对手定价，定期分析市场数据。第二，分时段定价：早晨生鲜新鲜度高，设相对高但有竞争力的价格；中午根据销售情况调整价格，确保回本并盈利；下午降价吸引消费者，以减少库存；打烊时以最低价处理剩余生鲜。第三，考虑商品结构，明确各类商品的角色，如部分蔬菜水果用来引流，特色水产肉类用来盈利。第四，结合外部因素，关注天气和商圈的地理位置，恶劣天气降价，繁华商圈适当提价，社区门店注重价格亲民。第五，品类差异化定价，蔬菜保证低价，营运毛利率在12%～15%，加价率不超50%；水果的毛利率在12%左右；水产和肉类丰富品种保证质量，毛利率在10%～12%；面包的毛利率在40%～45%；熟食的整体毛利在20%～23%，面点和凉菜的毛利率在40%以下，肉制品的毛利率在15%～18%。第六，注重产品品质与职业道德，如规范制作肉馅的流程，以树立良好口碑。最重要的是，要综合运用这些经验并根据实际调整优化，制定符合自身特点和市场需求的生鲜定价策略。

11.3 钱大妈：定价心理密码

材料

钱大妈，成立于2012年，经过十几年的稳健运营、高速发展，已成为社区生鲜行业的领军品牌，曾获得"广东连锁企业50强""CCFA零售业十大创新业态""2022广东独角兽创新企业"等殊荣。

作为"不卖隔夜肉"理念的创造者和社区生鲜连锁品牌的开拓者，钱大妈在成立之初就从新鲜角度重新梳理了传统生鲜行业的标准，对肉菜市场进行了新的定义。通过尝试和验证"日清"模式，以及"定时打折"清货机制，坚定落实不隔夜销售理念，这种对新鲜度的执着追求，使钱大妈在消费者心中建立了良好的品牌形象。

在现实生活中，相信很多人的小区楼下都有一家钱大妈，它有着鲜红大字的招牌，还印着鲜明的"不卖隔夜肉"的标语。钱大妈用的是什么样的定价策略售卖生鲜呢？

我们截取了钱大妈的某日特价菜单中的一部分：黄金肉条18.31元一斤，盐焗鸡27.28元一盒，青虾仁21.63元一盒，八公山翁千张5.81元一包，糯米鸡11.35元一包，克伦生无籽红提8.5元一斤，脆皮金橘5.9元一斤，高山小番茄6.8元一盒，泰国椰青7.2元一个，迁西板栗7.2元一斤，生姜11.4元一斤。

通过观察这部分菜单，不难发现一个有趣的现象：在价格标签上，数字1、2、3、4的出现频率极高，且全场的生鲜商品价格均未超过百元大关，多以"××.××""××.×""×.

××"或"×.×"的形式呈现。这种定价方式，不仅让价格看起来更加亲民，还巧妙地利用了消费者心理。

进一步分析，钱大妈在定价时似乎遵循了一条不成文的规则：大于5的数字更倾向于出现在价格的个位上，而小于5的数字则频繁地出现在十位、十分位甚至百分位上。尤其是当商品价格超过20元时，钱大妈更倾向于采用"××.××"的形式，并确保在十分位或百分位上至少有一个小于5的数字。这样的设计，并非随意为之，而是蕴含着深刻的心理学考量。

以新鲜山羊不同部位折后价格的对比为例：新鲜山羊排折后59.22元一斤、新鲜山羊肉折后50.22元一斤，以及新鲜山羊腩折后53.22元一斤，将其百分位和十分位的数字修改后变为新鲜山羊排折后58.98元一斤，新鲜山羊肉折后49.97元一斤，新鲜山羊腩折后52.82元一斤。将两组数字进行对比，分析可得：尽管前者的价格实际上更高，但却给人一种更划算的感觉。

这背后的原理，与《定价管理》一书中著名的"邮购女装实验"不谋而合。实验人员对同一条裤子设置了三个不同的价格，分别为34元钱、39元钱和44元钱，并把这三条裤子同时寄给了数位实验者，结果是39元钱的裤子卖的数量最多。实验得出的结论为：以9结尾的定价可以让消费者觉得更划算，更能激发消费者的购买欲望，因为这样的定价方式能够巧妙地触发消费者的"左脑"逻辑判断与"右脑"情感认知之间的冲突，让人在理智上觉得价格合理，同时在情感上感受到优惠与划算。后来有很多实验也验证了这点，这是以9结尾的数字的定价魅力。

为什么修改价格之前羊肉的价格更高，但是却让人感觉更便宜呢？钱大妈正是巧妙地运用了这一心理效应，通过精心设计的价格尾数，让消费者在潜意识中认为这些价格更加接近整数但又略低于整数，从而产生一种"捡了便宜"的愉悦感。比如，59.22元、50.22元、53.22元这几个定价的数字比较乱，若直接以59元定价，往往会让消费者自动涨价一元看待定价，称之为60元一斤，而较乱的定价混淆了消费者的视线，让他们的第一反应无法得到羊排接近60元一斤的结论。此外，使用1、2、3、4这些较小数字在价格的十位、十分位或百分位上进行点缀，更是进一步加深了这种"便宜感"，让消费者在比较和选择时更倾向于做出购买决定。再举个例子，同一款产品定价为21.03元和19.79元，虽然21.03元更贵，但是它却让消费者感觉更便宜。在实际情况下，同一时间内，消费者只能看到同一款产品的唯一一个价格。钱大妈善用1、2、3、4这些较小数字对十分位和百分位进行定价，让消费者感受到了意犹未尽的便宜。

综上所述，钱大妈的定价策略不仅仅是简单的数字游戏，更是深谙消费者心理、精心策划的营销手段。通过巧妙地运用价格尾数和数字排列组合，钱大妈成功地营造了一种"物美价廉"的购物氛围，有效激发了消费者的购买欲望和忠诚度。

资料来源：钱大妈、网易.

案例使用说明

一、教学目的

本案例通过对钱大妈巧妙定价直击消费者心理的思考分析，希望达到以下教学目的：
(1) 了解零售定价扩展策略；
(2) 掌握心理定价策略的定义及类型；
(3) 学会运用零售定价策略对现实中的零售企业进行分析。

二、涉及知识点

本案例主要涉及心理定价策略等知识点。

三、课程思政

本案例通过对钱大妈巧妙定价直击消费者心理的分析探讨，帮助学生了解零售领域的相关策略和典型企业，增强其对社会主义市场经济的认知，鼓励学生善于观察、分析和思考，引导学生不断增强自身的综合素质，使其面对挑战能够勇于接受，同时在遇到机遇时能紧紧抓住，从而在机遇与挑战中不断地实现自我超越与发展。

思考题

1. 除了价格因素，钱大妈在产品质量、服务等其他方面应如何与定价策略相互配合，以提升整体竞争力？
2. 在竞争激烈的生鲜市场中，钱大妈的定价策略该如何应对其他竞争对手的模仿和挑战？

理论解读

心理定价策略是商家利用消费者心理特性的一种定价策略，旨在通过洞悉不同消费者的心理需求与偏好，制定出让消费者心动的价格。通常对于同样的商品，不同的消费者因其需求水平、购买动机和需求偏好不同，会有不同的价格要求和价格反应，因此，实施心理定价策略、制定符合消费者心理的价格往往能收到意想不到的效果。常用的心理定价策略主要有以下几种。

1. 非整数定价策略（尾数定价策略）

此策略通过为商品设定一个带有零头的价格，而不是取整数的价格，巧妙地营造出"物美价廉"的感觉，让消费者产生信任，从而刺激购买。对于普通日用品，消费者乐于接受有零头的价格，如将商品定价为 9.90 元而非 10 元，就会让消费者感觉价格更为精确且实惠，从而激发其购买欲望。特别地，在单价较低时，以"9"为尾数的价格尤为受欢迎；而在单价较高时，以"5"作为尾数的价格则更受青睐。此外，在中国文化中，"8"与"发"谐音寓意吉祥，"6"则象征顺利，因此这些数字也常被用作价格的尾数。

2. "不二价"与弹性定价策略

"不二价"，是指商家对所有商品实行统一定价，禁止讨价还价。这种策略旨在建立信任感，让消费者相信商品价格公道、童叟无欺。同时，它也满足了部分消费者追求自尊、不愿被视为斤斤计较者的心理需求。弹性定价则允许消费者在一定范围内讨价还价。这种策略针对的是喜欢讲价、认为商品价格有"水分"的消费群体。通过还价成功，消费者能够获得成就感与满足感，从而促成交易。

3. 错觉定价策略

这种定价策略通常是指商家利用消费者对商品计量单位敏感度低于价格敏感度的心理特征，在定价时巧妙设置不同包装规格的价格，使消费者产生价格差异的错觉。比如，500 克装与 450 克装奶粉的价格分别为 80 元和 75 元，虽然单位价格相近甚至后者略高（450 克装的换算成 500 克装的，其价格为 83.3 元），但消费者往往更倾向于选择看似更便宜的后者。

4. 声望定价策略

这种定价策略通常是指商家针对消费者"价高质优"的心理预期，对知名品牌或高品质商品制定高价。这种策略通过价格直接传递商品的高品质信息，增强商品的吸引力与竞争力。特别是在识别名优商品时，高价往往成为消费者判断商品质量的重要依据。

5. 习惯定价策略

这是一种按照消费者习惯进行定价的价格策略。针对日常消费品或成熟期商品，商家会遵循消费者已形成的价格习惯进行定价。这种策略有助于保持价格的稳定性与可接受性，避免因价格波动而引发的消费者疑虑。在必须调整价格时，商家会采取改换包装或品牌等措施，以减轻消费者对新价格的抵触情绪。

简要分析

问题一：除了价格因素，钱大妈在产品质量、服务等其他方面应如何与定价策略相互配合，以提升整体竞争力？

分析：

此题为开放题，结合材料与实际回答，言之有理即可。以下分析仅供参考。

比如，钱大妈在产品质量、服务等方面可以通过以下方式与定价策略相互配合，从而提升整体竞争力。

一方面，就产品质量而言。一是建立严格的供应链管理体系，确保所采购的生鲜食材源头可追溯，品质优良且稳定；对供应商进行严格筛选和评估，只与符合高标准的供应商合作，从源头上保障产品质量。二是加强冷链物流建设，确保生鲜产品在运输和储存过程中的新鲜度和品质，如使用先进的冷藏设备和保鲜技术，以减少产品在配送过程中的损耗和质量下降。三是实施严格的质量检测制度，对每一批次的生鲜产品进行检测，确保符合食品安全标准。对于不合格的产品坚决不予上架销售，以维护品牌的质量声誉。

另一方面，就服务而言。一是培训员工具备良好的服务态度和专业的产品知识，使其能够为消费者提供准确的选购建议和烹饪指导，提高消费者的购物体验。二是优化店铺布局和陈列，使生鲜产品摆放整齐、美观，方便消费者挑选。同时，保持店铺的清洁和卫生，营造舒适的购物环境。三是提供多样化的增值服务，如免费加工食材、预定配送服务等，以满足不同消费者的需求。此外，建立会员制度，为会员提供积分、优惠、生日福利等专属服务，增强消费者的黏性和忠诚度。最后，积极收集消费者的反馈意见，及时处理消费者的投诉和建议，不断提高服务质量。

问题二：在竞争激烈的生鲜市场中，钱大妈的定价策略该如何应对其他竞争对手的模仿和挑战？

分析：

此题为开放题，结合材料与实际回答，言之有理即可。以下分析仅供参考。

在竞争激烈的生鲜市场中，钱大妈的定价策略可通过多种方式应对其他竞争对手的模仿和挑战。其一，持续创新，研究改进定价策略，引入动态定价机制，依市场供需、成本及对手价格灵活调整。其二，强化品牌建设，借广告宣传、公益活动提升知名度与美誉度，让消费者产生情感认同和忠诚度。其三，优化供应链，降低采购成本、提高运营效率，保证利润并提供更优价格。其四,拓展产品线,开发独家特色或自有品牌产品,形成差异化优势。其五,提升服务质量,提供烹饪建议等增值服务增加附加值。其六,利用大数据分析消费者行为偏好,进行精准定价与营销,制定个性化方案。其七,加强社区互动,通过举办活动建立紧密联系,增强归属感和认同感。其八,快速响应市场变化,关注对手动态并及时调整定价策略,保持主动性。除此之外,还有许多其他的方法可以运用,钱大妈可综合运用这些方法以保持定价策略的有效性和竞争力。

育人元素

　　本章通过对零售定价的影响因素及背后相关原理的介绍,教育引导学生学思践悟价格变动背后的逻辑与策略,同时,对价格策略背后涉及的法律行为等进行分析,牢固树立法治观念,深化对法治理念、法治原则、重要法律概念的认知,培养学生爱岗敬业、善于经营的职业品行。

第 12 章　零 售 促 销

12.1　唯品会的促销多样化之"道"

材料

唯品会，一家在线销售折扣商品的电商平台，旨在为消费者提供品质好、价格实惠的商品。从品牌影响力方面看，唯品会在中国电商市场中的影响力较大，其品牌形象得到了广泛认可和好评。截至2022年，唯品会的活跃用户数量已经达到8480万人，较2021年同期增长了22%。这主要得益于其多年来不断优化用户体验、进行品牌推广，以及对折扣商品的精选和品质控制等方面的努力。

唯品会的产品主要包括服装、鞋帽、家居、母婴、美妆等多个品类，满足了不同消费者的需求。唯品会的产品虽以折扣为标签，但其货源大多来自国际二三线品牌、知名品牌的清仓、库存、尾货等，因此产品品质相对较高，有一定的品牌溢价。

作为中国最大的在线特卖网站之一，唯品会一直以其高性价比的商品和优质的服务受到消费者的青睐。以高性价比的商品为卖点，提供价格普遍较低的商品，相比其他电商平台更加优惠，使唯品会具有价格优势。同时，唯品会通过采取限时限量、打折促销等营销策略吸引消费者购买，从而增加销量。这些举措都归结于唯品会的销售模式，即以清仓货源为主，通过批量采购及大规模销售来降低成本，并保证产品品质。

唯品会拥有较为全面的营销渠道，可以通过多个渠道来吸引消费者，以提高品牌知名度和消费者忠诚度。同时，唯品会也在不断尝试新的营销方式，以适应市场变化和消费者需求。目前主要的营销渠道包括以下几种。

第一，广告投放，即在互联网上通过广告投放平台（如百度、360、搜狗等）向潜在消费者展示广告。唯品会根据广告效果不断优化投放策略和广告创意，以提高广告转化率和投资回报率。

第二，网络直播推广，即在网络平台上通过直播方式展示商品或服务的特点和优势，让消费者直接感受产品或服务的真实情况，从而提高其购买意愿。同时，唯品会还会在微博、快手、抖音等平台上进行直播推广，以吸引更多的消费者关注。

第三，互动软文推广，即通过文章、图片、视频等方式，展示商品或服务的特点和优势，让消费者产生共鸣，进而提高其购买意愿。唯品会的互动软文不仅展示了商品或服务的特点和优势，还让消费者参与其中，以产生更多的互动和共鸣，进一步提高品牌认知度和美誉度。

第四，游戏内推广，即通过在手机游戏内嵌入唯品会的广告或合作推广，来引导游戏玩家前往唯品会App或网站进行购物。

第五，赞助热播电视剧和综艺节目，并请当红明星代言，利用其粉丝效应提高销售额。

第六，社区团购。2022年唯品会在湖南株洲正式开始社区团购。

此外，在促销策略方面，唯品会提供折扣促销和折扣优惠券等促销活动，以吸引更多的消费者。

第一，折扣促销仍然是唯品会的核心销售策略，该策略主要在大型促销活动期间使用。唯品会经常提供高达70%以上的折扣，以吸引消费者前来购买。

第二，优惠券是唯品会吸引消费者的另一个有效工具。唯品会经常推出不同面额的优惠券，包括新用户优惠券、节日优惠券、订单满额优惠券等。这些优惠券可用于购买特定商品或在订单中使用。

第三，VIP会员制度是唯品会的一种营销策略。VIP会员可以享受更多的优惠和特别服务，如提前访问促销活动、免费退换货、专属客服等。此外，该平台还提供了一些特别的销售活动，如秒杀、拼团、买赠等。

唯品会以品牌特卖为促销定位，在"6·18年中大促""双十一""双十二"的基础上还有很多特卖会和美妆节，特别是在换季期间促销活动也会随之增加。唯品会会通过App订阅推送、媒体营销等方式，向消费者宣传促销信息和最新商品，并结合"唯品快报"，让消费者及时了解最新的促销活动。可见，唯品会的促销活动宣传方式是多样化的，其不断以正品和特卖吸引消费者，在折扣促销多样化的旅途中稳步前行。

资料来源：李如霞. 唯品会电商平台营销策略研究[D]. 郑州：华北水利水电大学，2023.

案例使用说明

一、教学目的

本案例通过对唯品会多样化促销策略的介绍，希望达到以下教学目的：
(1) 掌握零售促销的定义；
(2) 了解零售促销活动的类型；
(3) 了解零售促销活动的意义。

二、涉及知识点

本案例主要涉及零售促销、零售促销活动类型等知识点。

三、课程思政

本案例通过对唯品会在折扣促销多样化之旅中的促销策略的介绍，引出零售促销活动相关知识，引导学生深入社会实践，帮助其增长学识和见识，拓宽视野，深入了解现实生活中的零售促销活动是如何展开的，培养学生的自主思考能力，鼓励学生勇于探索，提高学生的创新意识与解决实际问题的能力。

思考题

1. 结合材料，试分析唯品会的零售促销活动有哪些类型。
2. 谈谈从唯品会的多样化促销活动中，你学到了什么。

理论解读

一、零售促销

零售促销是一种营销策略，旨在通过各种手段刺激消费者的购买行为，提升销售量，增强品牌影响力。零售促销的形式多样，包括但不限于折扣、特卖、买一赠一、积分回馈、赠品、限时抢购、满减优惠等。

零售促销具有以下几层含义：

第一，零售促销工作的核心是沟通信息；

第二，零售促销的目的是引发、刺激消费者产生购买欲望，进而产生购买行为；

第三，零售促销的方式有人员促销和非人员促销两类。

零售促销的范围不仅包括某一品类或特定商品，还针对整个店铺，目的是清理库存、推广新品、增加客流量或提高消费者忠诚度。成功的零售促销不仅能够短期提升销量，还能长期促进品牌形象建设，增强消费者对品牌的认知和好感。然而，频繁或过度的促销可能会损害品牌形象，导致消费者对正常价格的敏感度降低，因此，零售企业需要谨慎制定促销策略，确保其与整体营销目标相一致。此外，随着数字化的发展，线上促销也变得越来越重要，其形式包括电子邮件营销、社交媒体广告、在线优惠券和虚拟折扣码等。这些数字工具为零售企业提供了更精准的目标市场定位和更广泛的客户覆盖能力，同时也为消费者提供了更加便捷的购物体验。总之，零售促销是零售企业与消费者之间沟通的重要桥梁，对于提升销售额、优化库存管理和增强品牌竞争力具有不可忽视的作用。

二、零售促销活动类型

零售促销活动丰富多彩，常见的有以下几种类型。

1. 会员制

会员制是指消费者通过支付一定额度的会费或年费，成为零售商店的会员，享受专属的价格优惠、折扣、积分累积、会员日特权等福利，主要目的是为了维护并增强消费者忠诚度，保持已有消费群体的稳定。

2. 折扣优惠制

折扣优惠制的目的在于开拓新顾客。商店在经营时，往往对消费者实行一定程度的价格优惠或货款折扣来招徕生意，主要形式如下。

(1) 供应商折扣：与供应商协商，获取成本价优势，进而让利给消费者。

(2) 优惠券：发放纸质或电子优惠券，消费者在购物时可使用，以享受折扣。

(3) 附赠商品：购买指定商品即赠送小礼品或小样，以增加消费者的购物乐趣。

(4) 联合折扣：与其他商家或品牌合作，共同推出优惠套餐或折扣活动。

3. 卖场促销

超级市场作为零售业的一个很重要的组成部分，其促销形式主要是卖场促销，包括店头促销、现场促销和展示促销三种。店头促销，是指在店铺入口或显眼位置设置促销广告，吸引消费者进店；现场促销，意味着销售人员直接在店内进行产品介绍、试吃试用等活动，促进销售；

展示促销则是通过精心设计的商品陈列与展示，提升商品吸引力。

4. 网络促销（加入网络促销的内容或活动）

随着互联网的发展，零售促销活动不再限于传统方式，而是紧跟时代步伐，充分利用互联网技术，创新促销手段，以满足消费者日益多元化的需求。网络促销成为零售促销不可或缺的销售手段，具体方式包括但不限于以下几种。

(1) 打折促销或特价促销：直接降价或设置特价商品，吸引消费者购买。

(2) 限时抢购：设定限时优惠时段，营造紧迫感，刺激消费欲望。

(3) 店铺优惠券或团购优惠：发放店铺专属优惠券，或组织团购活动，使消费者享受更低价格。

(4) 网上抽奖或联合促销：举办在线抽奖活动，或与知名IP、品牌进行跨界联合促销，增加消费者购物的趣味性和话题性。

(5) 预售：提前发布新品信息，接受预订，以定金锁定消费者，同时根据预订量调整生产，以降低库存风险。

(6) 直播带货：利用网红、KOL等直播带货方式，实时互动，直观展示商品，提升购买转化率。

(7) 社交媒体营销：通过微博、微信、抖音等社交媒体平台发布促销信息，利用社交裂变效应扩大宣传范围。

简要分析

问题一：结合材料，试分析唯品会的零售促销活动有哪些类型。

分析：

结合材料，唯品会的零售促销活动主要有以下六种类型：一是折扣优惠制，唯品会经常提供高达70%以上的折扣，吸引消费者前来购买；二是优惠券，唯品会经常推出新用户优惠券、节日优惠券、订单满额优惠券等；三是限时限量，唯品会以特卖限时限量的形式吸引消费者购买，从而增加销量；四是联合促销，通过在手机游戏内嵌入唯品会的广告、赞助热播电视剧和综艺等，与他方合作推广；五是团购，唯品会于2022年开始社区团购，引起消费者关注；六是会员制，唯品会VIP会员享有提前访问促销活动、免费退换货、专属客服等诸多优惠和特别服务。

问题二：谈谈从唯品会的多样化促销活动中，你学到了什么。

分析：

此题为开放题，结合材料与实际回答，言之有理即可。以下分析仅供参考。

从唯品会的多样化促销手段中，我们可以学到以下营销智慧。

首先，折扣是吸引消费者的直接方式。唯品会通过提供低于市场价的商品，吸引了大量对价格敏感的消费者，同时也提升了商品周转率。这能够让我们认识到，价格促销策略是影响消费者购买决策的重要因素之一。

其次，优惠券的使用不仅能够刺激消费者的购买欲望，还能提升消费者的黏性。唯品会经常发放各种类型的优惠券，如满减券、无门槛券等，这种"先送后卖"的策略，既提高了消费者的购物满意度,又促进了商品的销售。

再次,限时限量的促销方式,营造了一种紧迫感,激发了消费者的购买冲动,有利于推动商品的销售。此外,联合促销和团购活动,不仅可以扩大品牌影响力,还可以通过共享消费者资源,降低营销成本。唯品会与众多品牌进行合作,共同推出促销活动,既丰富了商品种类,又满足了消费者多元化的需求。

最后,建立会员制,也有助于提高消费者忠诚度,实现持续的销售增长。唯品会的 VIP 会员,可以享受更多的优惠和服务,这种差异化服务,使会员更愿意在平台上进行消费。

从唯品会的多样化促销活动中,可以知道:多样化的促销活动可以满足不同消费者的需求。如在价格敏感的消费者中,打折促销可能更具吸引力;而在追求品牌体验和独特性的消费者中,限时抢购等可能更具吸引力。因此,唯品会的多样化促销活动可以吸引更广泛的消费群体,进而提升销售额。

12.2 鸿星尔克的"爱心风暴"

材料

鸿星尔克成立于 2000 年 6 月,总部位于厦门。截至 2020 年,该公司已发展为集研发、生产、销售为一体、员工近 3 万人的大型服饰企业。

2021 年 7 月 21 日,在暴雨突袭河南后的一天时间里,社会各界人士、企业等立即采取救援行动,万众一心,驰援郑州。鸿星尔克官方微博发表声明向河南捐款 5000 万元物资以援助抗灾,而当时该公司盈利为负值。一时间鸿星尔克这一品牌受到了广泛关注,媒体和网民纷纷对相关事件发声,促使其成为舆论关注的焦点。

事件概述

2021 年 7 月 21 日,鸿星尔克官方微博宣布向河南捐赠 5000 万元物资。捐款第二日,有网友评论"感觉你都要倒闭了还捐这么多",引起网民共鸣,推动话题"鸿星尔克的微博好心酸"冲上微博热搜榜第一名,舆论迅速发酵。随后,7 月 24 日,鸿星尔克品牌官方旗舰店淘宝直播间销售额突破 1.07 亿元,总销量 64.5 万件,直播间观看人次近 3000 万;同时,其抖音直播间点赞量达 4.2 亿次,成为当时抖音直播的最高纪录,而鸿星尔克 3 个抖音直播间的累计销售额超过 1.3 亿元。不过,这期间也有人对其行为提出质疑,如有自媒体发表文章《捐了 20 万瓶冰露矿泉水的鸿星尔克,怎么捐出 5000 万物资?》,部分网友质疑鸿星尔克为外资公司等。但这一谣言很快被击破。此外,这一事件,还受到中央政府的关注。7 月 26 日,中央纪委国家监委网站发布评论称,鸿星尔克爆红是"善引发善的动人故事"。然而,短时间内大量订单的涌入,导致鸿星尔克公司系统崩溃,40 多款产品跟不上备货量的需求,各地的仓库已售空,主生产线已超负荷生产。

传播路径和趋势

拓尔思网察大数据平台监测显示,在监测区间内(2021 年 7 月 21 日 0 时—2021 年 7 月 30 日 12 时),全网共监测到 2 176 511 篇/条(含转发)相关信息。从传播渠道来看,微博、短视频和论坛平台是信息传播最主要的渠道,其中微博平台传播量最高,共计 1 605 707 篇/条,占比达 73.77%;其次是短视频平台,传播量为 181 717 篇/条,占比为 8.35%;第三的渠道则为论坛平台,传播量为 140 454 篇/条,占比 6.45%;其余平台共计 248 633 篇/条,占比 11.43%。

舆论观点

(1) 鸿星尔克的捐款行为值得肯定。

大多数的媒体和网民都对鸿星尔克捐款救灾这一行为表达了赞赏和肯定，认为从支持新疆棉再到现在的捐款救灾，该品牌可以说是国产品牌的骄傲，甚至又在其经营状况不佳的情况下依然捐出相当数额的物资，值得肯定。

《福建日报》刊发文章《为鸿星尔克"出圈"鼓掌》，其中提到鸿星尔克作为一家身处困境的泉州运动品牌企业，做出了向河南灾区捐赠5000万元物资的决定，展现了闽企的大爱情怀。正是这样一份情怀，感动了来自全国各地的网友，引发了广大网友爱国爱民、扶危济困、助人为乐的行为认同和情感共鸣。

(2) 对鸿星尔克的支持是国人对善良价值的坚守。

鸿星尔克捐款事件舆情发酵，热度飙升，这正是广大国人对善良价值的一种坚守，彰显了团结一心的力量。对鸿星尔克的支持，也彰显了中华民族几千年流传下来的崇德向善文化的重要内涵。

中央纪委国家监委网站刊发题为《鸿星尔克爆红：善引发善的动人故事》的评论表示，企业把大众"心疼"换来的流量与销量，转化为成长进步的动力，为社会贡献更多光与热；网友则汇聚温暖同时理性支持，更多的人与爱同行，为同舟共济付诸行动。鸿星尔克爆火引出的正能量还在源源不断地传递下去。

(3) 在用实际行动支持鸿星尔克的同时，应当理性消费。

许多民众为了支持鸿星尔克，表达了想要"野性消费"的意愿，并将其付诸实践，但这种野性消费也可能会带来负面影响，如导致系统中订单延迟、数据不准，发货能力跟不上服务需求；同时产品质量良莠不齐，也可能导致激情过后的大量退货和差评。对此部分网民和媒体认为，将对品牌的支持落到实际行动上的出发点是好的，但应当克制自身的情绪，根据自身需要进行理性消费，才能实现真正的双赢。

《人民日报》刊发评论《"鸿星尔克"爆红：爱如潮水奔涌，也要如静水流深》表示，爱如潮水，是为了浸润心灵而不是淹没理性。这是一种波涛汹涌的情感，更是一种静水流深的智慧。肯定一家企业的善举，也要看到更多爱的力量；激荡涌动爱心的源头活水，更要让温暖流淌到需要的地方。于企业来说，这是最佳的回馈；于国家民族而言，这是最好的福音。

(4) 拒绝网络暴力，反对冲击其他品牌直播间的乱象。

部分网民情绪高涨并对其他品牌直播间实施网络暴力的行为是不可取的，此类举动会伤害民众感情，甚至成为某些言论势力对品牌进行"捧杀"、破坏抗灾团结情绪的助力。应当杜绝此类行为，警惕将企业"神化""偶像化"。

敏感舆情

(1) 部分网民在其他品牌直播间出现过激行为。

一些网民在整体氛围的带动下，情绪过度高涨，在"野性消费"宣泄激情之余，跑到诸如阿迪达斯、李宁等其他鸿星尔克竞品品牌的直播间发布"逼捐"和涉及人身攻击的评论，导致部分主播情绪失常下播。这些举动不仅受到了大众声讨，也对鸿星尔克的品牌声誉造成了不良的影响。

(2) 鸿星尔克的实际捐款情况受到质疑。

2021年7月24日，有自媒体发表文章《捐了20万瓶冰露矿泉水的鸿星尔克，怎么捐出5000万物资？》，文中提到自从7月21日宣布要捐赠5000万的物资，到7月23日16点，通过公开可查的数据，鸿星尔克仅仅通过壹基金捐赠了 20 万瓶冰露矿泉水。同日，有网民质疑鸿星尔克为外资公司。次日，知名媒体人"理记"在微博就"鸿星尔克驰援河南"一事发文，提出对鸿星尔克捐款的质疑。

(3) 应谨防自媒体对事件进行曲解和误判，避免舆情升级。

浙江杭州、江西婺源、湖北黄冈等地旅游景区及湖南岳阳和平江的文化旅游部门纷纷宣布，穿"鸿星尔克"鞋可优惠甚至免费参观景区。有媒体和网民认为这一行为涉嫌对另一部分没穿鸿星尔克服饰及鞋子的游客的歧视，违背了平等对待消费者这一准则，尤其是这些景区多为官方单位或机构，不利于市场公平。

舆情研判

(1) 鸿星尔克对敏感舆情做出的回应十分及时和恰当。

从 2021 年 7 月 22 日相关话题登上微博热搜以来，鸿星尔克官方对于敏感舆情的处理非常迅速得当。针对网民的"野性消费"，鸿星尔克董事长吴荣照多次发声表达对网友支持的感谢，同时也呼吁网民要理性消费，避免对其他国货品牌造成困扰。而就其捐款问题的质疑，鸿星尔克官方也在第一时间联合相关基金机构发布了详细的物资捐赠说明，可以说是为相关部门和单位提供了教科书式的示范。

(2) 主流媒体应及时针对舆情发布文章进行疏导和澄清。

除了品牌自身的合理应对，主流媒体也应当做好引导舆论走势的工作，发现热点舆情迅速进行线上或实地的调查和信息梳理，及时发表评论性文章对事件进行定性，传播主流价值取向，促使舆情稳定。比如，在本次事件相关话题中，《人民日报》和新华社的《半月谈》等对舆情的响应引导就很及时，《光明日报》也及时对"旅游景区对穿着鸿星尔克人群优惠或免费"事件做出了评论。

(3) 鸿星尔克应当抓住机会，做好产品的生产和推广工作。

本次事件极大地带动了鸿星尔克的销量，但热度过后，野性回归理性，最终还是要拿产品说话。而目前鸿星尔克的产品除了奇弹 2.0 跑鞋能给大众留下印象，其他产品不论是质量还是设计都只能说乏善可陈。同为国产品牌，李宁、安踏的设计理念就比较能给消费者留下印象，产品体系也更加完善；匹克和 361° 则有自己独特的当家科技。鸿星尔克应该抓住这次机会，跟河南元素做联名产品，改善产品设计理念，找准目标定位，完成从"品牌"到"产品"的过渡。

(4) 相关部门应对直播间发布的信息进行更严格的监测和限制。

该事件中部分网民对其他品牌直播间主播进行网暴，其实类似的事件已屡见不鲜，要想避免此类事件发生，既需要网民自省，也更需要相关部门进行严格管理。不论是主播还是网民，都需要及时对其发布的内容进行监测，在关键节点开展管控，以维护网络直播间环境。

资料来源：(微信公众号)拓尔思小察.

案例使用说明

一、教学目的

本案例通过对鸿星尔克捐款事件与舆情分析及其公共关系的介绍，希望达到以下教学目的：

(1) 掌握零售公共关系的定义；
(2) 掌握零售公共关系的特点；
(3) 了解零售公共关系的常见形式。

二、涉及知识点

本案例主要涉及零售公共关系等知识点。

三、课程思政

本案例通过介绍鸿星尔克面对"爱心风暴"处理得当的公共关系，引出零售业中公共关系理论知识，通过大获裨益的公共事件，帮助学生树立正确的价值观，维护社会的和谐与稳定，引导学生思考作为新时代青年的责任与使命，培养有责任有担当的时代精神，使其成为一个有担当、善良且理性的人，用自己的行动传递温暖与爱。

思考题

1. 谈谈材料中鸿星尔克的哪些公共关系处理得当。
2. 其他企业可以从鸿星尔克的舆情应对中吸取哪些经验和教训？

理论解读

零售公共关系是指零售企业通过大众传播媒介发表的能吸引公众注意力的服务或公益信息，以提升零售企业形象，获得消费者好感与信赖的一系列活动。它不需要为媒体付费，可以针对大众，也可以针对个人。其目标在于通过提高零售企业的知名度，在社会公众中树立良好形象，进而赢得消费者青睐，为确立竞争优势打下基础；同时，协调好企业内部上下级、员工之间的关系，为企业的顺利经营创造和谐、融洽的内部环境，最终获得更好的竞争优势。

零售企业的公共关系形式多样，包括但不限于出版物、事件、新闻报道、演说、提供电话服务及媒体识别等，可划分为预期型、意外型、形象增强型或形象减损型。预期型公共关系是指零售企业事先做好活动策划，并努力促使媒体做出有益的报道；意外型公共关系是指媒体在零售企业事先未曾注意的情况下报道其表现；形象增强型公共关系是指媒体用赞赏的口吻来报道零售企业所做的零售活动，增强零售企业在社会公众中的良好形象；而形象减损型公共关系是指媒体用批评的口吻来报道零售企业行为，造成企业形象受损。

越来越多的零售企业在组织结构中设置专门的公共宣传部门来处理零售企业与公众的关系，及时向公众传播零售卖场的相关信息，并通过与公众的交流沟通，及时排解销售纠纷。同时，借助各种公共关系活动，零售企业能够提高其在公众中的知名度，树立良好的企业形象，增强投资者的信心。

与其他的促销方式相比，零售公共关系的主要优点是：详细报道宣传的信息；传播的信息可信度高；不需要付费，节省零售广告成本；进一步扩大零售企业知名度；能触及更广泛的受众；公众的留意程度高。其不足之处表现在：短期内活动效果不明显，零售企业的控制能力弱，属于企业刻意策划的公关活动仍然会产生一定的费用。

简要分析

问题一：谈谈材料中鸿星尔克的哪些公共关系处理得当。

分析：

结合材料分析，鸿星尔克公共关系处理得当的表现在于以下几点。

首先，当郑州发生暴雨后，鸿星尔克在自身经营状况不佳的情况下，低调地捐赠了 5000 万元的物资。同时，捐款后鸿星尔克并没有像其他企业一样大肆渲染，其热度还是由网友们推上去的。对于其捐款问题的质疑，鸿星尔克官方也在第一时间联合相关基金机构发布了详细的物资捐赠说明，为相关部门和单位提供了教科书式的示范。

其次，面对网友的"野性消费"，甚至是跑到诸如阿迪达斯、李宁等其他鸿星尔克竞品品牌的直播间里发布"逼捐"和涉及人身攻击的评论，鸿星尔克董事长吴荣照多次发声表达对网友支持的感谢，同时也呼吁网友要理性消费，避免对其他品牌造成困扰。

最后，面对突如其来的巨量订单，鸿星尔克也及时发布紧急通知：由于近期订单大量涌入，导致公司系统崩溃，40 多款产品跟不上备货量的需求，各地的仓库已售空，主生产线已超负荷生产。从而使消费者及时了解鸿星尔克目前的状况，及时转变自己的消费心理，不盲目跟风、理性消费，实现消费者与企业的共赢。

问题二：其他企业可以从鸿星尔克的舆情应对中吸取哪些经验和教训？

分析：

此题为开放题，结合材料与实际言之有理即可，以下仅供参考。

其他企业可以从鸿星尔克的舆情应对中吸取不少经验和教训。

就经验方面而言，鸿星尔克反应迅速，面对舆情能及时回应公众关切的问题，如针对捐款质疑迅速联合相关机构发布详细说明，这告诉企业要建立高效的舆情监测和响应机制；同时，其董事长态度真诚，多次发声既表达感谢又呼吁理性消费，让企业明白应对舆情要保持真诚；鸿星尔克的善举不仅传递了正能量，获得了认可，也提示其他企业应注重树立积极正面形象，传递符合社会价值观的信息。

就教训方面而言，鸿星尔克大量订单涌入导致系统崩溃和备货不足，启示其他企业应提前对突发情况做好充分规划，包括提升产能、优化供应链；"野性消费"虽带来短期销量增长但也可能有后续问题，企业要适当引导理性消费，保障长期品牌形象和消费者体验；鸿星尔克热度过后产品缺乏特色和竞争力凸显，启示企业平时应注重品牌建设，打造核心竞争力，不能依赖短期事件；部分网民在其他品牌直播间的过激行为影响了鸿星尔克的声誉，启示企业要注意引导消费者文明表达，避免网络暴力和不良竞争；鸿星尔克还需思考如何将短期舆情热度转化为长期品牌价值，并应制定长期舆情管理策略，着眼长远发展。

12.3 零食很忙："狂飙式"营销

材料

随着人们生活水平的提高，零食在日常消费中的需求不断增加，尤其是年轻人已将零食纳入日常生活。新兴的消费群体和消费观念为零食集合店这一创新业态提供了巨大机会，也预示着中国的量贩零食市场将迎来高速发展期。艾媒咨询数据显示，2023年中国零食集合店市场规模已达809亿元，预计在2025年有望达到1239亿元。

零食很忙，一家十分年轻、专注线下的零食连锁企业，于2017年在湖南长沙起步。在这个市场高速增长的大背景下，凭借门店精细化运营和更扁平的渠道层级，零食很忙成功把握住了消费者对平价、高品质、多品类零食的日益增长的需求。截至2024年，仅短短七年时间，其门店数量已经突破5000家，成为零食连锁行业的领先品牌。

有效营销的第一要义是令人印象深刻。零食很忙的品牌形象建构把对消费者的感官"冲击力"摆在了最前边。与传统印象中的零食门店不同，诞生于网红城市长沙的零食很忙自带网红属性。以零食很忙为代表的量贩零食品牌的一大发展特点，就是擅长"造势"、深谙符号化传播。

返璞归真，零食很忙的确回归了品牌营销的"第一性原理"：做好与消费者的每一处连接。在这个思路下，除了品牌基础VI（Visual Identity，视觉识别），"好玩"也是一个非常重要的变量。不仅是门店端的创新，零食很忙还把限定、快闪、造节的营销手段玩明白了，种种组合拳，深度与广度并进，堪称"狂飙式营销"。

2023年10月11日，零食很忙于武汉楚河汉街屈原广场举办重点IP"2023零食狂欢节"，打造零售营销新场景。古韵的汉街，被明黄的品牌主色调装饰得格外亮眼，现场还开出一家1∶1的零食很忙快闪店。当晚，零食很忙品牌代言人张艺兴也惊喜亮相现场，与粉丝、消费者进行了近距离互动，现场人气火爆。本次活动不仅是一次品牌线下活动，更通过线下活动+线上直播联动的形式为全国门店带来切实的客流和销量。活动当天，零食很忙联合抖音生活服务，通过官方直播推出一系列代金券、零食买一送一活动，供消费者在直播间购买后，前往各线下门店进行核销。

特色的"明星巡店"等丰富活动创设零食营销新场景，打通了流量转化的任督二脉，让打卡消费成为线下主流。作为新秀品牌，零食很忙自己总结的经验是"以品牌赋能场景，以场景驱动消费"。从狂飙式营销的零食很忙身上，新品牌可以知道：想要迅速崭露头角，即撬动注意力杠杆，应在与消费者的接触中以自身特色夯实品牌心智。

此外，量贩模式的另一新颖之处在于"大牌引流，白牌赚钱"的盈利模式。以零食很忙来看，一瓶怡宝（555毫升）1.2元，一瓶可乐（500毫升）2.4元，一罐王老吉（310毫升）2.8元……"不挣钱"的大牌产品背后，是更多"白牌"产品以更高的毛利率在支撑品牌发展。顾名思义，白牌零食就是鲜为人知的品牌。这些曾经不会被消费者主动关注的"无名之辈"，却在量贩零食店找到了存在感。通过场景形成的"渠道力"来补充白牌食品所缺失的"品牌力"，这部分的价格差异形成了利润空间。品牌营销的转化作用也就此显现。而当消费者徜徉在线下的购物"场"中，便也会不自觉地多买一些。对散称的白牌食品，社交平台经常有网友发帖，"走进零食店不知不觉就买了大几十块钱的东西。"可以说，零食很忙吃透了消费心理，并将其渗透到消费者的决策环节，使其散称类产品占比达到40%，降低了购买负担，容易促成"临时性决策"。

在零食市场高速发展的背景下，零食很忙通过"狂飙式营销"、薄利多销等促销理念，以及高效供应链的构建，成功地在休闲零食行业站稳了脚跟。相信未来，零食很忙将继续通过供应链的不断优化，更好地满足消费者日益增长的需求。零食很忙的成功经验为其他零食品牌提供了可借鉴的经验，也为中国零食行业的可持续发展指明了一条可行的道路。

资料来源：零食很忙、百度、腾讯网、每日食品网。

案例使用说明

一、教学目的

本案例通过对零食很忙营销活动的介绍,希望达到以下教学目的:
(1)掌握销售促进的定义和方式;
(2)了解促销组合因素;
(3)明确零售促销的各种不同方式的定义、优缺点,能对营销活动提出建议和意见。

二、涉及知识点

本案例主要涉及销售促进等知识点。

三、课程思政

本案例通过对零食很忙营销活动的介绍,揭示了零售促销中销售促进的相关理论知识,让学生意识到敏锐洞察市场趋势和抓住机遇的重要性,培养学生敢于突破传统、发挥创造力的精神,加深学生理解并自觉实践职业精神和职业规范,增强职业责任感的同时,引导学生树立正确的价值观,鼓励学生增强综合素质,为未来的发展做好准备。

思考题

1. 结合材料与现实生活,分析在零食很忙的"大牌引流,白牌赚钱"模式中,应如何平衡大牌产品和白牌产品的促销力度,以达到最佳盈利效果。
2. 面对消费者需求和市场竞争的变化,零食很忙未来应如何创新零售促销策略?

理论解读

美国市场营销协会对销售促进的定义是:除人员推销、广告和宣传报道以外的,刺激消费者购买和促进经销商效益的各种市场营销活动。比如,陈列、演出展览会、示范表演以及其他非经常发生的推销活动。零售商的销售促进是指零售商针对最终消费者所采取的除广告、公共关系和人员推销以外的,能够刺激需求、激励购买、扩大销售的各种短暂性促销措施。销售促进一般用于暂时的和额外的促销活动,是为了促进消费者立即购买、提高某一时期的营业额或某种商品销售额的特殊促销。

销售促进的特点:一是引人注目,吸引力强,在销售中能产生更快和更多可衡量的反应;二是形式多样,增强消费者的购买兴趣;三是吸引大批消费者,增加商店的客流量,促进其他商品销售;四是效果短暂,常常吸引品牌转换者,并不能产生新的忠诚消费者。

简要分析

问题一:结合材料与现实生活,分析在零食很忙的"大牌引流,白牌赚钱"模式中,应如何平衡大牌产品和白牌产品的促销力度,以达到最佳盈利效果。

分析：

在零食很忙的"大牌引流，白牌赚钱"模式中，要平衡大牌和白牌产品的促销力度，以达到最佳盈利效果，可以从以下几个方面进行考虑。

(1) 结合材料来看。从分析大牌产品的市场知名度和消费者忠诚度入手。对于知名度高、消费者忠诚度强的大牌产品，可以适度控制促销力度，如减少折扣幅度或降低促销频率。但仍要通过定期的小幅促销活动来吸引消费者进店。对于白牌产品，根据其成本和利润空间，制定更灵活的促销策略。比如，在新品上市时加大促销力度，提高消费者的尝试意愿。同时，观察消费者对不同促销力度的反应。如果大牌产品的促销力度减小后，客流量没有明显减少，那么可以继续维持或进一步减小促销力度。

(2) 结合现实生活。首先，考虑市场竞争情况。如果周边竞争对手对大牌产品有较大的促销力度，那么零食很忙可能需要适当提高大牌产品的促销力度，以保持竞争力。其次，根据不同时间段的消费需求调整。在节假日或消费旺季，适当加大白牌产品的促销力度，促进销量增长；而在平时，可以侧重于大牌产品的常规促销。再次，利用大数据分析消费者的购买行为和偏好。针对经常购买大牌产品的消费者，推送白牌产品的促销信息，引导他们尝试购买；对于对白牌产品感兴趣的消费者，提供更多的优惠和购买激励。最后，还可以通过组合促销的方式，如购买一定金额的大牌产品，赠送白牌产品的优惠券或小样，来促进白牌产品的销售。

总之，要达到最佳盈利效果，需要不断根据市场变化、竞争态势和消费者行为来动态调整大牌和白牌产品的促销力度。

问题二：面对消费者需求和市场竞争的变化，零食很忙未来应如何创新零售促销策略？

分析：

面对消费者需求和市场竞争的变化，零食很忙未来可以通过多种方式创新零售促销策略。下面从三个角度展开，即消费者需求角度、市场竞争角度和综合角度。

(1) 从消费者需求的角度，利用大数据和人工智能技术实现个性化促销，为消费者提供专属优惠券和符合其口味的新品折扣。例如，针对消费者对健康食品的关注，开展健康主题促销，推出低糖、低卡、无添加等健康零食的促销活动，购买达一定金额赠送小礼品或健康饮食指南；举办零食品尝活动，进行体验式促销，增强消费者对产品的直观感受和购买欲望；同时，鼓励消费者在社交媒体分享购物体验的社交互动促销，给予分享者积分或优惠券奖励。

(2) 从应对市场竞争角度，进行跨界合作促销，与热门IP合作推出联名款零食并开展限量版产品促销活动，吸引不同领域消费者；进一步完善会员制度，推出会员专属促销，为会员提供独家的折扣日、生日优惠、积分加倍等特殊权益；不定期开展限时抢购促销，制造紧迫感；根据不同地区消费特点和文化差异，推出区域特色促销，举办地方风味零食节等。

(3) 从综合角度，还可以开发线上小游戏进行游戏化促销，消费者在游戏中获得的奖励可用于线下购物折扣；倡导绿色环保促销，对自带购物袋或参与环保活动的消费者给予优惠；利用直播平台开展直播带货促销，由主播介绍推荐产品并提供限时优惠和抽奖；将部分销售额捐赠给公益事业的公益关联促销，以提升消费者购买意愿和品牌好感度。

育人元素

本章介绍了零售促销的相关基础理论知识与案例,注重培养学生"敢闯会创"的思维意识,让学生在亲身参与中增强创新精神、创造意识和创业能力。同时,引导学生主动适应国家数字化发展的新形势,使学生深刻认识到数字化时代零售促销策略的变化;通过使学生深入了解现阶段零售领域的发展现状与成效,厚植其爱国情怀,坚定道路自信。此外,鼓励学生关注社会,深入了解市场需求和行业形势,不断提升自身职业素养和能力,培养职业精神和规范意识,为未来步入职场,投身零售促销及相关行业做好充分准备。

第13章 零售服务

13.1 胖东来：打造极致零售服务体验

材料

胖东来，全称为许昌市胖东来商贸集团有限公司，于1997年9月在河南省许昌市成立，是河南省"四方联采"成员之一。其经营范围包括预包装食品兼散装食品、特殊食品销售（保健品、特殊医用配方食品）、乳制品（含婴幼儿配方乳粉）、肉制品、日常杂货用品、化妆品、服装鞋帽等。

1995年9月，胖东来的前身——望月楼胖子店，做出"用真品换真心"的承诺。1999年5月，胖东来综合量贩开业，第一次把"量贩"这种业态引入许昌；9月，其名牌服饰量贩开业，推出"免费干洗、熨烫、缝边"等超值服务项目；11月，其7个连锁店同时做出"不满意就退货"的承诺。至此，构成胖东来承诺的全部内容，即"用真品换真心，不满意就退货"。但胖东来的零售服务理念绝不止于此。2011年4月，为了提升服务，胖东来推出"做顾客的好参谋"服务制度，即禁止强拉强卖，一切为了顾客的利益，站在顾客的立场上考虑，为顾客提供其真正需要的商品；5月，胖东来开始执行《客诉补偿标准》，使商品质量、顾客服务有了更高、更清晰的执行标准。2014年，胖东来董事长于东来提出"用爱来做事业和工作，创造爱、分享爱、传播爱"的理念。

历经多年浮沉，胖东来拥有了渗透至门店各个环节的细致服务，这也成为胖东来核心竞争力的部分体现，包括友情提示、体验式消费、蔬果折价区、顾客投诉建议渠道、500元服务投诉奖、客诉展板、电梯等待屏、中西方文化墙、各类商品发展史等35个极致服务。那么，胖东来是如何为顾客打造极致零售服务体验的呢？

细节见真情

购物前，胖东来通过提供动物寄存处为养宠物的客群提供便利，并根据顾客的意见不断地升级更新狗笼，从加装防风套到专门定制，以避免他人随意挑逗宠物造成潜在危害。在其他细节方面，胖东来还提供了可伸缩的自行车雨棚、存车区配备打气泵、设置冰桶为车座降温等。购物中，胖东来根据不同客群需求，提供不同款式、不同功能的购物车与购物篮，打造个性化服务体验，如针对视力退化的老年人，在超市货架上配备放大镜，而针对宝妈，则开辟专业的母婴室。此外，胖东来还提供冻品手套、一次性手套、免费烫衣服、免费煎中药等一系列的服务细节，让顾客在各个角落都能感受到方便与用心。购物后，胖东来做出"不满意就退货"的承诺，无论顾客对商品有什么问题都第一时间安排人一对一处理，这样快速的反应能力让顾客在胖东来买得安全放心，极大增加了对胖东来的信任感。同时，胖东来还设置了专门的意见台，通过留言簿的形式，倾听顾客的意见，持续地精进自己的服务与落地体验，与顾客形成良好的正反馈。

拥有满足顾客需求的商品

胖东来研究年轻人的消费习性，将商品结构设置为 50％满足日常民生消费的功能性、丰富性需求，另外 50％满足追求个性高端潮流的需求。这样既有快手、小红书推荐的网红潮流，也有 2000 多元的戴森吹风机，从商品结构、功能方面满足不同层次顾客的需求。同时，胖东来做商品的专家，深挖商品，把商品的功能性发挥到极致。它通过提供 83 个单品的沐浴露系列与对肉类进行上百种分割等手段，满足不同顾客的需求，进一步提升产品整体毛利率。此外，胖东来凭借其高品质和优质品牌，得到了顾客的信任，即使商品价格相较于其他超市较高，顾客也愿意为其买单。且胖东来和一些超市做自有品牌是为了"毛利"这一功利心不同的是，其自有品牌更注重质量。顾客在排队购买胖东来自有品牌的水饺时，会经常听到其员工自豪地说："这个水饺东来哥在家经常吃。"

有温度的员工

"三个一、三个心"是胖东来秉持的服务理念，即一个微笑，一句问候，一杯水；以客户需求为中心，微笑发自内心，沟通保持真心。在胖东来的门店里，随处可见面带微笑的员工，他们始终以真诚的态度迎接每位顾客，牢记三心，即"耐心、细心、用心"，以提供周到的服务，让顾客在购物过程中感到舒适和愉悦。同时，员工具备丰富的商品知识和服务技能，当顾客提出疑问时，能够准确耐心地向顾客讲解商品，为顾客提供专业建议和帮助，甚至亲自示范，让顾客充分了解商品。比如，在电器区，员工会详细介绍各种电器的功能和使用方法，让顾客能做出最适合自己的选择。此外，员工之间相互协作，共同为顾客提供优质的服务，营造出良好的购物氛围。

良好购物环境氛围

胖东来生活广场店地处老城区，以前以中老年顾客为主，为了吸引更多年轻人进店，提升门店全客层的服务能力，不仅增加了年轻人喜爱的商品，还专门请"90 后"企划人员站在年轻人的角度进行设计和陈列。同时，它还非常注重门店的环境和氛围营造，不仅提供宽敞明亮的购物空间，还通过精心设计的陈列和装饰，营造出一种舒适、愉悦的购物氛围。这种氛围让顾客在购物的过程中感受到愉悦和满足，进一步增强了顾客的忠诚度和黏性。

综上，胖东来自开业以来，用"爱"贯穿始终，从最初的"用真品换真心"，到"创造爱、分享爱、传播爱"，再到"以人为本，爱在胖东来"。零售业是一个既实在又充满温度的行业，胖东来所呈现出的实在与细节，所呈现出的员工与顾客的愉悦状态，是零售业的核心价值与灵魂。

资料来源：搜狐、百家号、百度百科、知乎.

案例使用说明

一、教学目的

本案例通过对胖东来所打造的极致零售服务体验的介绍，希望达到以下教学目的：

(1) 了解以顾客为中心的服务理念；

(2) 了解常见的顾客服务项目；

(3) 了解零售服务的概念及其重要性和意义。

二、涉及知识点

本案例主要涉及零售服务等知识点。

三、课程思政

本案例通过介绍胖东来所打造的极致零售服务体验，启发学生在零售服务中创新服务模式，激发学生探究的兴趣，引导学生意识到以人为本的服务理念在零售业中的重要性，以增加课程的知识性与人文性，增强学生综合素质，提高解决问题的能力，培育学生经世济民、诚信服务、德法兼修的职业素养。

思考题

1. 结合材料，试分析胖东来为顾客打造极致零售服务体验的途径。
2. 结合案例，谈谈数字化时代实体店应如何获得更好的发展生机。

理论解读

零售服务，也称顾客服务，是指零售商为顾客提供的、与其基本商品相连的、旨在增加顾客购物价值并从中获益的一系列无形活动。常见的顾客服务项目包括：咨询服务，导购服务，金融服务，配送货服务，处理顾客意见，培训服务，安装维修服务，退换货服务，包装服务，以旧换新服务，寄存服务，服装修改、干洗、定做服务和其他一系列服务。这些服务项目的具体内容如下。

(1) 咨询服务，即零售商向顾客提供有关商品信息或各种资料，以便顾客进行决策参考或掌握某种商品的有关知识，如为顾客准备商品信息宣传册等。

(2) 导购服务，即在店内设有导购员，当顾客上门时，对顾客致以亲切的问候，并为顾客介绍商品、解答问题、包装商品等。

(3) 金融服务，即为了方便顾客购物及进行大金额的交易，零售商普遍会提供包括银行卡付款结算、分期付款服务、赊销等金融服务。

(4) 配送货服务，是零售服务中极为重要的一项服务项目，尤其对于体积大、较笨重的商品，如家具、电视、冰箱等。

(5) 处理顾客意见。顾客可能会在购物后产生一些不愉快的购物体验，导致其投诉零售商。这时就需要通过零售商所建立的规范的顾客投诉处理程序，对顾客投诉进行分析，查明原因，进行整改，防止类似现象再次发生，以保持零售商信誉。

(6) 培训服务，是指对顾客进行培训，使其正确有效地使用所购买的产品。

(7) 安装维修服务。对于一些技术性要求较高的产品，一般会提供上门免费安装服务，如空调、计算机等。维修服务则是指在一定时期内，零售商给予顾客免费维修所购买商品的保证。

(8) 退换货服务，是指当顾客买到的商品不合心意、货不适用时，为他们提供的一种服务。

(9) 包装服务，即为顾客所购买的商品予以妥善包装。

(10) 以旧换新服务，是指通过为顾客提供用难以弃置的旧物换购其希望购买新商品，来吸引顾客的一种服务。

(11) 寄存服务。许多商店会设置一些储物柜以寄存商品。同样，也有购物中心设置幼儿游乐室，以帮助顾客暂时照顾小孩等。甚至，有些购物中心还设置了动物寄存处，以方便顾客进行购物。

(12)服装修改、干洗、定做服务。有些服装在出售时可能某些部位不适合顾客要求，因而出售服装的商店常常安排专人为顾客免费修改这些服装。同时，还有些商店为顾客提供服装定做或干洗服务。

(13)其他服务。零售商常设的服务项目还有购物袋、婴儿车、母婴室、免费停车场、自动取款机等。

简要分析

问题一：结合材料，试分析胖东来为顾客打造极致零售服务体验的途径。

分析：

结合材料，胖东来为顾客打造极致零售服务体验的途径主要有以下几种。

(1)每个环节都注重服务细节。从购物前的动物寄存处、自行车雨棚、存车区打气泵，到购物中的放大镜、母婴室、冻品手套等，再到购物后的不满意就退货、意见台，胖东来在每个环节都注重细节，为顾客提供方便与用心的服务。

(2)满足不同顾客需求。胖东来研究年轻人的消费习性，将商品结构设置为50%满足日常民生消费的功能性、丰富性需求，另外50%满足追求个性高端潮流的需求。这样既有网红潮流商品，也有高品质商品，同时深挖商品，把商品的功能性发挥到极致。此外，胖东来的自有品牌更注重质量，得到了顾客的信任。

(3)培养有温度的员工。胖东来秉持"三个一、三个心"的服务理念，要求员工以真诚的态度和专业的知识为顾客提供服务，营造良好的购物氛围。

(4)营造舒适购物环境氛围。胖东来生活广场店通过增加年轻人喜爱的商品、请"90后"企划人员进行设计和陈列，以及注重环境和氛围营造，吸引更多年轻人进店，提升门店全客层的服务能力。

综上，胖东来始终秉持以人为本的核心理念，为顾客提供优质服务，进而在零售业中做到"出圈"又"出彩"。

问题二：结合案例，谈谈数字化时代实体店应如何获得更好的发展生机。

分析：

此题为开放题，结合材料与实际进行分析，言之有理即可，以下分析仅供参考。

当下，经常有实体零售人哀叹生意是越来越难做了，并且在分析生意难做的原因时，不约而同地把矛头指向了电商，认为都是电商惹的祸。然而，实体店也具备电商所不能拥有的优势，即体验式消费。可实体店经营者往往把"体验"绝对化，认为"体验"就是"吃吃饭、看看电影"，并在经营中围绕这个目标进行招商和调整，"百货购物中心化和购物中心百货化"的趋势愈加明显。现实的经营成果让实体零售人颇为尴尬，即便是引进了"饭店、电影院"，其他零售品牌的业绩也没有因此而得到显著提升。更为糟糕的是，一旦这些"饭店、电影院"关门打烊，会使商场进入更加冷清的恶性循环。

因此，实体零售人要回归零售本质，做好商品经营，不能把"租赁业务"作为自己的核心主业。同时,结合上述材料可知,作为以服务制胜的典范"胖东来"的成功故事证明,实体店是有生存机会的。以物有所值的商品为基础,提供"更加有温度的服务",并利用"服务利润链"的概念,将盈利能力、顾客忠诚度、员工满意度与生产力联系起来,以内部高质量的服务带动产生满意、忠诚的员工。员工再通过对外输出高质量的服务,为顾客提供较大的服务价值,而接受服务的顾客由于满意而保持忠诚,忠诚的顾客就会进一步为企业带来健康的服务利润。

可见,顾客是根,服务是本。在数字化时代,在电商的冲击与同质化竞争激烈的当下,顾客对实体店的服务提出了更高的期望。实体店只有从顾客出发,在销售的每个环节和细节都将心比心,通过提供更有温度、更有价值的服务才能留住顾客的心。服务是无形的软实力,是零售行业不断进取的动力,更是零售的本质与未来。

13.2 Costco 客户关系管理

材料

材料(一)

2019 年 8 月 27 日,美国最大的连锁会员制仓储超市 Costco 登陆上海,开出中国大陆的首家门店。令人惊讶的是,开业仅半日,Costco 官网就被迫发布通知称,因卖场人潮拥塞,为提供更好的购物体验,将暂停营业。在传统商超饱受煎熬,家乐福、麦德龙中国业务步履艰难之际,Costco 这个新亮相的巨头如此受追捧,背后隐藏的"消费密码"令人深思。

开业首日门店被挤爆

2019 年 8 月 27 日上午 8 点半,Costco 中国大陆首店开门迎客。蜂拥而入的消费者迅速挤满了多处货架,Costco 的明星产品烤鸡、迷你可颂、纸杯蛋糕等迅速告罄。有人成箱成箱地购买洗衣液,有人一口气买下 20 瓶售价为 2559.9 元的限量威士忌,茅台酒、大牌箱包等高价商品也很快被抢空。开业 1 小时后,22 个收银台已经全部排满顾客,等待时间至少 30 分钟。

与国内常见的超市大卖场不同,Costco 门店的陈设更像家居卖场宜家的仓储区,一箱箱商品堆满了高高的货架,就连购物车的体积都大出普通超市购物车一倍。据了解,大陆首家 Costco 位于上海市闵行区,占地总面积达 2 万平方米,购物面积达 1.4 万平方米,采用美国 Costco 标准规格的一层楼面,拥有 27 个大品类、近 4000 个品种的商品。

开业首日的人流爆棚,与 Costco 的品牌知名度和开业商品折扣力度不无关系。据 Costco 官方透露,Costco 非食品类的百货商品价格低于市场价 30%~60%,食品类的则低于市场价 10%~20%。开业期间卖场优惠商品覆盖家用电器、生鲜美食、日用品、出行装备等 60 种商品。比如,一台夏普 45 英寸电视,Costco 售价 1755.9 元,同型号产品在夏普天猫旗舰店的到手价为 1899 元;飞天茅台 1 瓶 1498 元,比官方指导零售价还便宜 1 元;一箱 24 瓶 300 毫升装的可口可乐,Costco 售价 44.9 元,天猫超市售价 48 元。

先交 299 元再进店购物

"在金山公司的时候,高管们去美国出差,大家都会去 Costco,里面的东西又便宜,品质又好。"小米创始人雷军无疑是 Costco 的超级粉丝。他曾在公开演讲中多次提到要向 Costco

学习:"互联网思维的本质是把事情做到极致。Costco 可以在把商品毛利压缩到 1%~14%的情况下仍活得很好,它虽是传统行业,却是一种全新的思考。"

作为美国第二大零售商、全球第七大零售商,以及美国第一大连锁会员制仓储式超市,Costco 在全世界拥有超过 700 家门店,遍布南北美洲、欧洲与亚洲。Costco 最新财报显示,2019 财年第三财季营业收入为 347.4 亿美元,同比增长 7.4%,实现连续 15 个财年的增长,净利润为 9.06 亿美元,大致与会员营业收入一致,这意味着以低价取胜的 Costco,其盈利主要依靠会员制收入。

与国内超市运营方式不同,Costco 并不向后台供应商收取通道费,也不赚取商品前台进销差价,它的主要运营重点在于以高性价比、自有品牌和精选商品策略来吸引消费者加入会员,以获得高忠诚度。截至 2018 年,Costco 的付费会员总数达到 5160 万人,全球会员续费率为 88%。

Costco 在上海曾提前发售过 199 元/年的会员卡,由此积累了数万名会员,自首店开业当日起已恢复到正常价,即 299 元/年。

会员制或再遇水土不服?

"一旦去过 Costco 两次,就再也离不开 Costco 了。"这是很多美国消费者的玩笑话。对好奇探访的中国消费者来说,100 多美元的新秀丽定制版旅行箱、200 多美元的戴森吸尘器、20 多美元的 CK 品牌 T 恤衫等无疑极具诱惑力。但这些定制版大牌商品进入中国,依然会面临高关税,价格也不会太亲民。

北京商业经济学会副会长赖阳认为,按照中国现有的关税体系,Costco 未必能继续维持在美国那样明显的价格优势。

此前,会员制超市模式在中国已经屡屡遭遇水土不服。有记者了解到,付费会员模式最开始由沃尔玛旗下的山姆会员店于 1996 年带入中国,同期进入的还有麦德龙、普尔斯马特、万客隆等,但他们在后续发展中都经历了挫折,或取消付费会员制,或退出中国市场。目前只有山姆会员店仍在坚持付费会员制,会员费最低为 260 元/年。

"美国人口居住较分散,送货到家成本很高,对于美国消费者来说,周末去郊区大规模一站式购物是刚需。但这并非国内消费者的主流生活方式。"赖阳分析,目前国内网上购物十分方便,包括跨境购买特色进口商品,大卖场、大超市等业态不容乐观。"互联网使得商业流通体系发生革命性变化,并随之带来传统价格体系的崩溃。国内本土零售商,如大润发、家乐福、永辉等也在积极寻求融合转型,Costco 选择在此时进入中国,面临巨大挑战。"

此外,地理位置选址较偏僻和国外消费习惯也让 Costco 的生鲜占比相对较低。根据公司公告,Costco 在 2005 年生鲜占比为 11%,2018 年生鲜占比也仅为 14%。这种产品结构对于偏爱奶类肉类、以冷食消费为主的美国消费者顺理成章,但能否被以热食消费为主、习惯日常生鲜采买的中国消费者长期接受也是个问题。

资料来源:百度.

材料(二)

Costco 的会员制

Costco 是第一大会员制连锁仓储式零售商。1976 年起源于美国加利福尼亚州圣地亚哥的 Price Club,七年后在华盛顿州西雅图市发展成立 Costco。通过将近十几年的成功运营和发展,两家公司于 1993 年 10 月合并为 Price Costco,并于 1998 年 7 月正式更名为 Costco 股份有限公司（Costco Wholesale）。2023 年，Costco 已在全球 14 个国家/地区拥有超过 850 家卖场，为全球逾 1.2 亿个会员提供优质服务。毫无疑问，Costco 是仓储式零售商的先驱者。

目前，Costco 已发展为全球第三大零售商（仅次于沃尔玛与亚马逊）。Costco 拥有其独特的商业模式，包括：最优惠的价格和高品质的商品；舒适又宽敞的购物空间与免费的服务；强大的会员制和前所未有的 VVIP 售后服务；资深优秀员工，其薪水足以傲视其他竞争对手；善用心理学和行为经济学的操作模式等。这种具有自己特点的商业模式，打破了现有实体卖场的常规，并且提交出年年增长的亮眼业绩。据了解，Costco 2018 财年的总收入为 1415.76 亿美元，2019 年同比增长 7.9%，且 2021 年其财年收入达到 1920.52 亿美元。

2019 年 8 月 27 日上午 8:30，Costco 在中国大陆上海市闵行区正式营业，标志着中国第一家 Costco 门店成功开业。由于开张第一天 Costco 就挤满了消费者，且不断涌入的消费者车队甚至造成了周围交通的瘫痪，为此，在公安部门的建议下 Costco 开张当日下午宣布暂停营业。这也使得在 Costco 里面，你可能会听到有人这样评价它："在这里见到了一生中从未在其他场合中见过的人流。"而为了应对这种情况，Costco 只好通过出动公安力量去维护现场秩序，同时公安人员还帮助劝说所有消费者"合理消费"。

虽然自 2019 年 Costco 进入中国以来，才不过几年时间，但这家拥有独特商业模式的企业早已被国内零售业人士和消费者"念叨"了很久。Costco 的会员制超市形式能否被中国消费者接受，能否带动本土会员制超市企业的发展，已成为各界最为关注的焦点。

与平常的超市主要通过销售商品从而取得价格差的利润模式不同，Costco 的核心商业模式就是会员制。2018 年，Costco 会员费收入为 31.42 亿美元，虽只占总体营业收入的 2.22%，却贡献了大部分的营业利润，与它在这一年的净利润 31.34 亿美元几乎持平。可见，其会员制在营业收入中的重要性之高。那么，如何实现以尽可能低的价格为会员提供优质产品和服务？

Costco 制定了四条准则：守法、照顾会员、关心员工和尊重供应商。此外，Costco 成为主动筛选客户的先例。因为在 Costco 看来，"不同客户的需求存在差异，与其服务所有客户，不如深耕单一细分市场"。因此，付费会员制成为 Costco 的核心商业模式，它要求消费者预先支付定额会员费成为会员，且只有会员或有会员陪同的人，才可进入 Costco 卖场消费。为此 Costco 将消费群体锚定中产阶层，其采购、营销及员工管理等一切经营活动均围绕如何服务好会员而展开。

第一，严格把控产品质量与品牌。Costco 通过分析会员需求偏好，严控产品质量与品牌，主要选择中高端品牌，如劳力士、新秀丽、李维斯等，并与这些品牌所属公司建立长期合作关系。Costco 会提前告知供应商，一旦产品出现问题，至少 3 年之内不会与其合作。除了品质要求，对于大品牌商，Costco 还会向其提出长期大量采购的需求并要求最低价。倘若这一要求无法长期满足，Costco 就会寻找替代品来实现这一目的。由此，Costco 创立了自有品牌 Kirkland，产品包含休闲食品、保健品、生活用品、饮料、成衣、电池等。Kirkland 因其良好的产品质量和信誉，成为全美销量第一的健康品牌。

第二，精简 SKU。这是 Costco 实现"优质低价"的核心手段之一。2018 年，Costco 门店平均活跃 SKU 只有 3800 个，其中包括各种合作品牌和自制产品，在每个小的细分商品品类，Costco 只提供 1~2 种 SKU，使其在采购与仓储方面拥有强大的规模效应，以此保持高销量和高库存周转率；而美国同等规模的超市基本 SKU 在 4.5 万到 14 万个之间。可见，Costco 可以比竞争对手获得更低的毛利率，且只有具有"爆款"潜质的产品才被允许上架。这不仅使其拥有了更大的同供应商议价的空间，也降低了消费者的选择成本，进一步提升了消费体验。

第三，开展多种营销活动。Costco卖场内经常举行试吃活动，通过提供足够的分量，让尽可能多的消费者参与试吃活动。由此，只要Costco举办试吃活动，当天的销售额可能翻一番。此外，Costco的平均毛利率只有10%，一旦该数据超过14%就需要CEO批准。与之相比，沃尔玛的毛利率就高了许多，一般在40%～60%。由此，Costco为消费者塑造了一种低价形象。

第四，严格要求采购与库存管理。Costco采用按市场需求分批生产的策略，以保持其库存始终较低。当某产品销售量超出预期时，通过安排多个供应链企业共同加工，以满足销售需求。30%的货品直接由生产厂商送至门店，70%的货品送至中心库，产品尽量不再拆包，仓储式陈列的卖场布局、大包装的整包售卖、高速运转的库存，摊薄了库房费用。与沃尔玛相比，Costco的库存周转天数少了三分之一。

第五，关心善待员工。Costco为员工提供了较高的薪水，同时额外为很多普通员工，包括兼职员工提供各种各样的长期福利。即使在2008年面临金融危机时，Costco也没有裁员，反而提高员工工资水平。一般零售行业一年内员工的流失率在50%～80%，而在Costco工作一年以上员工的保留率高达94%。

Costco既没有豪华的装修，也没有大量的销售人员，甚至不在媒体上投放广告，连专门的媒体公关团队也没设立，主要依靠口碑宣传推广。截至2023年9月3日，该公司实现总营收2422.9亿美元。

爆款策略：面临中国消费习惯的不同

中国消费者的饮食习惯和美国消费者的习惯有较大差异，如牛肉的食用频率比较低，猪肉的食用频率比较高。在开业之初，Costco上海分店显然不能很好地满足这样的特殊需求。此外，在中国，即使日常食用醋，也是有不同分类的醋的，如吃大闸蟹偏好于红醋，同时山西醋或镇江醋也各有自己的用处和特色。然而，Costco上海分店提供的醋只有美国制造的柯克兰Kirkland香醋，并不能满足当地消费者多样的用醋需求。

此外，有南都记者访问发现，在Costco的上海分店中，其通讯店只售卖苹果手机。然而，研究院发布的报告显示，在中国市场，苹果的占有率越来越低。在华为正取代苹果成为全球第二大智能手机制造商的同时，其手机的国内销量在2019年第一季度也首次超过了苹果手机，此外，国内OPPO和小米等品牌也在中国市场占据一定份额。可见，Costco上海分店的上述做法显然不符合当地需求。

同时，一些家电销售商提供资料给记者，"与食品和日用品比较，3C产品存在跨境销售的可能性十分低。由于不同国家的电压、电源插座和安全认证有不同的标准，Costco无法通过海外供应链的优势，而只能通过在本地购买。"2019年，Costco在中国仅有一家门店，因此对制造商的议价能力并不高。另外，中国的3C产品，特别是手机制造商，对分销商有着十分严格的标准。华为高端机主要通过线下经销商渠道进行售卖；Nova注重三线和四线城市的消费者；而荣耀系列则坚持互联网在线市场的积累。

在美国，Costco是物美价廉产品的代名词。在中国，Costco的做法与在美国的做法相似，但能否生产出足够的产品以及能够长期发展，则是需要经过中国市场和时间的考验的。

资料来源：凤凰网财经.

案例使用说明

一、教学目的

本案例通过对 Costco 客户关系管理的介绍，希望达到以下教学目的：
(1) 了解客户关系管理的内涵；
(2) 掌握零售服务设计时应考虑的因素；
(3) 了解客户服务的分类。

二、涉及知识点

本案例主要涉及客户关系管理等知识点。

三、课程思政

本案例通过对 Costco 客户关系管理的介绍，衍生出客户关系管理理论知识，科学合理拓宽专业课程的广度、深度和温度，引导学生了解如何改进零售商的服务质量水平，深切体会"以人为本"的销售理念，培养学生的自主思考能力，鼓励学生增强综合素质，争取成为复合型创新人才，积极应对时代的变化。

思考题

1. 结合材料，试分析 Costco 的商业模式，并回答其中最核心的是什么，它是通过怎样的途径来实现对会员的优质服务的。
2. Costco 在中国的发展遇到了什么问题，这对我们有什么样的启示？

理论解读

客户关系管理（Customer Relationship Management，CRM），也称客户管理，它是通过对客户详细资料的深入分析，来提高客户满意程度，进而提高企业竞争力的一种手段。具体来说，客户关系是指围绕客户生命周期发生、发展的信息归集；客户管理是新态企业管理的指导思想和理念，是创新的企业管理模式和运营机制，也是企业管理中信息技术、软硬件系统集成的管理方法和应用解决方案的总和。

CRM 具有三方面功能：一是信息化业务流程，包括销售、营销和客户三部分业务；二是提供与客户沟通所需的集成和自动化处理手段；三是对上述两个功能所积累下的信息进行加工处理，产生客户智能，为企业的战略技术提供决策支持。

简要分析

问题一：结合材料，试分析 Costco 的商业模式，并回答其中最核心的是什么，它是通过怎样的途径来实现对会员的优质服务的。

分析：

结合材料分析可知，Costco 拥有独特的商业模式，包括：最优惠的价格和高品质的商品；

舒适又宽敞的购物空间与免费的服务；强大的会员制和前所未有的 VVIP 售后服务；资深优秀的员工，其薪水足以傲视其他竞争对手；善用心理学和行为经济学的操作模式等。其中付费会员制成为 Costco 的核心商业模式，它要求客户预先支付定额会员费成为会员，且只有会员或有会员陪同的人，才可进入 Costco 卖场消费。

Costco 是通过以下方式来服务好会员的。

一是严格把控产品质量与品牌。Costco 通过分析会员需求偏好，严控产品质量与品牌，主要选择中高端品牌，并与这些品牌所属公司建立长期合作关系。通过提前告知供应商，一旦产品出现问题，至少 3 年之内不会与其合作，以把控产品品质要求。

二是精简 SKU。这是 Costco 实现"优质低价"的核心手段之一，不仅使其拥有了更大的同供应商议价的空间，也降低了客户选择成本，进一步提升了客户体验。

三是开展多种营销活动。Costco 卖场内经常举行试吃活动，通过提供足够的分量，让尽可能多的客户参与试吃活动。

四是严格要求采购与库存管理。Costco 采用按市场需求分批生产的策略，保持其库存始终较低。当某产品销售量超出预期时，通过安排多个供应链企业共同加工，来满足销售需求。

五是关心善待员工。Costco 为员工提供了较高的薪水，同时额外为很多普通员工，包括兼职员工提供各种各样的长期福利。即使在 2008 年面临金融危机时，Costco 也没有裁员，反而提高员工工资水平。一般零售行业一年内员工的流失率在 50%～80%，而在 Costco 工作一年以上员工的保留率高达 94%。

问题二：Costco 在中国的发展遇到了什么问题，这对我们有什么样的启示？

分析：

Costco 的显著特征在于：对于同类产品，其所售商品的价格处于低位甚至没有利润的低位。究其原因，主要是因为其卓越的供应链和高效的仓储管理能力。然而，自 Costco 踏入中国市场以来，依托广泛的海外供应链体系，其部分核心产品在受到冲击时能维持价格优势，却难以全面复制其全品类低价模式。

Costco 在中国的发展所面临的制约因素主要包括两方面：一是供应链本地化进程滞后，导致成本优化空间有限；二是单店物流成本高昂，进一步压缩了价格调整空间。此外，Costco 长期服务于美国中产阶级家庭的定位，与中国消费者的实际需求存在偏差，未能充分满足本地市场的多元化需求。

如果 Costco 想要保持其产品优势，则必须在中国建立本地供应链以降低成本。同时，在扩大门店的基础上，也要开发符合中国人消费习惯的门店经营模式，如优化或替换门店里与中国消费习惯相差甚大的商品。

可见，该案例深刻启示我们，跨国零售企业在全球化布局中，必须秉持因地制宜的原则，深入洞察并精准把握目标市场的文化、消费习惯及经济环境，灵活调整经营策略与产品组合，以最大化地满足本土消费者的需求，实现营业收入最大化的目标。比如，有必要在当地建立自己完整的供应链，并选择适合当地习惯和风俗的产品来出售等。

13.3 红星美凯龙：服务与售后的进阶之旅

材料

一、口碑维护

每一次改变，每一次提升，红星美凯龙始终不忘初心，以提升中国人的居家品味为己任，承担起每个家庭的居家环保责任。为更好地贯彻新版服务承诺，长沙岳麓商场组织全员学习，提升服务岗位专业性。2020年7月22日，长沙岳麓商场、常德石门商场、长沙芙蓉商场联合举办的红星美凯龙"星承诺·心服务"战略升级发布会正式拉开帷幕，同时主办方邀请了政府领导和广大消费者共同见证了这个重要的时刻，并对其发表了自己的见解和看法。

当时的银盆岭市场监督管理所所长曾说："作为市场监督管理部门，我们在为企业做好服务的同时，认真履行好监管职能，确保消费者买得放心，用得放心。希望红星美凯龙长沙岳麓商场以此次服务升级为契机，能为广大消费者带来更多的满意、惊喜和感动，推进行业健康稳定发展。"

对于战略升级的五大亮点，红星美凯龙湖南省营发二中心营运部长姚威对其进行了详细解读。未来红星美凯龙将以多维度暖心高品质服务，紧贴时代步伐，为消费者提供更便捷、舒适、有温度的美好家居消费体验。

红星美凯龙常德石门商场总经理尹卡表示："红星美凯龙一直用优质的服务赢得广大消费者的好评，服务项目的升级是我们再次向消费者承诺，我们将进一步提升服务水平，用服务打动更多消费者，带来口碑。"

消费者代表赵敏说："我是红星美凯龙的忠实粉丝，在消费的过程中，我能够感受到商场每个环节的处处用心，每个工作人员的热情接待，红星美凯龙服务很专业，售后更放心，祝愿红星美凯龙蓬勃发展，业绩攀升。"

致诚家居总经理陈志说："现在市场竞争的热点已经从以品质、价格为主的竞争渐渐转向了服务竞争。只有做好每个顾客的售前、售中、售后服务，我们才能抢占市场，收获顾客的口碑，把服务转化为可经营的产品，延长生命周期，成为不可替代的竞争力。"

红星美凯龙长沙岳麓商场总经办喻爱英表示，从2000年开始红星美凯龙对外就有了服务承诺，消费者在消费中遇到的任何问题，都是由商场这个平台去寻求解决方式的。"此次服务承诺升级其实也是对商户提出了更高标准的要求，所以需要品牌与商场共同去践行服务承诺，我们也将齐心协力地为消费者打造安心舒心放心的购物环境。"

在商户宣誓环节，艾绿、德盾、西门子、利米缇思、都芳漆、冠珠、戴氏品牌等代表上台宣誓，各位品牌有决心、有信念，全面提升顾客消费体验，为顾客消费安全保驾护航。

资料来源：红网家居频道.

二、售后服务管理体系建设

2021年12月22日，中国商业联合会主办的"第十届全国售后服务大会"在海南亚洲博鳌论坛会议中心举办，红星美凯龙营运管理中心总经理兼装修产业集团副总裁李晓宁与营运管理中心总经理助理王霜受邀出席会议。红星美凯龙高标准的售后服务管理体系再次得到全行业认可，一举荣获"全国国标五星级售后服务企业""全国售后服务行业TOP10"两项大奖。

一直以来，红星美凯龙都高度重视售后服务管理体系建设。早在2000年，红星美凯龙就率先推出了"绿色环保""先行赔付"和"30天无理由退货"三大服务承诺，并于2012年升级、2014年正式形成"星承诺·心服务"。2020年7月1日，红星美凯龙再次将服务承诺重磅升级，推出"星承诺·心服务"2020版八大服务项目，包括由"绿色环保、先行赔付、同城比价5倍退差"组成的售后保障承诺，以及由"30天无理由退货、商品质量负全责、送货安装准时达、设计家装一站式、线上线下一体化"融合的升级服务。

2021年，重运营被提升为公司第一战略后，红星美凯龙运营颗粒度更是明显精细化，不仅全方位升级公司售后服务体系，更将服务的触角前置到售前、售中全流程，从产品端、流程端全面优化消费体验。

在产品端，红星美凯龙全面进行品类梳理，推出全新智能电器生活馆、潮流家居馆、精品卫浴馆、睡眠生活馆、设计客厅馆、进口国际馆、系统门窗馆、高端定制馆和软装陈列馆九大主题馆，以更好地满足消费者的个性化需求。

此外，红星美凯龙在线上线下建立起多条投诉通道，如400呼叫中心、微博、微信、商场服务台、商户反馈等，消费者在购物过程中有任何疑虑都可以随时反映。红星美凯龙还组建了一支专业的客服团队，力求做到"30分钟快速回复，24小时给出解决方案，7天结案"。红星美凯龙分布在全国商场的500名资深客诉顾问、200余家维权站点，也成为消费者保障自身权益的有效途径。

数据显示，2021年，红星美凯龙的客诉满意度达93%，相较2020年提升1.4个百分点。得益于此，红星美凯龙品牌好感度明显提升。2021年6月，红星美凯龙还获得了上海市市场监督管理局颁发的"2020年上海市放心消费创建优秀单位"称号。

业内人士指出，客诉满意度是反映消费者满意值的重要标尺，也是品牌在甄选流通渠道时的重要考量因素。由于电器、家居、建材等产品的客单价普遍较高，决策成本高，决策链路长，客户投诉不可避免。红星美凯龙能够在高用户满意度的基础上做到客诉满意度持续优化，充分说明该公司在精细化运营方面功力深厚。从长期来看，重运营之下，品牌商、经销商对红星美凯龙的信任感有望继续增强，红星美凯龙商场出租率有望继续走高。

事实也确实如此。数据显示，2021年红星美凯龙商场平均出租率长期保持在90%以上。而且，得益于出租率的走高，红星美凯龙的营业收入也增长显著。财报显示，2021年第三季度，红星美凯龙自营商场营业收入同比增加18.4%，未来伴随着重运营的加码，红星美凯龙核心数据有望持续向好。

资料来源：搜狐.

案例使用说明

一、教学目的

本案例通过对红星美凯龙的售后服务管理体系建设的介绍，希望达到以下教学目的：
(1) 了解零售服务的概念及重要意义；
(2) 了解零售服务的特点；
(3) 了解顾客抱怨的定义、类型及处理原则。

二、涉及知识点

本案例主要涉及零售服务、顾客抱怨等知识点。

三、课程思政

本案例通过对红星美凯龙售后服务管理体系的介绍，引出零售服务与处理顾客抱怨相关理论知识，引导学生意识到新零售发展中顾客体验的重要性，深刻理解零售业的职业精神和职业规范，增强职业责任感，培养学生爱岗敬业、诚实守信和全面思考问题的职业品格与行为习惯，提升学生的创新意识与解决实际问题的能力。

思考题

结合材料，谈谈红星美凯龙在零售服务方面有哪些特点。

理论解读

一、零售服务

零售服务是零售企业为顾客提供的、与其基本商品相连的、旨在增加顾客购物价值并从中获益的一系列无形的活动。Alan Dutka 对"SERVICE"一词所做的进一步的解释如表 13-1 所示，有助于我们深入理解服务的内涵。

表 13-1 Alan Dutka 对"SERVICE"一词所做的进一步的解释

S	Sincerity（真诚：为顾客提供真诚、有礼貌的服务）
E	Empathy（角色转换：以适合顾客的角色或方式为顾客提供服务）
R	Reliability（可靠性：掌握服务所需要的专业技能，并以诚恳的态度为顾客服务）
V	Value（价值：提供顾客期望得到的服务，为顾客增加价值）
I	Interaction（互动：具备优秀的沟通技能并及时给予顾客回应）
C	Completeness（竭尽全力：竭尽全力为顾客提供所能做到的最好的服务）
E	Empowerment（授权：给予服务人员一定权限，以确保在一定时间内解决顾客的各类问题）

服务对于西方国家而言，就是"第二次竞争"。美国营销界的新研究表明，91%的顾客会避免选择那些服务品质较差的企业，其中 80%的顾客会通过选择其他条件相似，但服务质量更佳的企业来满足自己的购物体验，20%的人则宁愿花更多的钱以获得优质服务。因此，在商品趋于雷同的今天，零售服务在吸引顾客、促进销售、增强竞争力方面所具有的重要作用更加凸显。

零售服务有以下特点。

(1)无形性，即大多数服务是无形的，顾客既不能看见也不能触及。

(2)不可分离性，即零售服务的提供通常是与消费同时进行的，零售商提供服务时顾客是在现场的，而且会观察甚至参与到服务的生产和提供过程中，提供者和顾客相互作用并都对服务的结果有影响。

(3)易变性，即零售服务是由人表现出来的一系列行为，而人的行为会随时随地发生变化，因此不存在完全相同的两种服务。零售商提供的服务是顾客眼中的服务，零售服务质量对于不同零售商甚至同一店铺里的不同顾客会有巨大差别。

(4) 易逝性，即零售服务不能被储存、转手或退回，无法像有形商品那样在时间和空间上储存下来，以备下次使用。

零售服务按顾客购买活动过程划分，可以分为三大类型。

(1) 售前服务。售前服务是一种超前的、主动为顾客提供服务的活动。它是零售企业为获得顾客良好印象而采取的一项初始行动，其目标是快速、准确、有效地向顾客传递企业信息，实现双方有效的感情沟通。与此同时，还可以对顾客潜在的、未得到满足的需求进行充分了解，并在企业能力范围内尽量通过调整经营策略去满足这种需求。

(2) 售中服务。售中服务是零售企业为刚进入商品销售现场的顾客和已进入产品选购流程的顾客提供的一项服务。这种服务旨在让顾客更好地理解商品的特性和用法，通过服务来表达对顾客的热情、尊重、关怀，帮助顾客并为顾客提供额外利益，进而辅助顾客做出购买决定。

(3) 售后服务。售后服务是指零售企业为已经购买商品的顾客提供的服务，即商品售出后继续为顾客提供的服务。它是商品的延伸，也是对顾客感情的延伸。维护顾客最主要的方式之一是提供售后服务。做好售后服务，能够提高顾客的满意度，争取顾客回头率，甚至引导老顾客介绍新顾客，有利于长期发展。

二、顾客抱怨

顾客抱怨是指顾客对零售企业的产品、服务、人员或环境等方面的不满或指责。概括来说，顾客抱怨有以下三种类型。

(1) 建设性抱怨。这种抱怨是善意的，顾客在指出问题的同时，往往会对零售商提出相应的改进意见。这类顾客因其积极的建设性态度，大多能成为忠诚顾客。

(2) 引起注意型抱怨。部分顾客提出抱怨，旨在引起服务人员的特别关注与重视，或意图借此机会接触更高级的管理人员，以彰显自身的重要性与影响。

(3) 专业挑剔型抱怨。极少数顾客以专业眼光审视服务及产品，倾向于过度挑剔或吹毛求疵。这类顾客的数量占比虽不高，但妥善处理此类抱怨有助于维护品牌形象及提升服务标准。

顾客抱怨处理的基本原则如下。

(1) 正确认识顾客抱怨。顾客抱怨既是挑战也是机遇，对零售商的影响是双重的。服务人员应树立正确观念，认识到抱怨的积极面，应避免出现拒绝、回避或忽视顾客反馈的情况，以免错失改进良机。

(2) 建立顾客抱怨处理系统。建立健全的顾客抱怨处理系统，不仅有助于及时响应顾客需求，还能通过系统分析反馈，持续优化经营流程，减少抱怨和投诉的发生，不断提高服务质量。

(3) 积极预防顾客抱怨的产生。服务人员应具备前瞻性思维，提前识别并预见可能引发顾客不满的因素，通过优化服务流程、提升产品质量等措施，从源头上预防顾客抱怨的产生，实现问题的"零发生"或最小化。

(4) 弄清顾客抱怨产生的原因。想要有效处理顾客抱怨，必须弄清楚顾客抱怨产生的原因。只有基于全面的原因分析，才能制定出有针对性的解决方案，确保问题得到根本解决，同时避免类似问题再次发生。

(5) 处理顾客抱怨的政策依据。零售商处理顾客抱怨的政策依据是《中华人民共和国消费者权益保护法》。该法律为保障消费者权益提供了坚实的法律基础，并指明了零售商在解决顾客纠纷时应遵循的基本原则与程序。此外，诸如零售行业标准、零售商的店规，以及买卖双方的约定也可以作为双方解决具体抱怨问题的相关依据。

(6) 选择顾客抱怨处理的方式。零售商处理顾客抱怨有多种方式，包括但不限于退还货款、商品调节、价格调节、服务调节等，不同的抱怨有不同的处理方式，基于顾客抱怨的具体内容、性质及顾客的实际需求，确保处理方式的合法合规，才能与顾客建立良好的关系。

简要分析

问题：结合材料，谈谈红星美凯龙在零售服务方面有哪些特点。

分析：

结合材料，红星美凯龙坚持采取多维度、暖心、高品质的服务，紧贴时代步伐，为顾客提供更便捷、舒适，有温度的美好家居消费体验。其在零售服务的诸多方面表现出色，如在售中服务、顾客抱怨及售后服务方面。

在售中服务方面，红星美凯龙的工作人员接待热情、服务专业，能够给顾客带来较强的亲切感和专业感。通过向进入销售现场或已经进入选购过程的顾客提供服务，使顾客进一步了解商品的特点及使用方法。工作人员对顾客的热情、尊重、关心、帮助，以及向顾客提供的额外帮助，可以辅助顾客做出购买决策。

在顾客抱怨方面，红星美凯龙在线上线下建立起多条投诉通道，如400呼叫中心、微博、微信、商场服务台、商户反馈等，顾客在购物过程中有任何疑虑都可以随时反映。此外，红星美凯龙还组建了一支专业的客服团队，力求做到"30分钟快速回复，24小时给出解决方案，7天结案"。红星美凯龙分布在全国商场的500名资深客诉顾问、200余家维权站点，也成为消费者保障自身权益的有效途径。

在售后服务方面，自2000年红星美凯龙提出三大服务承诺以来，即致力倡导"绿色环保""先行赔付""30天无理由退货"，不断迭代售后服务承诺内容，其2020版"星承诺·心服务"进行升级优化，新增"商品质量负全责、送货安装准时达、设计家装一站式、线上线下一体化"服务承诺。同时，通过建立售后服务专项工作组、对商场总经理进行售后风控能力培训等方式，为消费者提供组织保障和维权渠道。

综上可知，红星美凯龙通过坚持加强消费者购物体验，不断优化服务方式，确保顾客满意度一直处于业内领先水准。

13.4 零售店铺服务八步分解动作

材料

如果我们分析每个顾客从进店到离开的购物路线，就可以发现至少有八个步骤都是导购员在向顾客介绍产品，并影响顾客购买行为的。因此，我们把这八个步骤称为"销售成交八步曲"。

第一步：打招呼

打招呼要求生活化，没有陌生感，要能快速消除彼此的距离感。

当顾客走进店铺时，导购员将是唯一一个让他们既感到兴奋又觉得舒适，进而产生购物欲望的人，于是打招呼成为顾客进店后销售服务的开始。这是一个非常重要的步骤，因为顾客的第一印象往往决定了他在店内的停留时长，事实上，一个友好的打招呼是让那些仅仅是逛店的顾客变成消费者的关键。如果有机会在打招呼阶段和顾客接触的话，首先要用一种顾客能够接受的方式打招呼；其次用高兴亲切的语调，就好像对一个非常想见到的人打招呼；最后欢迎顾客时还应注意身体语言，如果在工作则应马上停下手里的动作，将身体转向顾客，并且微笑，以拉近与顾客之间的距离。

第二步：发掘顾客需求

发掘顾客需求时应注意全方位地发掘，特别是在打开话题时，要学会察言观色，找出合适的话题，把握住接近顾客的任何一个机会。

现代顾客喜欢自由轻松的购物气氛，因此当我们与顾客打完招呼之后，应留有一定的空间给顾客，让顾客在没有压力的环境中自由选择。当然，我们的目光一定要留意顾客，主动接收顾客的购物信号，通过眼睛的观察、耳朵的聆听、嘴巴的询问等途径来发掘顾客需求，而不是总站在顾客的身边或身后。

至关重要的是，我们要铭记，销售的本质首先是建立人与人之间的连接，而非单纯推销商品。这样的理念能让顾客感受到尊重与舒适，消除被推销的压迫感。同时，视顾客为朋友而非交易对象，有助于发现与顾客的共同之处，构建情感纽带。此外，最有效的打破僵局的方式，就是选择自己熟悉的话题，以便与顾客进行轻松的交谈。这不仅能让对话流畅自然，还能适时融入幽默元素，营造轻松愉快的交流氛围。当然，要想给顾客留下深刻的印象，一定要选择一些创造性的方法来打开话题。试想，当顾客在众多店铺中遭遇千篇一律的开场白时，一家店铺却能以独特而温馨的方式开启对话，这无疑将大大提升顾客的满意度与好感度，使导购员的角色超越简单的销售引导，成为顾客心中值得信赖与亲近的朋友。

第三步：介绍货品

货品的介绍应遵循专业性与通俗易懂并重的核心原则。

当顾客置身于琳琅满目的货品中时，渴望得到来自专业导购的清晰解答，这些解答需兼具说服力与易懂性，以满足其信息需求并增强购买信心。此时，导购员应充分利用自身的货品知识，结合顾客的具体需求、兴趣及顾虑，巧妙展现零售商品的独特优势，助力顾客做出满意选择。对货品知识的深入掌握是每位导购员的必修课。即便商店已提供丰富的资源支持，如产品手册、图册、标识、挂牌、保证说明等，但主动利用这些资源帮助顾客深化理解，仍是每位导购员的职责所在。

在介绍产品时还应鼓励顾客亲手触摸、试用产品，以加深印象、促进理解。避免将产品束之高阁，如同博物馆展品般遥不可及，而应让顾客与产品之间建立无阻碍的互动。比如，将挂墙上的商品取下，或从模特身上脱卸，让顾客近距离感受。同时，结合产品实物进行特点阐述，并在解释优点时保持与顾客的眼神交流，以增强交流的亲切感与说服力。对于适合试穿或试用的商品，更应鼓励顾客反复体验，试衣间无疑是实现这一目的的理想场所，它让顾客在参与中更好地了解产品，从而做出更加满意的购买决策。

第四步：试衣间服务

以良好的试衣间服务，让顾客全身心感受我们的增值服务，使其留下深刻印象，促成销售机会。

试衣间服务可分为试衣前、试衣中和试衣后三个步骤。

试衣前，我们要清楚顾客试穿的尺码，并拿准相应的货品，随后，引导顾客到试衣间，在前往途中可预先为衣服解开纽扣或拉链，当走到试衣间时应务必先敲门，然后在确定试衣间内干净整洁、无异物异味后，让顾客进入试衣间，同时简要说明衣物的穿脱方法，主动移出衣架，并温馨提醒顾客锁好门；如遇试衣间被占用的情况，应礼貌地请顾客稍候片刻，或引导其浏览其他商品，以缓解等待的焦虑。

试衣中，我们要在试衣间附近保持关注，随时准备为顾客提供专业的搭配建议或推荐其他试穿选项，以促进连带销售。同时兼顾附近的顾客，如果顾客在试衣间里的时间太久，可适时轻敲门询问是否需要帮助，展现细致入微的服务态度。

试衣后，我们应主动上前协助整理衣物，如调整领子、卷起袖子等，展现细致入微的关怀。随后，引领顾客至试衣镜前，以礼貌而诚恳的态度征询其对试穿效果及服务的感受。在此过程中，需巧妙融入对货品特性的介绍，全面展现其优点与顾客可能获得的好处，为顾客提供更多元化的选择。值得注意的是，在与顾客交流时，务必保持尊重与敏感，避免使用可能伤及顾客自尊的言辞，如直接谈论体型、肤色或年龄等敏感话题。相反，我们应运用积极正向的语言，鼓励顾客尝试，同时提供专业但不失亲和的建议。为了提升试衣间服务的整体效率与质量，我们可以采取一些实用的小技巧。比如，在顾客试穿期间，合理安排时间兼顾其他顾客的需求，同时保持对试衣间内情况的密切关注与倾听，以便及时响应顾客需求。若因故需暂时离开，务必事先告知试衣间内的顾客，以免造成不便。此外，每位顾客离开后，我们都应迅速整理试衣间，恢复其整洁与秩序，为下一位顾客营造一个良好的试衣环境。这不仅是对顾客尊重的体现，也是提升品牌形象、促进销售转化的重要细节。

第五步：搭配推销

搭配推销应具有建设性，并以事实为依据，且应注意下面两点：一是在为顾客推荐货品时，要注意搭配性推荐；二是顾客在试衣间试穿时，为顾客挑选适合试穿的其他商品。

较为专业的导购员深知，通过巧妙地建议与搭配推销，能够在顾客购买最初产品的基础上，进一步激发其购买欲望，实现连带销售，这对于顾客来说是一种良好的附加服务，它传递出商家致力于满足顾客全方位需求的决心与诚意。搭配推销是一种在服务文化下的核心技能，一直被广泛地实践和运用。导购员应主动承担起这一责任，敏锐捕捉顾客需求与偏好，在零售过程的各个阶段积极寻找机会，将更多适合顾客的商品纳入其购物清单中。此前收集到的顾客信息将成为宝贵资源，助力导购员更加精准地提出购买建议，使附加推销变得更加自然流畅。最终，搭配推销不仅为顾客带来了更丰富的购物选择，更成为店铺业绩增长的重要驱动力，体现了零售服务中"以顾客为中心"的核心价值观。

第六步：收银

收银的过程要体现对顾客的尊重，以增加顾客的愉快购物体验。

在收银过程中，收银员给顾客留下良好印象是很重要的，这一过程包括微笑、打招呼、做附加推销、唱票、准确输入等。但导购员也要抓住最后的销售机会，通过与收银员的配合，增加顾客的愉快购物体验。

第七步：送别

到位的送别服务，是下一次生意的开始。

一流的服务即使是结尾也是不容忽视的，因为这决定了顾客的回购率。因此，在顾客离开店面时，请别忘记送到门口并表示期待他下次光临。

特别要注意的是当客流量小时，尽量送顾客到门口，如果当班导购员很忙，无法送到门口，应用语言或表情问候，收银员也可以代为送别。而在当班导购员与收银员都无空闲时，其他导购员就应代为送别。

第八步：售后回访

及时的售后电话回访，能够与顾客建立长期的关系，进而提升顾客忠诚度。

产品售后三天，导购员要主动打电话给顾客，确认其对我们产品的质量及服务的满意度，进一步巩固与顾客之间的互动关系，并能主动发现问题。同时，在遇到节假日、顾客生日或是其他重要日子时，要向顾客致意，送上问候与祝福。当节气有重大变化，如天气出现忽冷忽热时，应当主动提示顾客，借以触发消费动机；再如碰到新货上市或公司有举办优惠活动，也应当优先告知。此外，还可以通过顾客档案留下的联系方式对其进行日常问候，如打电话、发短信等。

综上，"销售成交八步曲"的服务要点可以总结为：

(1) 打招呼时，要与顾客有目光接触，并展露美丽的笑容；

(2) 给足顾客时间和空间浏览货品，同时仔细观察顾客特点，寻找话题展开友好谈话，并通过仔细提问和聆听，发现并确定顾客需求；

(3) 介绍产品给顾客带来的利益与好处；

(4) 带领顾客去试衣间进行规范的试穿服务；

(5) 以搭配推销的方式推荐附加产品；

(6) 到位的收银服务，可以增加顾客的愉快购物体验；

(7) 到位的送别，并邀请其再次光临本店；

(8) 及时的售后电话回访，建立顾客忠诚度。

资料来源：(微信公众号) 张柯.

案例使用说明

一、教学目的

本案例通过对零售店铺服务八步分解动作的详细介绍，希望达到以下教学目的：

(1) 了解零售服务素质的概念；

(2) 了解零售商改进服务质量的途径；

(3) 掌握卖场接待技术，能够为零售商设计服务项目，提高其服务质量。

二、涉及知识点

本案例主要涉及零售服务素质、卖场接待技术等知识点。

三、课程思政

本案例通过介绍零售店铺服务八步分解动作，鼓励学生加强对零售服务相关知识理论的学习，引导学生意识到在未来工作中应当树立正确的服务理念和工作态度，以正确的价值观分析解决问题，提高自身服务意识与能力，以适应与零售业有关的服务，增强职业责任感，培育经世济民、诚信服务的职业素养。

思考题

结合材料,分析零售店铺服务有哪八步分解动作,并结合实际谈谈零售服务有什么作用。

理论解读

一、零售服务素质

零售服务素质是指零售商为顾客提供有效服务的功夫或本领,一般由服务意识、服务态度、服务知识(包括商品知识、顾客知识、服务文化知识、商业法规知识)、服务技能(包括业务技能和沟通技能)、服务形象(包括服饰、装饰、表情、动作姿态、语气和语调等)等组成。其中,服务意识是服务素质的基础。

二、卖场接待技术

卖场接待技术的有效运用是零售商实现成功销售的关键。卖场接待技术包括接近顾客、了解顾客需求、介绍商品、结束与创造销售、建立未来销售等环节。

(1)接近顾客。这是零售商销售的关键性阶段,接待时机、接待语言和营业因素会对接近顾客有很大影响。对有明确购买目的的顾客来说,这是导购员接近顾客的起始阶段。而对于接近时机,应考虑接近语言的场景性、规范性和灵活性,以实现与顾客建立起沟通、协调购买心理和情绪的目的。另外,还要考虑营业过程的忙闲因素。

(2)了解顾客需求。顾客进店的目的各异,导购员应通过向顾客询问和倾听顾客的描述来了解顾客的需求,帮助他们确定所需商品,如了解顾客寻找的商品类型、价格范围、使用方法、款式与颜色、配套商品等。同时,导购员还应该掌握询问和倾听的技巧,鼓励顾客提出问题,由此发现顾客需要的商品。

(3)介绍商品。导购员向顾客介绍商品可以从两方面入手:一是介绍商品提供的利益,即导购员向顾客展示、介绍商品带给顾客的相关优势和提供的不同利益,以说明该商品是如何满足顾客需要的;二是演示商品,即通过导购员现场演示和顾客亲身体验,使顾客看到商品的使用过程及效果,以便较快地进入购买决定过程。

(4)结束与创造销售。顾客购买某一商品并不意味着销售过程的结束,导购员还可以通过向顾客提供其他相关商品信息提醒顾客是否补充购买,从而创造新的销售机会。但是进行创造销售时,要注意避免强力、过分的推销而引起顾客的反感;同时建议扩大店铺的整体销售,既可以销售本柜台的商品,也可以销售本店其他柜台的商品。

(5)建立未来销售。导购员与顾客的关系不是随着一次销售或购买的完成而结束的,买卖双方建立长期的合作关系将有助于提高店铺形象和知名度、形成顾客忠诚度、建立未来销售,从而提升店铺竞争力。

简要分析

问题:结合材料分析零售店铺服务有哪八步分解动作,并结合实际谈谈零售服务有什么作用。

分析：

结合材料可知，零售店铺服务的八步分解动作分别是打招呼、发掘顾客需求、介绍货品、试衣间服务、搭配推销、收银、送别和售后回访。其中，打招呼可以吸引顾客光临本店铺，一个友好的打招呼是让那些仅仅是逛店的顾客变成消费者的关键；发掘顾客需求时要主动接收顾客的购物信号；介绍货品可以展现销售人员的专业性，给顾客留下一个好印象；试衣间服务可以让顾客全身心感受到增值服务，增加销售机会；搭配推销可以使顾客获得更好的搭配，进而提高商店的销售额；收银过程要体现对顾客的尊重，以增加顾客的愉快购物体验；到位的送别服务，是下一次生意的开始；及时的售后电话回访，能够提升顾客忠诚度。

结合实际可知，零售服务有以下作用。

(1)零售服务是零售经营活动的基本职能。顾客选择零售店，除了要买到自己喜欢的商品，还要考虑商店内是否具有优美、舒适的环境及优质的服务。在企业所经营的商品大致相同的条件下，维持明显的商品差异优势是很难的，只有在具有较强竞争力的商品的基础上，以完善周到的服务满足客户需求，才能建立起自己的竞争优势。

(2)零售服务对企业的盈利性有着积极的影响。优质的服务可以使公司获得较高的信誉，可以提高公司的市场份额，进而有能力使公司获得更高的服务溢价。

(3)零售服务能起到防御性营销作用。良好的服务能起到防御性营销作用(留住现有顾客)，培养顾客忠诚。顾客背离或顾客动摇现象在零售业中十分常见。美国福音姆咨询公司在调查中发现，顾客从一家商店转向另一家商店，10个人中有7个人是因为服务问题。

综上，零售服务的作用也恰恰揭示了零售服务的重要性，且零售服务的重要性主要源于零售业自身的特点，即零售业是一个与顾客"高接触"的行业，以顾客为导向的经营理念决定了零售服务是零售经营活动的基本职能。

育人元素

本章通过介绍部分企业在零售服务中的出色表现，引申出零售服务的相关基础理论，教育引导学生深刻理解并自觉实践职业精神和职业规范，让学生深入社会实践、关注现实问题，增强职业责任感，树立正确的职业价值观，注重自身的专业素养提升和对顾客的真诚服务，培养学生对自由、平等、公正、法治社会主义核心价值观的理解，培育学生经世济民、诚信服务、德法兼修的职业素养，让学生明白在商业竞争中要敢于突破传统思维，寻找适合自身发展的模式，为未来的职业发展和人生道路奠定坚实的发展基础。

第 14 章 现代零售技术

14.1 现代零售的数字化转型之旅

材料

材料（一）

从商业环节的数字化、在线化进程来看，消费端已在很大程度上实现了数字化和在线化，并开始倒逼和拉动设计、研发、采购等供给端各个环节的在线化、数字化。互联网技术体系正在从价值传递的交易环节渗透到价值创造的生产环节。数智化商业在"数据+算力+算法"定义的世界中，以数据流动的自动化，优化商业决策的不确定性，支撑新形态。

天眼查数据显示，2021年，数字化相关企业在零售行业拥有2.7万余家企业，超6成企业的成立时间在5年之内。从投融资数据来看，以零售企业数字化转型核心——零售信息化相关企业的融资情况来看，自2006年到2021年11月，共发生融资事件469起，融资金额近700亿元，其中2017年共发生融资事件92起，为历年最高。2021年度，零售信息化相关企业合计发生融资事件38起，融资金额超200亿元。

从融资事件地区分布来看，地区经济发达省份的融资事件数较多，以北、上、广为典型代表；从轮次分布来看，以早期投资为主，A轮及天使轮是轮次的主要方向。

华润万家作为中国超市的龙头企业，面对数字化的浪潮，加速线上线下一体化，探索全场景数字营销，走出了一条符合自身优势的零售业数字化转型之路。华润万家通过一块块可实时变更、可与消费者深度交互的数字商显屏幕进行全场景数字营销探索实践。该方案结合电子价签、电子营销屏、智能传感器和AI摄像头等多项技术和应用，打造了全场景营销平台系统，进而通过全场景多触点终端，形成一个"收集积累数据—分析数据—应用数据—收集积累数据"的营销闭环，帮助华润万家完成数据资产沉淀及应用管理，赋能卖场以精细化、个性化的精准营销能力。

从沃尔玛、家乐福，到永辉超市、大润发，各类型零售商超企业都像华润万家一样，在积极寻求数字化转型之道，扩展自己的业务边界。

资料来源：澎湃新闻.

材料（二）

2018年6月20日凌晨，京东集团创始人刘强东发表的微信头条新闻引起了业界内外的热烈讨论。根据其声明，在湄公河地区五个国家的ACMECS会议上，京东"亚洲一号"仓连续刷新了亚洲地区单体最大、自动化程度最高、库存品类最丰富、产能最大、机器人配备数量最多这五项库房亚洲纪录。

长期以来，京东物流的实力在业界已得到广泛认可，"亚洲一号"仓也被视为未来物流和仓储技术发展的方向。相关数据显示，京东已在上海、广州、北京、武汉和昆山建立了"亚洲一号"仓，业务遍及全国。通过不断的努力和创新，京东于2017年10月9日宣布，上海"亚洲一号"仓正式建立了世界上第一个全流程自动化无人仓库，该仓库将于"全球好物节"期间投入使用。

京东的无人仓库使用自动分拣机和自动立体仓库等先进设备，并独立开发了相应的软件信息管理系统，包括仓库管理、产品控制、产品分拣和产品分配信息的处理。此外，由美国硅谷研发团队和京东集团X营业部共同建造的"飞马"仓储智能运输机器人最近已投入使用，再次引起了人们的关注。

据悉，"飞马"智能机器人采用了SLAM(Simultaneous Localization and Mapping，即时定位与地图构建)导航，可以实现包括无轨自动运动、独立建立地图、室内准确定位、高效配合捡拾器等多项工作。在接到相关任务后，"飞马"将根据系统说明到达指定地点，拣货员只需将货物放在"飞马"的货架上，避免了来回奔波的麻烦。除"飞马"外，仓库中还有黑科技设备，如天狼星飞梭、分拣机器人、智能叉车等。在这些先进设备的共同努力下，无人仓库的工作效率不止于此，且远远高于传统仓库的工作效率。

但是，无人仓库技术只是京东无人技术的冰山一角。在2018年的"6·18"促销活动中，续航力达1000千米的JDY-800无人机正式亮相，京东智能配电机器人也开启了世界上第一个全场景正态分布操作。

借助这些无人值守的黑色技术，京东物流再次实现了在促销期内90%以上自营订单的日常交付或次日交付的壮举。未来，在东南亚、洛杉矶和其他地区的"亚洲一号"仓建成后，跨境物流的愿景将在48小时内实现。

资料来源：京东物流.

材料（三）

基于《2024年中国零售消费十大趋势展望》《艾媒咨询｜2023—2024年全球零售业运行大数据及中国市场创新业态监测报告》等报告，分析可知2024年零售行业具有八大重点趋势。

趋势一：数字化转型加速

经过多年的数字化赋能与转型，大部分企业已经具备了基本的数字化能力，在消费新需求下，2024年零售企业将加大数字化转型的力度，重点在于实现与业务的全面融合，把引入的各类数字化工具变为企业自身的能力，为企业创造价值。比如，借助大数据、人工智能等技术帮助企业提升了整体运营效率和服务质量。具体体现在两方面：一是实体零售店的数字化升级；二是线上零售渠道的创新和多样化。

(1) 实体零售店的数字化升级。近年，实体零售店引入VR、AR等技术，使消费者既可以在店内试穿虚拟商品，还可以通过AR技术获取商品的信息和推荐，提升购物体验。同时，利用大数据和人工智能技术来分析消费者的行为喜好，以便为他们提供更加个性化的服务。

(2) 线上零售渠道的创新和多样化。随着移动互联网的普及和消费者购物习惯的改变，线上零售渠道正在不断创新和改进。社交媒体、短视频平台和直播销售已成为新的零售渠道，品牌可以通过这些平台直接与消费者互动并销售产品，且体验更好，转化更快。

趋势二："线上+线下+智能物流"将深度融合，打造新零售商业模式

在新消费趋势下，个性化需求成为关键，消费式体验成为零售企业的竞争优势。当前，零售企业要想保持竞争优势，需要持续进行物流优化与门店升级，并深化全渠道运营能力，实现企业"线上+线下+智能物流"的深度融合。具体表现为：体验式零售，零售企业提供个性化的产品推荐和购物体验，让消费者体验更好；增值服务，通过创新门店的互动体验和增值服务，为消费者提供更方便、更新颖的购物体验；智能零售解决方案，借助第三方全域消费者服务商能力，利用其AI和大数据分析能力，优化库存管理和个性化营销，提升配送效率和会员体验，统一管理会员存量资产。比如，数字化供应链可以实现对商品流转的全程可视化监控，以提高库存的精准度和周转效率，减少因库存积压而带来的成本压力。伴随数字化技术的发展，未来可能会出现更多新的业态和模式，如无人便利店、自助结账系统等，为消费者提供更便捷、更智能的服务。

趋势三：人工智能、大数据等技术创新对零售业的影响继续扩大

2023年，人工智能技术取得巨大突破并开始在零售行业广泛使用，包括商品数字化、会员运营、智能客服、商品知识库、图像处理、营销等方面。

有的企业利用人工智能生成内容技术进行商品数字化，实现图像自动化拍摄、AI产品抠图和动画合成。有的企业利用AI进行会员运营、营销设计，实现文案、设计、个性化营销内容实时生产等。可见，人工智能在零售行业具有广泛前景，同时也会带来法律、法规、数据安全和隐私保护方面的挑战。

一方面，技术创新将为零售业带来更高效、精准的运营方式。通过人工智能和大数据分析，零售商可以更准确地预测市场需求和消费者行为，从而优化库存管理和销售策略。这不仅可以减少浪费、降低成本，还可以提高销售额和客户满意度。另一方面，技术创新也将为消费者带来更便利、个性化的购物体验。通过人工智能、物联网、VR、AR等技术，消费者可以更方便地获取商品信息和进行比较，同时也可以享受更加个性化的服务和体验。

零售企业需要紧跟科技发展的步伐，积极探索和应用新技术，以适应市场的变化和消费者的需求，从而提高自身的竞争力和可持续发展能力。同时，也需要关注数据安全和隐私保护等方面的问题，确保消费者的权益得到保障。

趋势四：服务升级趋势明显

2023年，我国打出一套促消费"组合拳"——一系列促消费政策和举措持续发力，多部门统筹开展全国性消费促进活动。2023年1—11月，全国消费品零售总额达到42.8万亿元，同比增长7.2%，其中11月的同比增长率达到了10.1%，而服务零售额的增长率更是高达19.5%，可见消费对经济增长的拉动作用显著增强。

随着促消费政策的持续发力，2024年消费需求持续增长，消费市场潜力进一步释放，而在这样的市场环境中，消费者并非盲目消费，而是整体需求更加聚焦和个性化。消费者在品质意识、个性化需求及体验消费等方面不断升级，为了适应这些变化，零售商需要不断创新和升级自身的商业模式和服务模式，以赢得消费者的信任和忠诚。

趋势五：全域经营模式必然成为零售企业实现销售增长的关键

在数字化转型和全域趋势下，全域经营模式有效地帮助零售企业重新开始理解流量、统筹流量、串联流量和运用流量的重要性，帮助零售企业覆盖更广泛的用户群体和实现不同的营销目标，使零售企业实现高复购率和留存率。

趋势六：跨境电商有望成为新的增长点

相关研究报告显示，2020年中国跨境电商市场规模达到10.5万亿元，同比增长16.6%。此外，海关总署的数据显示，2021年上半年，中国跨境电商进出口额为8867亿元，同比增长28.6%。其中，出口额为6043亿元，同比增长28.4%；进口额为2824亿元，同比增长29.4%。这些数据表明，中国跨境电商市场具有很大的发展潜力。随着全球电子商务市场的持续增长和消费者需求的多元化，跨境电商有望成为新的增长点。同时，政策支持与国际贸易环境的改善、物流和支付等基础设施的完善、技术创新的推动等也为跨境电商的发展提供了有利的条件。然而，跨境电商也面临着一些挑战，如文化差异、税收政策、知识产权保护等。因此，零售企业在布局跨境电商时需要加强市场调研并进行合规经营，以应对这些挑战。

趋势七：数据安全的基础保障作用日益凸显

随着数字化的发展，数据作为核心生产要素成为基础战略资源，数据安全的基础保障作用也日益凸显。零售企业数据规模庞大，涉及消费者、交易、商品等多方面。随着消费者法律意识的不断提升，国家监管机制的不断完善，消费者对数据的采集、存储、使用等处理行为提出了很高的要求。而零售企业的数据治理理念和架构又相对传统，这就形成了数据使用高要求和治理低水平间的矛盾，处理不好可能会上升到行政处罚甚至司法层面，这方面的案例在行业中已不鲜见。为了确保数据的安全，零售企业需要建立完善的数据安全管理体系，采取有效的技术手段和安全措施，提高员工的安全意识和操作技能，从而全方位地保障企业的数据安全。

趋势八：无人零售将完善当前零售格局

随着大数据、人工智能、云计算、移动支付等新兴技术的发展，无人零售便利店的技术愈发成熟。相关咨询机构咨询分析师认为，无人零售作为新零售行业的新业态，不但能节省人力成本，还能渗透到全时段的消费场景中，具备一定的发展潜力。

资料来源：中国日报中文网.

案例使用说明

一、教学目的

本案例通过对数字化时代现代零售技术对零售行业的影响及其发展趋势的介绍，希望达到以下教学目的：

(1) 掌握电子零售的定义及其特征；

(2) 掌握电子商务的含义及其优点；

(3) 了解数字化时代零售行业的发展趋势。

二、涉及知识点

本案例主要涉及电子零售、电子商务、仓储自动化技术等知识点。

三、课程思政

本案例通过对数字化时代现代零售技术对零售行业的影响及其发展趋势的介绍，引申出电子零售及电子商务的相关知识，培养学生对新技术的敏感度，引导学生努力学习知识、提升自我，并且要有放眼世界的胸怀，敢于探索未知领域，不断开拓创新，成为卓越的创新型零售人才。

思考题

1. 结合材料，分析在无人零售逐渐兴起的趋势下，相关现代零售技术如何保障消费者的隐私和支付安全。
2. 现代零售技术不断更新，零售企业应如何培养和留住具备相关技术能力的人才？

理论解读

一、电子零售

电子零售，也称网上零售，是零售企业与消费者之间依托电子网络平台进行的全方位商务互动与交易活动。在此模式下，零售企业发布商品信息，消费者则在线浏览、选择、议价、购买并完成支付，整个过程体现了高度的互动性、信息集中性及全球触达性。电子零售不仅重塑了零售业态，还为零售企业和社会带来了显著效益：降低了采购成本与库存压力，推动了价格亲民化，并开辟了新兴销售路径；同时，促进了知识经济的繁荣，催生了新行业的崛起。

电子零售除具有一些与传统零售共有的特征之外，其作为电子商务的一种形式还有其独有的特征，包括商务性、服务性、集成性、可扩展性、安全性、协调性。

（1）商务性。电子零售最基本的特征是商务性，其核心在于促进交易，它通过互联网提供便捷、高效的买卖服务，为零售企业拓展市场、增加客户量提供了无限可能。数据驱动的洞察让企业能精准把握市场需求，推动业务增长。

（2）服务性。电子零售打破了地域限制，使服务质量成为竞争的关键。互联网技术的应用极大地提升了服务效率与便捷性，从日常资金管理到稀有商品搜索购买，一切皆可在线轻松完成，实现了消费者与企业的双赢。

（3）集成性。电子零售是一种新兴产物，它融合新旧技术，优化资源配置，确保事务处理的整体性与统一性。IBM 等企业推出的网络计算模型，进一步推动了电子零售系统的集成与高效运行。

（4）可扩展性。面对海量消费者与潜在的高峰访问量，电子零售系统必须具备高度的可扩展性，以应对突发流量，保障消费者体验，避免因系统瓶颈错失商机。

（5）安全性。对于消费者而言，交易安全是基石。电子零售企业采用加密、签名、防火墙等多重安全措施，遵循 SET（Secure Electronic Transaction，安全电子交易）、SSL（Secure Socket Layer，安全套接层））等国际安全标准，构建端到端的安全防护体系，确保交易双方的信息与资金安全。

（6）协调性。商务活动是一种协调过程，强调各环节间的无缝对接与高效协同。电子零售通过互联网连接供应商、管理系统和客户订单处理系统，简化流程，提升效率，为企业决策提供实时、高价值的商业情报，助力企业制定更具战略性的决策。

二、电子商务

电子商务（E-Commerce，EC）中的"电子"指的是采用的技术和系统，而"商务"指的是传统的商业模式。电子商务被定义为一整套通过网络信息技术支持商业活动的过程。电子商务涵盖的范围很广，按参与对象的不同，基本上分为企业对消费者的电子商务（B2C）、企业对企业的电子商务（B2B）、企业对政府的电子商务（B2G）、政府对消费者的电子商务（G2C）、消费者对消费者的电子商务（C2C）。

电子商务使传统商业活动的效率和效益得到了极大的提升，具有传统商务不具备的优势。一是全新时空优势。传统商务是以固定不变的销售地点和固定不变的销售时间为特征的店铺式销售。电子商务则是通过以信息库为特征的网上商店进行，因此其销售空间会随着网络体系的扩展而扩展。电子商务不受地域限制，其销售时机完全由消费者（即网上用户）来选择。因此，与传统的销售模式相比，电子商务拥有了一种全新的时间和空间优势，可以在更大程度上、更大范围内满足在线消费者的消费需求，购物变得没有国界，也没有昼夜之别。二是更好地展示产品及服务。网络上的销售能够通过在线多媒体，对产品的内部结构和服务功能进行全方位的展示，帮助消费者在对商品和服务有充分的了解后，再进行购买。虽然传统的销售在商店里能够向消费者展示真实的商品，但是对于普通消费者来说，他们对所购买商品的认知常常是浮于表面的，也不能理解商品的内在质量，往往会被商品的外观和包装等外部因素所迷惑。三是增进与消费者的关系。在互联网上，实时互动的交流不受任何外部因素的影响，使消费者更容易表达出他们对商品和服务的看法，这样的评价一方面让在线的零售商能够更加深刻地理解消费者的内在需求，另一方面，零售商的即时、互动式交流也增进了双方的关系。四是降低交易费用。与传统的销售相比，利用互联网渠道可避开传统销售渠道中的许多中间环节，从而降低流通费用和交易费用，并加快信息流动的速度。事实上，任何制造商都可以充当网上零售业中商品的提供者，可以用基本价格向消费者提供商品。当传统零售商的商品库存费用越来越高时，电子商务商店所需的投资，如电脑、数据库和电信设备等的费用却越来越低，这无疑节省了零售商的交易费用，促使传统零售商开始向电子商务转型升级。

三、仓储自动化技术

仓储是在生产、流通过程中因订单前置或市场预测前置而使产品、物品暂时存放而产生的。它是集中反映工厂物资运转情况的综合场所，是连接生产、供应、销售的中转站，对提高企业的生产效率具有重要的作用。同时，围绕仓储实体活动也要有清晰准确的报表、单据账目和会计部门核算的准确信息，因此仓储是物流、信息流、单证流的统一体。

回望我国仓储领域的自动化进程，其演变轨迹可以划分为三个阶段，即人工仓储阶段、机械化仓储阶段和自动化仓储阶段。在这条道路上，我国物流技术与产品从无到有，发展迅速，主要包括输送机系统、货架系统、堆垛机系统、穿梭车系统、AGV系统、工业机器人作业系统、空中悬挂链系统、自动分拣系统、工业控制系统、图像识别系统、条码技术和RFID技术、计算机信息系统等。这些物流技术与产品在国内都有成功应用的案例。

我国物流技术与产品的发展呈现欣欣向荣的景象，自动化仓储系统的发展日趋成熟。自动化仓储系统是光、机、电和信息技术一体化的系统工程，主要包括自动搬运系统、自动输送系统、自动消防系统、计算机管理和实时监控系统、自动识别系统、集成管理系统和逻辑控制系统等，涉及人工智能、图像识别、计算机仿真、无线电通信、红外光通信、激光定位、人机工程学等领域。

简要分析

问题一：结合材料，分析在无人零售逐渐兴起的趋势下，相关现代零售技术如何保障消费者的隐私和支付安全。

分析：

结合材料，在无人零售逐渐兴起的趋势下，保障消费者的隐私和支付安全需要综合运用多种现代零售技术，包括但不限于这些方法：运用数据加密、生物识别及多重身份认证技术，加密传输与存储个人信息与交易数据，保证在传输和存储中不被窃取或篡改；携手权威金融机构，采用加密移动支付方式，严格遵循标准，严守支付安全；智能监控与预警系统全天候守护，结合区块链技术确保交易透明可追溯；辅以定期安全审计与员工培训，强化内部安全管理体系，并严格遵守法律法规，制定执行内部政策流程，保证合法规范运营。这一系列技术的协同发力，将构建起坚不可摧的安全防线，为无人零售赢得消费者的信任与青睐。

问题二：现代零售技术不断更新，零售企业应如何培养和留住具备相关技术能力的人才？

分析：

此题为开放题，结合材料与实际回答，言之有理即可。以下分析仅供参考。

在现代零售技术不断更新的情况下，零售企业要培养和留住具备相关技术能力的人才，可以采取多种综合措施，包括但不限于以下方法：其一，建立完善的培训体系，定期组织内部培训课程，邀请行业专家授课，提供在线学习资源，鼓励人才自主学习；其二，给予实践机会，让人才参与实际项目，设定挑战性目标，激发其创新能力和解决问题的能力；其三，营造创新的工作环境，鼓励提出新想法和解决方案，对有价值的创新给予认可和奖励；其四，建立良好的职业发展通道，为人才规划清晰的晋升路径，展示广阔发展前景；其五，提供有竞争力的薪酬福利，包括有吸引力的薪资和完善的福利体系；其六，注重企业文化建设，营造积极、开放、包容的氛围，增强人才的归属感和忠诚度；其七，加强团队合作与交流，组织技术分享会和团队建设活动，提升团队凝聚力；其八，与高校和科研机构合作，通过合作项目、实习计划等方式提前培养潜在人才，并提供进修交流机会。

14.2 盒马鲜生：搭乘现代零售技术快车

材料

材料（一）

提起盒马鲜生，很多人都不陌生，日常生活的买菜、吃饭，甚至社交娱乐都能在那里完成。

它不仅是菜市场，也是超市，更可以看作购物中心。在盒马鲜生，除了实体店购物，还可以线上下单，自己去门店提货，或者直接配送上门，一般3千米内半小时即可送达，速度较快。

官方将盒马鲜生定义为阿里巴巴对线下超市完全重构的新零售业态。盒马鲜生与传统零售的最大区别在于盒马鲜生运用大数据、移动互联、智能物联网、自动化等技术及先进设备，实现人、货、场三者之间的最优化匹配，从供应链到仓储再到配送，盒马鲜生有自己完整的物流体系。

盒马鲜生多开在居民聚集区，通过盒马App线上下单购物。阿里巴巴对盒马鲜生的消费者开放了会员制，消费者只需用淘宝或者支付宝账户注册，就能在附近的店铺中浏览、购物。盒马鲜生瞄准的是25～35岁围绕家庭的互联网用户，这些年轻人的典型生活轨迹表现为：白天上班，晚上下班回家，周末出去逛逛。可见，家、办公室、大型商业中心是中国人三大日常消费场景。依托大数据发力，盒马鲜生以三大消费场景为核心，为年轻人提供了原材料、半成品、成品等多层次的生鲜商品，精准切入年轻人生鲜消费的新需求。

盒马鲜生承载了超市、餐饮、物流、体验与粉丝运营五大功能，通过多种零售业态的有机融合，满足消费者多样化的需求，为消费者提供线上线下一体化的生鲜消费体验。经总结，其过往的成功主要来自以下几方面的创新运营。

1. 依托阿里巴巴，全方位构建盒马体系

盒马鲜生是阿里巴巴在新零售方面的创新尝试和重要布局，因此，阿里巴巴在资金、技术和供应链等方面为其提供了大量支持，使其具有得天独厚的先天基础。

在商品来源方面，依托天猫强大的供应链，源头直采保证食材质量，压缩中间环节减少损耗成本，实行低价但不廉价的策略。在物流配送方面，依托菜鸟快递联盟平台，协同整合不同的快递服务商进行配送服务。在支付方面，依托支付宝进行交易，保证了交易的便捷性和安全性。区别于传统超市最后统一结算的方式，盒马鲜生的结算方式更为灵活，带有电商按单个商品结算的鲜明特点，可以随时结算。在平台运营方面，借助阿里巴巴的大数据、云计算等技术进行数据分析，保证系统的稳定运营，降低平台开发和系统维护的成本，此外还能进行大数据整理和推送，根据消费数据分析消费者的需求及偏好，进行个性化的商品推荐，从而提升消费体验。同时，根据消费数据制定针对性的营销策略，引导商家进行商品的采购和品类的开发等，合理管控商品库存，调整商品品类，减少库存，降低成本。

2. 突破渠道壁垒，线上线下深度融合、联动发展

盒马鲜生将线上线下渠道打通、融合重构出一种新的零售模式：以生鲜为特色，线上重交易，线下重体验。具体表现为：线上推出手机App，在保证生鲜商品质量的同时，丰富商品种类并提供物美价廉的商品组合，可以直接下单，由附近门店直接配送到家；线下门店则集超市、餐饮和仓库于一体，全方位给予消费者良好的消费体验，打造一站式购物体系，同时为线上手机App引流。盒马鲜生的一站式购物流程如图14-1所示。

人们在选购商品时有"先尝后买"、精挑细选的消费习惯，有形消费场所中商品能够"看得见""摸得着"甚至"尝得到"是农产品电商的劣势。而盒马鲜生拥有众多线下门店，为消费者"精挑细选"提供了可能，能够有效解决消费者的信任问题。同时，线下门店还提供现场加工服务，消费者亲自挑选的生鲜商品能够直接加工成美味菜肴，形成一种体验式营销。在体验过盒马鲜生的线下服务后，消费者很容易转到线上购买，这就增加了消费者黏性。

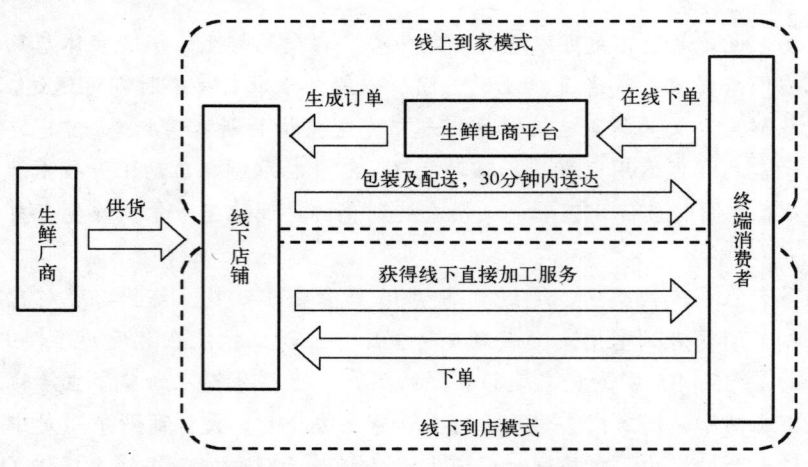

```
                    线上到家模式
        ┌─────────────────────────────────────┐
                生成订单          在线下单
              ←──────  生鲜电商平台  ←──────
   生鲜   供货   线下          
   厂商  ────→  店铺    包装及配送，30分钟内送达      终端
                       ──────────────────────→    消费者
                
                    获得线下直接加工服务
                       ──────────────────────→
                              下单
                       ←──────────────────────
        └─────────────────────────────────────┘
                    线下到店模式
```

图 14-1　盒马鲜生的一站式购物流程

3. 以消费者为中心，提供物优价美的商品

盒马鲜生供应链主要以"全球直采、本地化直采和自有品牌"三大模式为主。高档海鲜产品采用全球直采，通过航空运输快速运至国内冷链，最后运输到目的地。

盒马鲜生主打"一站式购齐"，提供全品类的商品供应，消费者不仅可以直接购买商品，还可以堂食、外带和购买外卖的半成品。在全品类精选的基础上，盒马鲜生实行"前店后仓"模式，凭借规模化采购和简化流通环节，在零售环节尽可能降低 SKU，满足了人们在食品方面丰富性的需求，百元内就可以买到六七种商品。另外，盒马鲜生注重售后服务，保证无条件退货，让消费者购物无忧。

生鲜类商品的属性使其具有极大的成本风险，几乎没有商家可以做到无条件退货，而盒马鲜生反其道而行之，不仅没有经受巨大的成本损失，反而提升了企业的信誉度，塑造了良好的企业形象。

4. 强大的物流配送体系，最短时间内送货上门

除了对商品质量的精益求精，消费者更在意的是配送的高效性，而这正是生鲜电商的最大痛点。随着经济发展和生活条件的改善，越来越多的消费者重视商品的品质而不是数量，同时为了适应快速的生活节奏，消费者希望最短时间内解决需求问题，因此，速度也成为企业竞争的重要领域。盒马鲜生快速的物流配送服务也是帮助其在行业中迅速发展的一大竞争优势。

盒马鲜生利用大数据、互联网、自动化等现代技术，构建了一套完整的物流配送服务体系，从商品的供应、仓储、分拣再到配送，每一步都精简流程，科学计算，选择合适的方法和便捷的路线，最大限度地提高运输效率。保证在用户下单十分钟内完成商品的打包，用户所在附近门店 3 千米内半小时完成配送服务，送货上门，这样不仅能够保证商品的新鲜度，同时还能够提高用户的消费满意度。

资料来源：(微信公众号)企业家的战略财商、艾媒咨询、国元证券研究所.

材料（二）

盒马上海供应链中心全面投产，打造数字化、全自动"超级大冰箱"

2023 年 7 月，历时三年建设的盒马上海供应链运营中心正式全面投产。该中心坐落于浦东航头镇，是一个集农产品加工、成品食材研发、半成品冷冻储藏、中央厨房及冷链物流配送等功能于一体的综合性供应中心，总建筑面积约 10 万平方米，是盒马迄今为止面积最大、科

技含量最高、投资金额最大的单体项目。值得一提的是，这也是盒马第一个全自动化园区，含全自动冷链生鲜加工中心，以及一系列物流自动化装备，同时融合了 5G、物联网及区块链等技术，实现了全链路的自动化与数字化。这套自动化、数字化的供应链体系，极大地提升了商品的流通效率，保障了盒马门店的高效到货。以供应链中的分拣一环为例，投入了 AGV 智能机器人、机械臂、交叉带分拣机等自动化设备，同时有服务器云端部署的架构，再借助阿里云的算力，实施计算胶框最优分拣路径，实现单日分拣能力超 280 多万份。

资料来源：新民晚报.

案例使用说明

一、教学目的

本案例通过对盒马鲜生搭乘现代零售技术的快车所取得的发展的介绍，希望达到以下教学目的：

(1) 了解线上线下融合的优势；
(2) 了解自动化、数字化供应链体系；

二、涉及知识点

本案例主要涉及零售线上线下融合以及自动化、数字化供应链体系等知识点

三、课程思政

本案例通过介绍盒马鲜生发展模式，引出对盒马鲜生的成功经验及现代零售技术相关理论的介绍，引导学生认识数字化发展对零售业的重要性，鼓励学生关注国家发展的需要，适应国家数字化发展形势，培养学生的创新精神，激励学生增强综合素质，掌握新零售发展与变革背后线上线下渠道整合、数据驱动、智能化技术等知识与能力。

思考题

1. 结合材料与实际，谈谈盒马鲜生应如何通过技术创新形成差异化竞争优势。
2. 盒马鲜生的成功能为我们提供什么经验和启示？

理论解读

一、零售线上线下融合

自新零售概念提出之后，线上线下融合发展成为零售业未来发展的主流趋势，通过线上深度融合能吸引更多的潜在消费者，而在线上电子商务平台上则可以很好地进行商品展示，并收集市场需求信息及消费者数据，以此为依据为不同消费者提供有针对性的个性化的优质服务，开辟新的营销渠道。在"新零售"模式下，线上线下不再是两个没有联系的、互相孤立的营销渠道，而是转变为一种为提升销售量而进行分工协作的统一的营销模式，从而形成了新零售产业图谱，如图 14-2 所示。

图 14-2 新零售产业图谱

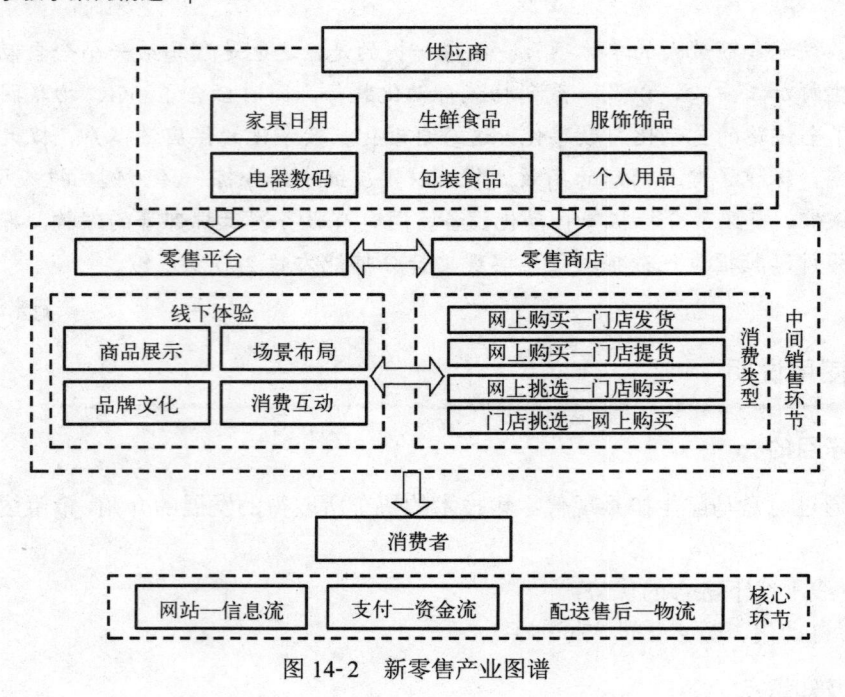

图片来源：艾媒咨询、国元证券研究所.

线上线下融合发展具有以下优势。

(1) 扩大消费群体。线上线下融合发展，有利于销售市场的扩大，进而提高市场份额。

(2) 提高服务水平。线上线下融合发展的布局，实现了实体店商品的类别、价格和管理与线上平台的一致性，保障了商品质量，实现了退换货流程和售后服务的统一性，让消费者不论通过哪个渠道都能放心购买。

(3) 产品多样化，提供个性化服务。商家可以利用互联网、大数据技术将生产企业与消费者联系起来，使消费者的需求信息能够快速传达给生产企业。

(4) 建立高水平的服务团队。对于消费者来说，不论是使用线上渠道还是线下渠道进行购买，其选择的标准是一致的，即哪种购物方式更加便捷，服务更加优质。

二、自动化、数字化供应链

(一) 无人搬运车

无人搬运车(Automated Guided Vehicle, AGV)指装备有电磁或光学等自动导引装置，能够沿规定的导引路径行驶，具有安全保护及各种移载功能的运输车。一般可通过电脑来控制 AGV 的行进路线及行为，或利用电磁轨道来设立其行进路线，即将电磁轨道粘贴在地板上，AGV 则依循电磁轨道所带来的讯息进行移动与动作。

AGV 以其轮式移动设计脱颖而出，相较于其他移动方式，它展现了行动迅速、效率卓越、结构精简、易于控制及安全性高的显著优势。尤为值得一提的是，AGV 无须依赖固定的轨道或支撑结构，因此能够灵活穿梭于各种场地与空间，为自动化物流系统带来了前所未有的灵活性与经济性，真正实现了无人化生产的高效与便捷。

AGV 系统的顺畅运作，离不开物流上位调度系统、地面控制系统及车载控制系统的紧密协作。这一协同机制,恰似一家高效运营的出租车公司,其中:物流上位调度系统如同客户中心,接收并处理各类搬运需求;地面控制系统则扮演调度员的角色,负责车辆调配、路径规划与动态调整,确保任务执行得高效与准确;而车载控制系统则如同出租车司机,直接执行来自地面的指令,完成搬运任务。三者之间通过无线通信技术紧密连接,形成了信息畅通、指挥有力的控制网络。

在电量管理方面,AGV 同样展现出了高度的自主性。当电量接近警戒线时,AGV 会主动向地面控制系统发出充电请求,并在获得许可后自动前往充电站进行充电。在此期间,地面控制系统会暂停向该 AGV 分配任务,确保充电过程不受干扰。这一设计不仅延长了 AGV 的工作时间,也进一步提升了整个物流系统的运行效率与稳定性。

(二)全球卫星定位系统

全球卫星定位系统(Globe Positioning System,GPS)是一种结合卫星及通信发展的技术,利用导航卫星进行测时和测距。在运输自动化中,GPS 扮演着车辆导航、调度与监控的核心角色,其六大显著特点——全天候无碍、全球广泛覆盖、高精度七维定位、高效省时、多功能应用以及可移动定位,共同构筑了现代物流体系的坚实基础。

货运物流实用手册指出仓储自动化建设是一项系统工程,储运作业自动化是其重要内容。要实现仓库物资储运自动化,仓储机械设备、设施,以及管理、信息、人才系统的配套和协调发展是重要的趋势,具体表现如下。

(1)物资储运集装化。通过标准化运输工具、储存及装卸设备,特别是集装箱、托盘、集装袋的广泛应用,力求实现 90% 以上的物资集装化、单元化储运,从而简化运输流程,加速物资周转,提升储运效率与质量,有效降低物流成本。

(2)智能自动化库房。随着人工智能技术的深入应用,自动化库房正逐步向智能自动化库房转型。射频数据通信、条形码、扫描技术及数据采集等先进手段被广泛应用于仓库堆垛机、AGV 等运输设备,实现了物流与信息流的并行处理,使仓储管理更加实时、协调与一体化。同时,移动式机器人作为柔性物流工具,在仓储中发挥着越来越重要的作用。未来的智能自动化库房将更加注重实用性与安全性,追求小规模、高反应速度及广泛用途。

(3)高效化仓储机械。高新技术如计算机、自动控制及人工智能的引入,极大地提升了仓储机械的技术性能。载重量大、操作便捷、维修性好的叉车、无人叉车、牵引车等先进设备的广泛应用,进一步推动了仓储系统的智能化进程。未来,随着人工智能技术的深入开发,仓储机械将更加智能化,操作将更加安全可靠。

(4)机器人技术的广泛应用。在全球范围内,机器人技术迅猛发展,其在仓储领域的应用也日益广泛。从搬运作业到危险环境作业,机器人正逐步成为仓储不可或缺的一部分,极大地提高了作业效率与安全性。

(5)条形码技术的深入推广。作为成熟的信息处理技术,条形码因其信息采集迅速、信息量大、可靠性高等优点,在仓储领域得到了广泛应用。它不仅是实现电子数据交换的基础,也是仓储信息网络化的重要保障。未来,仓储系统应进一步采用国际条形码标准,建立完善的物流条形码体系,以推动条形码技术的深入应用与发展。

简要分析

问题一：结合材料与实际，谈谈盒马鲜生应如何通过技术创新形成差异化竞争优势。

分析：

在竞争激烈的现代零售市场中，当众多对手纷纷采用类似现代前沿零售技术时，盒马鲜生可以通过多维度、深层次的技术创新来构建差异化的竞争优势。具体而言，其策略可聚焦于以下几个方面。

首先，深化大数据的战略应用，超越个性化推荐与库存管理的范畴，精准预测市场趋势。盒马鲜生应利用大数据洞察不同地区、季节及节日下的消费偏好变化，提前布局热门商品并挖掘潜在需求，如定制化地储备特色商品，以满足消费者的多元化需求。

其次，优化智能物流配送体系，追求速度与准确性的双重提升。通过引入实时路况分析系统，为配送员提供最优路线规划，提升配送效率。同时，积极探索无人配送等前沿技术，旨在降低人力成本，并进一步提升配送服务的智能化水平。强化物联网与冷链技术的深度融合，实现生鲜商品从采购到销售全链条的精细管理。通过实时监控与调控冷链环节的温度、湿度等关键参数，有效减少生鲜损耗，确保商品品质。

再次，盒马鲜生还应积极拓展虚拟购物体验，利用 AR 或 VR 技术，让消费者在家中即可享受身临其境的购物乐趣，增加购物的趣味性与互动性。同时，发展智能烹饪指导服务，结合商品销售提供详细的烹饪步骤与技巧，甚至与智能厨具联动，实现一键烹饪的便捷体验，进一步丰富消费者的生活场景。

此外，在透明度与信任构建方面，推进区块链溯源技术的应用至关重要。通过区块链技术，盒马鲜生能让消费者全面了解生鲜产品的全过程信息，使从源头到餐桌的每一步都清晰可见，从而增强消费者的信任感与忠诚度。

最后，打造社交化购物平台，鼓励消费者分享购物心得与成果，形成独特的社区氛围。基于社交互动数据，盒马鲜生可进行更精准的营销与商品推荐，实现个性化服务与精准营销的有机结合，进一步巩固市场地位，吸引并留住更多消费者。

问题二：盒马鲜生的成功能为我们提供什么经验和启示？

分析：

盒马鲜生的成功有一个很重要的原因，就是它在消费观念、消费场景、零售模式等方面的创新，对于传统零售商来说，这些创新都是跨阶段式的变革。具体主要有以下三大创新点。

(1)线上线下一体化模式。过去传统超市的收入主要来源于线下收入，而盒马鲜生重构了零售模式，实现了"线上+线下"的零售模式。无论是在 App 下单还是在体验店购买，都可以享受"3千米范围，半小时送达"的物流配送，极大地提升了门店的坪效与人效。

(2)"生鲜超市+餐饮"的复合业态。盒马鲜生与一般生鲜超市最大的不同，在于它开设了堂食区。虽然 Costco、山姆也有针对会员提供的试吃台，但相比其他两家，盒马鲜生本身就有的店内餐饮服务更加符合中国消费者的习惯。此外，盒马鲜生也在推动"生熟联动"与"熟生联动"的体验方式。消费者在选购水产品之后如不愿自己烹饪，可直接委托门店进行加工。此外，如果消费者愿意，还可以直接购买制作食物所需的调料自行加工，盒马 App 中也有相应的视频教学供用户参考。

(3) 技术的创新。大数据、互联网和智能设备的有机融合是盒马鲜生和传统线下店的最大不同，它实现了人、货、场三方的最佳搭配。在盒马鲜生的后台，每件物品都会被贴上独一无二的电子标签。消费者在网上下单之后，分拣员会在仓储区进行分拣，通过 PDA 扫描，将货物装进特制的分拣袋中，并挂到输送带上进行配送，利用智能化的技术提高工作效率。

综上，盒马鲜生的成功能够为其他企业提供宝贵的经验和启示，助力他们在激烈的市场竞争中脱颖而出。然而，每个企业都有其独特的情况和挑战，因此需要根据自身实际情况进行适当的调整和应用。

育人元素

本章通过对现代零售技术相关理论与案例的介绍，充分展示了现代零售业的发展趋势及特征，帮助学生掌握电子零售的主要形式与流程，让学生了解现代零售技术在零售行业的应用及成果，增强学生的民族自信心和自豪感。此外，让学生认识人工智能、大数据、物联网等现代零售技术对我们生活带来的影响，引导学生关注社会、了解生活、感受社会的进步，发现其中的商业模式，提高职业素养，激励学生以积极的态度和创新的思维为社会的进步贡献自己的力量，在不断变化的时代浪潮中展现出更大的价值和担当。

参 考 资 料

[1] 肖怡. 零售学[M]. 5 版. 北京: 高等教育出版社, 2023.
[2] 曾庆均. 零售学[M]. 北京: 科学出版社, 2012.
[3] 邵兵家, 钱丽萍. 客户关系管理[M]. 3 版. 北京: 清华大学出版社, 2023.
[4] 傅莉萍. 仓储管理[M]. 北京: 清华大学出版社, 2015.
[5] 蒋秀兰, 蒋春艳. 零售学[M]. 2 版. 北京: 清华大学出版社, 2018.
[6] 孙晓红, 闫涛, 冷泳林. 零售学[M]. 3 版. 大连: 东北财经大学出版社, 2018.
[7] 罗玛丽·瓦利, 莫尔曼德·拉夫. 零售管理教程[M]. 胡金有, 译. 北京: 经济管理出版社, 2011.
[8] 乔纳森·雷诺兹, 克里斯廷·卡思伯森. 制胜零售[M]. 王慧敏, 译. 北京: 电子工业出版社, 2005.
[9] 迈克尔·利维, 巴顿·韦茨. 零售管理[M]. 俞利军, 王欣红, 译. 北京: 人民邮电出版社, 2004.
[10] 迈克尔·波特. 竞争优势[M]. 陈小悦, 译. 北京: 华夏出版社, 2005.
[11] 林左鸣. 新消费升级[M]. 北京: 中信出版社, 2016.
[12] 李彦宏. 智能革命[M]. 北京: 中信出版社, 2017.
[13] 马晓东. 数字化转型方法论: 落地路径与数据中台[M]. 北京: 机械工业出版社, 2021.
[14] 菲利普·科特勒, 凯文·莱恩·凯勒. 营销管理[M]. 王永贵, 译. 14 版·全球版. 北京: 中国人民大学出版社, 2012.
[15] 李飞. 零售革命[M]. 修订版. 北京: 经济科学出版社, 2018.
[16] 翁怡诺. 新零售的未来[M]. 北京: 北京联合出版有限公司, 2020.
[17] 龙晴. 零售运营: 连锁企业管理手册[M]. 北京: 中国铁道出版社, 2019.
[18] 杜凤林. 极致零售: 消费者主权时代的零售新图景[M]. 浙江: 浙江大学出版社, 2019.
[19] 腾讯智慧零售. 超级连接: 用户驱动的零售新增长[M]. 北京: 中信出版社, 2020.
[20] 侣玉杰, 郑立. 零售管理[M]. 3 版. 北京: 中国人民大学出版社, 2019.
[21] 张志安. 新零售时代的实体店营销[M]. 北京: 电子工业出版社, 2018.
[22] 刘官华, 梁璐. 新零售: 从模式到实践[M]. 北京: 电子工业出版社, 2019.
[23] 王利阳. 社区新零售[M]. 北京: 人民邮电出版社, 2017.
[24] 丁耀飞, 马英. 无界零售: 第四次零售革命的战略与执行[M]. 北京: 新华出版社, 2018.
[25] 董永春. 新零售: 线上+线下+物流[M]. 北京: 清华大学出版社, 2018.
[26] 王晓锋, 张永强, 吴笑一. 零售 4.0 时代[M]. 北京: 中信出版社, 2015.
[27] 道格·斯蒂芬斯. 零售无界: 新零售革命的未来[M]. 北京: 中国人民大学出版社, 2018.
[28] 巴里·伯曼, 乔尔·R. 埃尔斯. 零售管理[M]. 吕一林, 宋卓昭, 译. 11 版. 北京: 中国人民大学出版社, 2011.
[29] 舒雍. 生鲜电商的新零售之路[M]. 北京: 电子工业出版社, 2020.
[30] 谭贤. O2O 融合: 打造全渠道营销和极致体验[M]. 2 版. 北京: 人民邮电出版社, 2018.

[31] 刘祥. 网店运营推广[M]. 北京: 电子工业出版社, 2020.

[32] 王强. 中国零售业发展监测与分析报告: 2018[M]. 北京: 中国人民大学出版社, 2018.

[33] 柳荣. 智能仓储物流配送精细化管理实务[M]. 北京: 人民邮电出版社, 2020.

[34] 袁国宝. 网红电商——移动互联时代的内容电商转型新生态[M]. 北京: 人民邮电出版社, 2017.

[35] 温宏建. 中国新零售行业发展研究报告[M]. 北京: 首都经济贸易大学出版社, 2019.

[36] 官税冬. 品牌营销: 新零售时代品牌运营[M]. 北京: 化学工业出版社, 2019.

[37] 田中阳. 零售的创新: 7-Eleven便利店创始人的创新法则[M]. 姚继东, 译. 北京: 机械工业出版社, 2019.

[38] 匡仲潇. 新零售之商场超市经理365天管理实战手册[M]. 北京: 人民邮电出版社, 2019.

[39] 付玮琼. 商场超市陈列与营销技巧[M]. 北京: 化学化工出版社, 2018.

[40] 付君锐. 社群电商: 新零售时代下的电商变革[M]. 北京: 中国商业出版社, 2020.

[41] 山姆·沃尔顿, 约翰·休伊. 富甲美国: 沃尔玛创始人山姆·沃尔顿自传[M]. 杨蓓, 译. 南京: 江苏文艺出版社, 2015.

[42] 宋瑛. 零售学[M]. 北京: 经济科学出版社, 2024.